浦东文化丛书

浦东史志论稿

杨隽 编

上海远东出版社

图书在版编目(CIP)数据

浦东史志论稿/杨隽编. —上海：上海远东出版社,2016
（浦东文化丛书）
ISBN 978-7-5476-1149-4

Ⅰ.①浦… Ⅱ.①杨… Ⅲ.①浦东新区-地方史-文集
Ⅳ.①K295.13-53

中国版本图书馆CIP数据核字(2016)第165002号

浦东文化丛书

浦东史志论稿

杨隽 编

策划/黄政一　责任编辑/徐婧华　封面设计/张晶灵

出版：上海世纪出版股份有限公司远东出版社
地址：中国上海市钦州南路81号
邮编：200235
网址：www.ydbook.com
发行：新华书店　上海远东出版社
　　　上海世纪出版股份有限公司发行中心
制版：南京前锦排版服务有限公司
印刷：上海市印刷二厂有限公司
装订：上海市印刷二厂有限公司

开本：710×1000　1/16　印张：16.5　插页：1　字数：269千字
2016年8月第1版　2016年8月第1次印刷
印数：1—1050册

ISBN 978-7-5476-1149-4/G·753
定价：58.00元

版权所有　盗版必究（举报电话：62347733）
如发生质量问题，读者可向工厂调换。
零售、邮购电话：021-62347733-8538

上海市浦东新区地方志办公室
"浦东文化丛书"编辑委员会

主　任　柴志光
副主任　杨　隽
委　员　（按姓氏笔画排列）
　　　　　丁丽华　马春雷　卢　岚　龙鸿彬　李志英
　　　　　吴昊蘷　吴艳芬　沈乐平　邵　微　陈长华
　　　　　孟　渊　金达辉　赵鸿刚　梁大庆
主　编　张泽贤
副主编　赵鸿刚　梁大庆

"浦东文化丛书"序

　　文化建设一直是浦东开发开放建设中紧紧抓住的一个主题,浦东的文化建设也取得丰硕的成果。文化的内涵和外延十分宽泛,就其核心来讲是人的价值观和精神面貌。社会主义核心价值观是我们始终努力树立的重要精神支柱,也始终为之不懈奋斗。

　　浦东的历史文化积淀在中华上下五千年的文化史中是新生的一脉,但它也有着一千多年的文明发展史,特别是进入近现代后,更是异军突起。而二十世纪九十年代浦东的开发开放,更使浦东进入飞速发展期,举世瞩目,令人赞叹。浦东的文化紧紧伴随着经济建设的飞跃而发展,牢牢跟着社会进步的步伐而向前。自浦东开发开放以来,各类著作不断问世,经济、历史、文学、科技等方面的著作可谓洋洋大观。而其中"浦东文化丛书"以其特独的内容,如一株春草,在这个文化百花园中出生成长。

　　"浦东文化丛书"以浦东本土历史文化为挖掘、整理、开发、利用的对象,让世人通过书本文字更多地认识浦东文化,认同浦东文化,传承浦东文化,发展浦东文化。这一丛书反映的不仅仅是浦东的乡情、乡愁和乡音,更多的是体现浦东在海派文化中的本土文化的基因。浦东文化的形成,首先是得益于浦东这块江海浪沙冲积而成的土地,它处江海交汇之地,面向大海,背靠平原,江海航运,河浦灌溉。元明的盐业使浦东成为一块富庶之地,众多集镇星罗棋布,而高桥镇、川沙堡、南汇所、鹤沙镇、新场镇、大团镇、周浦镇更是浦东的商业重镇、居民生活的集中地。而后,棉花、稻米及至渔业都使浦东民众得以获利良多。1840年后,上海成为国际通商口岸,浦东更是得天独厚,一大批有识之士走向大上海,走向世界,浦东经济由此也得到大发展。而浦东开发开放,更使浦东一日千里,成为中国改革开放的窗口、上海现代化的象征。随着经济的发展，浦东的文化也始终不停地传承、融合、发展。乡村文化、农耕文化、海洋文化、工业文化、城市文化、西洋文化，等等，这些带着不同历史时期特征的文化相互间不断地碰撞，从而使浦东的文化内涵十分丰富，在始终发展着最本质的中华民族优良传统文化之外，有着多元化、开放性的明显特征。

"浦东文化丛书"旨在从一个微小的切入点，来反映或记述浦东的历史文化。已出版的第一辑四种是从浦东历代著作、书信、收藏、石建筑四个视角给读者以浦东文化的信息。第二辑四种除继续介绍浦东历代著作版本外，还从叙述与研究的角度进一步观察浦东历史文化的发展，同时还尝试突破浦东范畴，以浦东作者的视角来反观深厚的文化积淀。当然，这仅是编者的主观愿望，还有待读者的认可。

文化是城市的品质和内涵的深层次体现，在加快提升浦东文化软实力的过程中，弘扬传统文化，倡导科学精神，增强文化自信自觉，显得十分重要。要把社会主义核心价值观和上海城市精神贯穿于文化建设的全过程，保护发展浦东地域文化和历史文脉，传承具有浦东特色的民间民俗文化。浦东文化建设任重道远，"浦东文化丛书"的编辑只是其中之一项，虽非易事，但必须为之。希望广大文化工作者和读者共同来关心这套丛书的出版，共同为浦东乃至超越浦东地域的文化建设作出贡献。

编者

2016年2月17日

编者序

编史修志是我国传承历史文化的一项重要内容,自古以来,我国史志图书汗牛充栋,史志专家人才辈出,从而使中华民族的历史文化绵绵不断地传承下去。

就上海浦东地区而言,自古至今有一批有识之士乃至大学问家主编或参与编写各种志书。在宋代,有浦东人鲍廉增修常熟《琴川志》。有明一代,如朱国盛编修《南河志》、蔡懋昭编修《赵州志》、黄体仁编修《上海田赋志》、李昭祥编修《龙江船厂志》等。清代浦东地区的南汇县和川沙厅先后建立,进而有雍正《分建南汇县志》、乾隆《南汇县新志》、道光《川沙抚民厅志》、光绪《川沙厅志》、光绪《南汇县志》的编纂出版。这五部志书大部分由浦东人主编或参与编修,其中有顾成天、吴省钦、张文虎、蔡云桂、陆应梅等地方著名人物。在清代由浦东人主编或参与编修的志书还有包尔庚、叶映榴参与编写的康熙《松江府志》,叶映榴总纂的康熙《上海县志》,叶承总纂的乾隆《上海县志》,黄文莲担任知县主修的《河间县志》《唐县志》《河间府志》,陆锡熊总纂的乾隆《娄县志》,张文虎总纂的光绪《奉贤县志》,朱其诏任职永定河道续修的《永定河志》,等等。而民国黄炎培总纂的《川沙县志》因其体例有所创新,被称为"黄志"。1949 年 10 月,中华人民共和国建立后,浦东于 20 世纪 60 年代编写了《浦东县志稿》。20 世纪 80 年代后,政府专门建立地方志工作机构,开展县志、镇志、村志、专业志和年鉴的编纂,一大批志书年鉴出版,并形成一支史志专业人员队伍。据不完全统计,至 2015 年底,浦东地区出版有县志 12 部、镇志 44 部、专业志 45 部、村志 6 部、地区年鉴 38 部、专业年鉴 61 部、各类地情资料 150 余种。

浦东地区比较长的修志历史和众多的修志人员,不但为传承浦东历史文化打下基础,而且史志工作者积极探索修志编纂理论和方法,撰写出一批具有一定水准的理论文章。浦东开发开放后，浦东史志工作者在修志编史的同时，进一步加大对史志理论与方法的研究。特别是在年鉴编辑研究上用力最多，在有关专业刊物上发表了多篇论文，引起业界人士的关注，形成一套比较科学合理实用的浦东年鉴编辑工作流程，从而也不断提升了《浦东年鉴》的编辑质量。

  开展史志理论研究既有助于指导编纂实践，又可提高史志工作者的学识水平和队伍形象。史志工作十分清苦，但是它承担着为一个地区记载历史、传承文化的使命。浦东史志工作者勇担使命，甘守寂寞，奋发有为，秉笔著史，修志问道，发挥了存史资政育人的作用。为修志而走访乡间里中老者，为记事而踏勘野外古址遗迹，为考证而查找图书档案文献，一块残碑、一件信札、一张旧照，在史志工作者看来都是珍贵的资料。浦东史志工作者用手中的笔记录下浦东开发开放的辉煌成果，记录下日新月异的城乡面貌，记录下浦东人先行先试的创业精神。

  本书是浦东新区史志工作者的研究论文集，主要收录浦东新区史志工作者近几年来对浦东地方历史和史志工作的探索研究性文章。这些文章理论和实践相结合，是浦东新区史志工作者在工作实践中的深刻体会和理论认同，其对地情史的研究则更显示出浦东丰富多彩的文化特色。全书分党史研究、方志探索、年鉴编纂、史林稽古四部分，收录文章38篇。此书反映出在浦东开发开放进程中史志工作者的敬业精神、工作能力和理论功底。汇编出版一个区的史志工作者研究文集，对我们来讲是一次尝试，是对以往工作的一种回顾和反思，肯定有许多不足，但我们将以此为新的起点，在史志领域继续探索奋进。

2016年3月6日

目录

党史研究

上海浦东开发的前期研究与准备
　　严亚南 / 3
浦东开发开放前期研究和酝酿
　　江 林 / 17
浦东沿江地区的早期党组织
　　龙鸿彬 / 24
陈独秀与浦东人往来考略
　　柴志光 / 31
论张闻天在抗日民族统一战线中的历史作用　陈伟忠 / 39
纪念抗战　弘扬抗战精神　郑卫平 / 52
淞沪抗战中的浦东战场　陈长华 / 56
毛泽东笔下的穆藕初　柳和城 / 60

方志探索

开发史志资源　服务经济建设
　　葛方耀 / 71
地方志编纂的改革与创新　杨 隽 / 75
浅论编审镇志人物志时应当注意的若干问题　金达辉 / 80
加强作风建设，开发史志资源，为地区发展服务　孟 渊 / 85
《鹤沙志》辑佚　柴志光 / 90
社会转型期续志组稿的困难与对策
　　张建明 / 103
开创一代修志新风的民国《川沙县志》
　　张建明 / 108
修志感悟　王士杰 / 113
如何突出人物传的思想性　沈乐平 / 119

年鉴编纂

论年鉴资料的整体优化　杨 隽
　　潘建龙 / 127

论年鉴类期刊的个性化　张建堂
　　杨　隽 / 131
关于年鉴经济部类编纂的新思考
　　梁大庆 / 137
年鉴意义初探　卢　岚 / 142
试论年鉴稿源开拓与组稿形式变革
　　张建明　杨　隽 / 147
年鉴资料性的作用和影响
　　卢　岚 / 156

初探年鉴的非主流性信息
　　梁大庆 / 159
小议年鉴概况栏目　吴昊蕻 / 164
优化年鉴条目选题　深化年鉴地情反
　　映　吴才珺　金达辉 / 166
年鉴的存史价值与修志资料的积累
　　马振雄 / 171
论年鉴编纂的现代化　杨　隽 / 174
年鉴编纂断想　张泽贤 / 179

史林稽古

《曹植集校注》献疑　陈长华 / 189
梁元帝《职贡图》名称考　陈长华 / 200
浦东地区族谱家谱选介　梁大庆 / 205
黄浦江的形成　龙鸿彬 / 215
浦东地名文化　吴才珺 / 219

明沈秉直墓志铭考略　柴志光 / 231
傅雷书信主要内容综述　金达辉 / 238
傅评张爱玲的偏执　陈长华
　　张剑窖 / 245
其昌栈拾零　区雅蓉 / 251

党史研究

上海浦东开发的前期研究与准备

严亚南

1990年4月18日,国务院总理李鹏在出席上海大众汽车公司成立五周年庆祝大会时正式向全世界宣布:"中共中央、国务院同意上海市加快浦东地区的开发,在浦东实行经济技术开发区和某些经济特区的政策。"并强调:"这是我们为深入改革、扩大开放作出的一个重大部署。这对于上海和全国都是一件具有重要战略意义的事情。"[1]自此,上海浦东开发开放的帷幕拉开,上海城市发展历史上具有里程碑意义的一天终于到来。

在中共中央、国务院作出事关中国改革开放全局的重大战略决策——开发开放浦东后,浦东在短短数年间,便发生令世人惊叹的翻天覆地的变化,上海因此一跃成为中国改革开放的前沿和窗口。一个伟大而成功的战略必定需要系统、周密、严谨的前期研究和论证。通过对历史资料的追寻,我们不难发现,关于浦东开发开放的蓝图,在1990年前已基本绘就,可谓"万事俱备,只欠东风"。而对于浦东开发的研究过程,向前追溯,竟有十年之久,诚可谓"十年磨一剑"。在此过程中,几届上海市委、市政府在中共中央、国务院的支持和关心下,本着谨慎、稳妥的原则,持之以恒地关注、思考上海面向未来的发展战略,将浦东地区的开发视作上海实现突破与突围的"引擎",并卓有成效地组织、领导并推动了方方面面的科研力量和有识之士参与浦东开发方案的设计与论证。从自发研究到有组织研究,从单项研究到系统研究,从民间研究到政府组织研究,由国内研究到国内外联合研究,经历了一个由表及里、由浅入深、反复推敲、集思广益的过程,为1990年后势如破竹地推进浦东开发开放作了充分的准备,从而使最终形成的方案能够经受时间的检验和实践的考验。

回溯浦东开发的前期研究和准备历程,大致可分为四个阶段:

起步研究阶段:20世纪80年代初至1984年9月

20世纪80年代初,随着"实践是检验真理唯一标准""世界新技术革命与中国对策"等大讨论的展开,上海逐步兴起了对发展之路的讨论,关注并思考浦东开发的研究文章随之增加。直至1984年9月召开上海经济发展战略研讨会,关于浦东开发的研究论文数量已较为可观,并形成了一定的舆论氛围。

新中国成立以后,由于西方国家对新生的中国政权采取了集体封锁的政策,上海丧失了原有的外向型、多功能、国际化的地位。在"全国保住上海,上海支援全国"发展模式下,上海逐渐成为全国最重要的工业基地和贸易中心。

党的十一届三中全会以后,中国逐步开始了以市场经济为导向的改革。在市场经济的冲击下,"全国保上海"的原材料供应链不再理所应当。计划内的农产品和原材料供应出现困难,计划外的原材料因其价格的自由浮动导致成本大幅提高,作为支撑上海经济"顶梁柱"的工业装备严重老化,长期得不到更新和升级。长期高积累、低投入的发展方式,使上海的工业发展陷入困境。与此同时,上海的城市建设滞后,基础设施老化、住房紧张、交通拥堵、环境污染等"城市膨胀病"日益严重。上海这个曾经在计划经济年代为国家作出重大贡献的城市,面对广东、福建两省特区城市的迅速发展,无论从经济体制、经济结构,还是人们的思想观念,都受到了前所未有的冲击和挑战。

1980年2月,市规划局办公室负责行政管理的陈坤龙受到南方城市对外开放的启示,有感于上海城市建设偏于浦西一隅,跳不出工厂、住宅的包围与反包围的恶性循环,设想在浦东建设一个带状形新城区,以有效地解决老市区"乱、挤、脏"的困扰。于是,在工作之余,他思考并撰写了《在浦东新区建设"新市区"》[2]一文,不仅分析了浦东在地理位置、交通、用地、发展余地四方面的有利条件,还提出了构建"新市区"的六点具体设想,成为迄今为止所能见到的最早的关于开发浦东的建言。随后,他又以《向浦东广阔地区发展》[3]为题,再一次深化阐述了自己的观点。这两篇文章发表后,引起了很大反响。反对者说"异想天开"、不切实际;赞成者说,开了个好头,上海的城市建设和经济发展确实需要有新的思路、新的观点,再也不能照老样子走下去。

1980年10月3日,《解放日报》在头版显著位置刊登了上海社科院部门经济研究所研究员沈峻坡的文章《十个第一和五个倒数第一说明了什么?——关于上海发展方向的讨论》,文章分析了这十个全国第一和五个全国倒数第一同时并存的原因,主要是综合平衡遭到破坏、比例失调突出,导致了上海城市的"畸形状态"。文章一经发表,立刻引起轰动,引发了社会各界对于上海这座城市未来发展的思考和讨论。上海该往何处去?上海该如何摆脱困境?上海经济的增长点在哪里?上海城市发展的新空间在哪里?……上到政府,下至百姓,对上海未来发展的讨论越来越热烈。

1981年3月,上海城市经济学会会长叶进明与专家欣兆生联合撰文《在浦东沿江建立新的市中心》,提出了"上海是全国的经济中心城市"和"国际贸易港口城市"的论断,呼吁上海的城市建设要在全市6 100平方公里上大做文章,建议在浦东沿黄浦江建设新的市区中心城市,并把上海建设成一个由中心城市和若干个专业经济城市相结合的群体城市。

从1981年到1984年,陈坤龙、王纲怀、陆怡椿、董鉴泓、顾泽南、高柳根、钟淳昌等上海城市经济学会成员围绕着上海城市经济的发展,特别是浦东的开发,陆续发表了一系列研究文章,包括《开发浦东地区建设上海新城——上海城市发展战略的探索》《开挖浦东运河——综合解决上海城市改造问题》《开发浦东的几点看法》《对上海城市发展方向的探讨》等。这些文章从城市发展战略的角度,就开发浦东的可行性与必要性,进行了比较研究和论证;根据前人的研究成果,参照国外城市的发展,提出了沟通黄浦江两岸,缓解岸线不足、港口拥塞的矛盾,疏解老市区、解决市区"膨胀病"的措施与设想;为浦东开发的前期研究贡献了真知灼见。

1984年3月26日至4月6日,为贯彻落实2月24日邓小平在与中央有关领导的谈话中要求进一步扩大对外开放的要求,中共中央书记处和国务院在北京召开了沿海部分城市座谈会。会议决定开放由北至南的大连、秦皇岛、天津、烟台、青岛、连云港、南通、上海、宁波、温州、福州、广州、湛江、北海14个沿海港口城市。5月,中国建筑学会副理事长、华东建筑设计研究院首任院长金瓯卜应邀在上海城市总体规划专家讨论会上,分析了上海的城市性质,指出了主要问题和矛盾,在述及上海城市的发展方向和规模问题时,系统论述了开发浦东的十大好处以及如何筹措建设资金等。他认为:"开发浦东是疏解上海中心城臃肿的一条最经济最方便的捷径。"

专家、学者和有识之士对开发浦东、建设新市区的议论日益增多,逐渐在理论界和学术界形成共识,引起了上海市经济研究中心、市科委等政府部门的重视。自1984年起,上海经济研究中心很快成为整合各方力量,广泛开展浦东开发开放研究的平台,并开启了更有积极意义的探索。

决策咨询研究阶段:1984年9月至1987年6月

1984年9月,上海经济发展战略研讨会在沪召开,浦东开发成为研讨会的议题之一,得到了与会者的热烈响应和讨论。此后,浦东开发被纳入市政府决策咨询研究范畴,取得了丰硕的研究成果。

1984年8月12日至13日,中央财经领导小组在北戴河召开会议,研究上海的改造振兴问题。会议着重讨论了恢复和提升上海经济中心功能等问题,决定成立国务院调研组,由国务委员宋平、国务院经济研究中心副总干事马洪带队对上海的发展问题进行调查研究,并提出相应的对策建议。从9月1日至21日,国务院调研组先后听取了上海市政府各委、办、局关于上海各方面的情况汇报,多次召开了理论界的座谈会和专题工作座谈会,分头走访了部分专家、学者,参观了部分工厂、项目,进行了深入、广泛地调研。在此基础上,于9月22日至25日,与上海市政府联合召开上海经济发展战略研讨会,这是集国内各界专家的智慧帮助上海解决前进中难题的一次会议,实际上也成为进一步解放上海干部思想的动员大会。研讨会后,市委、市政府和调研组形成了综合各方意见的《关于上海经济发展战略的汇报提纲》,并上报国务院。1985年2月8日,国务院批转了上海市人民政府、国务院改造振兴上海调研组提交的《关于上海经济发展战略的汇报提纲》。在《关于上海经济发展战略的汇报提纲》中,中央对上海提出"三个突出"的战略目标:一是突出上海作为国际中心城市,特别是亚太地区中心城市的地位;二是突出多功能作用,上海不仅要发挥传统工业基地的作用,更重要的是发挥科学技术优势,向高、精、尖的新兴工业发展,从而带动贸易、金融等第三产业的发展;三是突出带动经济区以至全国经济起飞的作用。批复还要求:"重点向杭州湾和长江南北两翼展开,创造条件开发浦东,筹划新市区的建设",以实现上海的"开放型、多功能、产业结构合理、科学技术先进、具有高度文明的社会主义现代化"的目标。

由于《上海城市总体规划方案》的制定起步于 20 世纪 80 年代初,而《关于上海经济发展战略的汇报提纲》则批准在后,为协调好两者之间的关系,在国务院批复《关于上海经济发展战略的汇报提纲》一年后,由上海经济研究中心和上海社会科学院部门经济研究所带头,联合上海城市规划设计院等单位发起、组织了全市 120 多位城市建设方面的专家、学者,于 1986 年 2 月和 3 月,先后召开了两次"上海城市发展战略研讨会"。这两次研讨会本着"敞开思想、端出问题"的精神,根据上海经济发展的战略方向、目标和要求,进一步研究了城市建设如何与之相适应,包括老市区怎样改造,新市区如何选址和建设;要不要扩建卫星城市;城市基础设施如何摆脱困境,走上良性循环等。会上,大家认为,必须要用建设新区的办法来支持老市区的改造,并形成了四个可供选择的方案:

"北上"方案——沿长江南翼开发宝钢、吴淞地区;

"南下"方案——在金山区沿杭州湾北翼发展;

"西移"方案——向虹桥机场以西拓展;

"东进"方案——跨过黄浦江开发浦东,振兴上海。

其中,"东进"方案的意见较为集中,仅提供的论文就有 10 多篇。此次会议对于 20 世纪 80 年代初起步制定的《上海城市总体规划方案》的修改和完善起了积极的推动作用,并把浦东新区的开发开放纳入到城市发展的总体规划之中加以考虑。

大会结束后,为使上海城市发展战略的研究更具体、更深入,上海市人民政府经济研究中心根据会议要求,确定了三个课题,分别是:"开发浦东新区为主的城市新区建设""以疏解中心城区为目的的卫星城镇建设""解决越江交通为主的市内交通网络建设"。在市政府经济研究中心的组织、协调下,这三项课题分别由九三学社上海市委王纲怀、华东师范大学严重敏和上海城市经济学会负责。1987 年初,这三项课题先后完成,其中,由九三学社上海市委负责的《浦东新区建设方略》由一篇总报告、八个专题报告和附件、附图组成,从开发浦东的战略意义、规划设想、总体布局、人口扩散、土地利用、过江交通决策分析、黄浦江大桥方案、资金筹集、政策措施等方面进行了较为详尽的探讨,从经济、社会、科技、文化等不同角度提出了开发、建设和改造浦东地区的方案和设想。该报告不仅直接地、系统地对浦东新区的开发开放作了卓有成效的研究,而且对"南下"和"北上"方案也作了比较研究,使"东进"方案日渐成为众望所归。

在课题进行的过程中,1986年4月2日,中共上海市委、市政府向中共中央、国务院上报了在《关于上海经济发展战略的汇报提纲》的基础上进行修订的《上海市城市总体规划方案汇报提纲》。4月14日,中共中央总书记胡耀邦主持召开了中共中央书记处会议,审议《上海市城市总体规划方案汇报提纲》。在京的中共中央政治局委员、书记处书记全部出席。经审议,中共中央书记处原则同意《上海市城市总体规划方案汇报提纲》和《上海市城市总体规划方案》,同时提出了重要的修改补充意见。6月3日,中共上海市委召开常委扩大会议,传达了中共中央书记处会议的审议意见。随后,上海市人民政府根据中共中央书记处的指示精神,将原上报的《上海市城市总体规划方案(送审稿)》《上海市城市总体规划方案汇报提纲》综合修改成《上海市城市总体规划方案(修改稿)》。其中增加了"重点开发浦东新区,在陆家嘴形成新的金融、贸易中心,成为上海市中心的延续部分"的内容。7月22日,中共上海市委、市人民政府将《上海市城市总体规划方案(修改稿)》上报中共中央、国务院。10月13日,国务院批复原则上同意《上海市城市总体规划方案(修改稿)》,不仅要求"把上海建设成为太平洋西岸最大的经济、贸易、金融中心之一",还特别强调:"当前特别要注意有计划地建设和改造浦东地区。要尽快修建黄浦江大桥及隧道等工程,在浦东发展金融、贸易、科技、文教和商业服务设施,建设新居住区,使浦东地区城为现代化新区。"

1986年10月前后,市长江泽民组织召开了一系列浦东开发座谈会,听取各方面意见和建议。在国务院批复《上海市城市总体规划方案》后,江泽民立即指示有关部门,组织编制分区规划、控制性详细规划、修建性详细规划以及各类专业规划,并亲自抓了浦东新区总体规划和开发区详细规划编制研究工作。12月,中共上海市委成立了浦东开发领导小组,由副市长顾传训任组长,并聘请汪道涵为顾问,同时交由倪天增副市长组织各委、办进一步研究浦东开发问题。12月11日,副市长倪天增主持召开了由各委、办及有关区、县、局负责人参加的浦东开发专题会议,研究和制定浦东新区经济、科技、社会、文化及内外交通、城市基础设施的发展纲要。会议分成两个课题组(即软件和硬件),一个由市计委、市科委和市经济研究中心牵头,负责浦东新区经济、科技、社会、文化发展纲要的编写工作;另一个是由市交通办、市建委牵头,负责浦东新区内外交通和市政基础设施发展纲要的编写;最后汇成浦东新区发展纲要。

课题组一方面进行实地调查,掌握浦东的实际状况,另一方面,汇集全市的主要研究成果,进行分析研究。在此基础上,分成总体设想、工业、农业、第三产业、科技、外贸、文化等专题,以及资金、政策、组织领导等综合性课题,分别由相关单位负责,作深入的研究并写出报告。整个研究历时三个月,最后,由市政府经济研究中心综合汇总形成《浦东新区经济、科技、社会、文化发展纲要》草案,提请全体会议讨论、修改、定稿。《纲要》成稿后,经1987年2月19日倪天增主持召开的各委、办、局负责人和部分专家、学者会议讨论,予以原则上通过。《浦东新区经济、科技、社会、文化发展纲要》从空间和时间上界定了浦东新区的地域概念,较为客观地分析了浦东地区开发开放的优势和劣势,概括扼要地阐明了开发开放浦东新区的主要指导思想,为浦东新区工农业的发展提出了改造方针,对新区的第三产业的发展以及科学技术、文化教育、卫生和体育事业的发展提出了明确的方向和要求;同时,对资金的筹措和政策的制定也提出了积极的建议,对浦东新区的管理体制,提出了统一管理、独立经营两项原则。此外,对浦东新区的港口、铁路、机场、地铁、内河航运、越江交通、电力建设提出了具体建议,对煤气、自来水、污水处理、防洪防涝、水资源保护、邮电通信以及环境卫生、园林绿化等也提出了较为具体的建设要求。就当时来说,这个《纲要》为浦东新区的开发、开放勾画了一份尽可能清晰的蓝图。

此外,由市科委浦东地区形态课题组牵头,由同济大学和上海市城市规划设计院合作完成的《现代化浦东地区发展形态的研究》于1987年4月通过专家验收。该项研究包括20个专题研究报告和一份形态规划方案图,可谓庞大的系统工程。在研究过程中,市科委浦东地区形态课题组编制了浦东新区规划纲要及第二轮六个新区规划方案,并在此基础上完成了《现代化浦东地区发展形态的综合研究报告》及浦东新区规划方案。该报告系统论述了发展浦东地区的重大意义、指导思想,浦东新区的性质、发展目标与内容、规模,现代化浦东地区的发展形态,新区开发阶段与步骤,新区开发政策与资金来源,为进一步开展浦东开发的可行性研究打下了扎实的基础。

预可行性研究阶段：1987年6月至1988年5月

决策是行动的开始，重大战略决策是个庞大的系统工程，需要解决的问题很多。因此，在作出重大战略决策前，需要认真开展可行性研究，形成可靠的行动方案。在完成浦东开发的决策咨询研究工作后，关于浦东开发已经有了清晰的轮廓。为了对已形成的方案进行更为深入、细化地研究，1987年6月，江泽民主持会议，决定成立开发浦东联合咨询研究小组，进行预可行性研究。此后，浦东开发的思路逐步形成。

（一）组建开发浦东联合咨询研究小组

早在1985年5月，汪道涵访美期间，国际著名桥梁专家、第一位获得美国国家科学奖章的华裔科学家，有"预应力先生"之称的林同炎教授就向汪道涵建议，用成片土地批租的办法，尽快把浦东这块宝地开发出来，建设一个世界一流的新市区，用以加快实现现代化大上海的建设目标。林同炎教授也因此成为倡仪开发浦东的海外第一人。1987年5月下旬，林同炎应邀到上海，汪道涵一方面请他在国外帮助组建一个专家小组，为浦东开发出谋划策当顾问，另一方面又请他一起去北京，向中央领导阐明他对开发浦东新区的设想。林同炎欣然接受了组织专家顾问小组的委托，并一同赴京作了汇报。6月1日，江泽民主持召开市政府第19次常务会议，会议讨论了浦东开发问题，强调要在科学调研分析的基础上，本着积极而又慎重的态度，综合政治、经济、技术各方面情况，抓紧进行调研，及早提出开发方案，报送中央。7月7日，上海市人民政府批准成立了"开发浦东联合咨询研究小组"，明确由汪道涵顾问与林同炎建立联系，分别推动双方研究人员密切合作。

开发浦东联合咨询研究小组由高级顾问组、中方研究组、国外顾问研究组和专家咨询会议组成。高级顾问组由陈国栋、胡立教、汪道涵、李国豪、赵祖康等五位市委、市政府的老领导组成，由汪涵道任总顾问。中方研究组即上海市政府开发浦东研究小组，由倪天增任组长，市规划局局长张绍樑任副组长，原世界银行雇员、世行上海专家小组顾问、同济大学彭运鹗教授任顾问，成员有市委研究室副主任俞健、市经济研究中心综合处处长於品浩、上海外贸学院国际经济法教师周汉民、研究土地制度改革的专家俞汉卿、上海城市规划设计院总体规划室副主任李佳能、上海金融研究所副研究员陈泽浩。国外顾问研究组设在美国加利福尼亚州,林同炎为主要负责人,T.Y.L 国际工程咨询公司顾问陈乃东任助手,T.Y.L 国际工程咨询公司顾问迈克尔·梅耶和梅尔·莱恩斯、美国加州大学伯克利分校教授艾伯特·阿克尔、城建规划系主任阿伦·维格布斯、世界银行中国执行董事许乃炯等为组员。作为国外顾问研究小组的负责人,林同炎在浦东开发开放的研究工作中,倾注了极大热情。他自己出钱,邀请上述专家共同研究,并和陈乃东先生亲自动手,前后七易其稿,撰写了《开发浦东——建设现代化的大上海》计划。为使研究成果更接"地气",开发浦东联合咨询研究小组设立了专家咨询会议,成员主要来自北京大学、复旦大学、同济大学等高校以及上海社科系统,市政府有关委、办、企、事业单位等专业研究机构和基层单位。专家咨询会议的主要任务是对研究组提出的专题报告、阶段成果报告和预可行性报告进行讨论、评议和鉴定。

(二)制定《开发浦东咨询研究提纲》

开发浦东联合咨询研究小组成立后,立即着手制订研究提纲,经市政府批准后,于 1987 年 7 月正式下达。这份提纲明确了开发浦东咨询研究应确立高瞻远瞩、改革开放、系统工程、突出重点、稳步前进的基本观点;在开发战略的研究方面,明确了浦东开发的战略目标、战略方针、战略重点和战略措施的研究内容;在政策与立法的研究方面,明确要加强开放度的研究,并将重点放在当时国内尚未形成或尚不完善的法规上,如:土地使用权的有偿转让、新兴产业地位法、知识产权保护法、涉外公司法等;在实施方案的研究方面,包括了资金的筹措与偿还、浦东新区的发展规划、新区管理体制的设置和改革方案、实施步骤中起步条件研究、进一步展开的设想以及基本建成后的新区规模、形态、内涵及特点综述等内容。

与此同时,研究小组将各方面研究浦东开发的材料集中起来,整理提出了 15 个分专题,委托相关单位组织专家、学者和研究人员再作进一步研究,为联合咨询小组提供更扎实的专题研究报告。

(三)撰写《开发浦东的预可行性报告》

市政府浦东开发研究组作为开发浦东联合咨询研究小组的中方研究组,不仅担负了浦东开发开放的许多具体问题的组织研究任务,还要把联合咨询研究小组方方面面的研究成果汇总起来,代市政府草拟向国务院呈送关于浦东新区开发开放的请示报告。

1987年11月初,研究小组在15个分课题深入研究的基础上,结合到南方城市实地调查研究的收获,开始撰写《开发浦东的预可行性报告》。为了使报告更准确、更切合实际,又能符合中央和市领导的意图,先写了一个总报告的《大纲》,以便征求市委、市政府领导和专家们的意见。《大纲》包括了绪言、战略目标和方针、规划和布局、政策和开放度、立法、组织机构等六个部分。

在广泛听取了市委、市政府领导和各方面的意见后,研究小组于同年12月完成了《大纲》第二稿,即《关于开发浦东几个主要问题的汇报》。这份报告的内容包括了发展战略、目标、方针,改革开放度、规划设想,土地使用权有偿转让,组织机构,前期开发资金的筹措及请求中央给予的特殊政策和灵活措施等七个方面,并针对最后一条,提出了12项具体内容。这份报告被分发至更大的范围征求意见,除市委、市政府主要领导外,还送给了开发浦东联合咨询研究小组的各位高级顾问,咨询会议的所有成员以及各委、办、局的领导,甚至非正式地征求了中央有关部、委、办的意见。

1988年2月,在广泛听取意见的基础上,研究小组撰写了《关于利用外资开发建设浦东新区的报告》,报告先后在市委常委会上讨论了三次,作了五次修改,最后在6月,获得原则性通过。这份报告在战略构思上,将上海的发展方向定位于国际化、枢纽化与现代化,并指出开发浦东对此起决定性的推动作用,也必定使上海的发展产生质的变化;在政策开放度上确立了六条基本原则,并在此基础上,向中央提出了外贸政策、金融政策、投资政策、房地产政策、人员流动政策、财政政策、价格政策的放宽要求和具体内容;在规划方案上,将浦东的开发面积定为350平方公里,并确定了"三点一线"(即陆家嘴金融贸易区、花木贸易区和外高桥新港区三个主要功能区,加上联结这三个功能区的主干道——杨高路两侧的生活服务区)的起步规划方案;在建设时间上,提出总跨度为20年左右、分三期建设的建议以及要按照统筹规划、分期实施,由点到面、稳步展开的原则做到有序发展。此外,报告还提出在浦东新区开发开放的关键时刻,用举办世博会的办法来全面推动新区的开发和建设;对浦东开发的资金筹措和运行以及体制、机制、干部等问题提出了具体的设想。

(四)召开上海市浦东新区开发国际研讨会

1988年4月,浦东开发开放的预可行性研究已到了瓜熟蒂落的重要时刻,研究小组全体人员开始精心准备"上海市浦东新区开发国际研讨会"。如何使以国内专家为主"背靠背"研究的方案更能符合吸引和利用外资的要求,研究小组迫切需要"面对面"听取国外专家和实业界的意见。

1988年5月2日至4日,"上海市浦东新区开发国际研讨会"经市政府批准在西郊宾馆召开。出席开幕式的有中共中央政治局委员、上海市委书记江泽民,新当选的上海市市长朱镕基,市政府高级顾问汪道涵、赵祖康、李国豪,副市长倪天增等。出席会议的国外专家除了国外顾问组的十名成员外,还有世界银行中国局、中央有关部、委、办研究改革开放的专家,本市代表,各委、办、局负责人等,共计140多人。江泽民在会上阐明了开发浦东的必要性。他说:"上海要加快外向型经济的发展,建成社会主义时代太平洋西岸最大的经济贸易中心之一,不开发浦东,只靠老市区改造是不容易实现的。上海在20世纪30年代就已经成为亚洲最大的国际贸易中心和金融中心,是世界闻名的都市。上海现在作为全国最大、位置最重要的一个开放城市,应该更进一步改革、开放,所以开发浦东,建设国际化、枢纽化、现代化的世界一流新市区,是完全符合十三大精神的,我们表示坚决支持,一定要把这件事情办成。"在这次会议上,有40多位中外专家和实业界的朋友发了言,他们充分肯定了开发浦东的前期研究成果,同时在浦东的发展战略、开放度、开发度、对浦东现有基础的认识、新老市区的关系、开发资金、新区体制、干部因素等八个方面提出了诸多建设性的意见和建议。汪道涵在会议的闭幕词中将这些意见和建议,归纳为八个方面:

一是在开发浦东的战略上,一致同意开发浦东一定要联系老市区、成为一个整体来发展外向型经济,就是在整个上海统一规划之下,从开放和发展外向型经济的角度来考虑。要把国际循环和国内循环联系起来,把地区战略和全国战略联系起来,把出口和进口替代联系起来,把发展经济和技术进步紧密地结合起来;二是在开放度方面,会议认为其实质是要使国际资金和国外资本有兴趣来投资,同时上海和国内要能与之配合并能接受;三是在开发度方面,浦东350平方公里面积,其建设不可能一蹴而就,必须逐步开发;四是关于浦东现有基础,已不是一块空地,不能忽略它的工业和其他产业的现状,要认真研究现有基础,在考虑如何改造、利用的同时,也要考虑浦西的改造和发展多功能的问题;五是关于新老市区的关系,大家认为浦东与老市区是密切联系着的,老区的改造任务相当繁重,新区开发不宜给老区以更多负担,另一方面,没有老区的人才支持,新区也开发不起来,要依靠老区,配合老区的改造与发展;六是关于开发资金,与会专家认为,在当时国际资金出现过剩的有利条件下,筹措资金的难度并不大,关键是考虑要如何使用并能及时偿还;七是关于体制,新区要有新的体制,但要进一步研究与改革中老体制的关联与交替;八是关于干部问题,大家建议一定要很好选择,必要时向外招聘,包括招聘专家。

此次浦东开发国际研讨会的召开,引起了中外媒体的广泛关注,在国内外掀起了一股开发浦东的热潮。

深化研究与论证阶段:1988年5月至1990年4月

浦东开发事关重大,牵一发而动全身。在浦东开发国际研讨会召开后,浦东开发问题被提到了市委、市政府的重要议事日程。为解决浦东开发的远期目标与近期目标之间存在的问题,市委、市政府又展开了深化研究与反复论证。

1988年7月21日,市委书记江泽民主持召开浦东开发专题会,听取市政府浦东开发研究组汇报,要求根据他和朱镕基市长的意见,把研究报告再进行修改,争取尽快向中央领导作汇报。同时,要着手建立开发浦东的筹备班子,边做可行性研究边试点。7月23日,副市长倪天增向朱镕基汇报了有关研究情况。朱镕基指出,浦东是建设新上海的希望,开发浦东要抓大交通和基础设施,目前主要抓好越江工程。要从整个上海的改造和发展来考虑浦东开发,要以综合开发的思想来进行浦东开发,要把浦东建设成为上海最现代化的一个组成部分。9月30日,江泽民、朱镕基、汪道涵进京向中央领导专门汇报了浦东开发的准备情况,获得了中央领导原则同意和一系列具体指示,如:上海不能像深圳那样搞特区,在浦东主要搞独资企业,要着重改造老企业,要改善交通,在投资环境上下功夫以及建立浦东开发的筹备机构等。三位领导回到上海后,立即组建成立了开发浦东新区领导小组及办公室,委派两位副市长担任正、副组长。1989年初,上海市城建规划部门遵照朱镕基的指示,把浦东若干重点开发区的局部规划工作列入工作计划,加快了工作进度。

1989年"六四"风波之后,西方七国首脑会议决定对中国实施制裁,海外资金纷纷撤离。在此背景下,改革开放的总设计师邓小平开始思考如何突破西方七国集团的封锁与制裁,向世界宣示中国走有中国特色社会主义道路的决心不变、中国坚持改革开放的路线不动摇。1990年1月21日至2月13日,邓小平在上海期间提出:"请上海的同志思考一下,能采取什么大的动作,在国际上树立我们更加改革开放的旗帜。"[4] 2月13日晚,邓小平乘专列离开上海返回北京。在前往火车站的途中同朱镕基谈及开发浦东时说:"你们搞晚了。但现在搞也快,上海条件比广东好,你们的起点可以高一点。从八十年代到九十年代,我就在鼓动改革开放这件事。胆子要大一点,怕什么。"[5] 3月3日,邓小平在同江泽民、杨尚昆、李鹏谈及形势时深刻指出:"综观全局,不管怎么变化,我们要真正扎扎实实地抓好这十年的建设,不要耽搁。""实现适当的发展速度,不能只在眼前的事务里打圈子,要用宏观战略的眼光分析问题,拿出具体措施。机会要抓住,决策要及时,比如抓上海,就是一个大措施。上海是我们的王牌,把上海搞起来是一条捷径。"[6] 面对纷繁复杂的国际形势,邓小平审时度势,把浦东开发开放提高到了事关中国经济发展的"捷径"与政治格局的宏观战略高度,引起了中央有关领导的高度重视。

1990年2月上旬,新上任的国务委员兼国家计委主任邹家华、国家计委副主任兼生产委员会主任叶青受中央委派,率领国务院有关部门负责人来上海现场办公,为浦东开发上马作统筹安排。邹家华在沪考察期间指出,上海要加速发展外向型经济,抓好浦东开发工作,开发浦东首先要搞好基础设施建设,并同上海市市长朱镕基等人详细探讨了浦东开发中有关土地批租、外商投资等一系列问题。2月26日,中共上海市委、上海市人民政府向中共中央、国务院报送了《关于开发浦东、开放浦东的请示》。3月28日至4月8日,国务院副总理姚依林受中共中央总书记江泽民和国务院总理李鹏的委托,率领国务院特区办、国家计委、财政部、中国人民银行、经贸部、商业部、中国银行的负责人到上海对浦东开发问题进行专题研究、论证。上海方面分成特区、投资、财政、外贸、商业、金融六个专题组,向国务院有关部门进行了详细的汇报。经过紧张工作,大家在浦东开发的规划设想、政策设计、资金筹措等方面取得了重要共识。经过深入研究和交换意见,国务院工作小组起草了《关于上海浦东开发的几个问题的汇报提纲》。4月10日,李鹏主持国务院常务会议,专门听取姚依林的汇报,并就浦东开发开放中的若干问题逐个作了研究。4月12日,江泽民主持政治局会议,原则上同意国务院提交的浦东开发开放方案。

起步于上世纪80年代初的上海浦东开发开放的前期研究,在1990年之前,尚局限于地方性的发展战略构想。1990年4月18日,当李鹏总理宣布开发开放浦东以后,这个构想上升为重大的国家战略,中央"一锤定音",上海从此成为中国向世界展示改革开放形象的排头兵。

纵观浦东开发前期研究的过程，可以看到，上海市委、市政府将浦东开发视为提升城市综合竞争力的系统工程，并以全球视野和世界眼光来研究其未来的发展战略。同时，在对浦东开发开放进行前期研究、决策的过程中，尽最大可能延揽人才，吸纳国内、国外各路专家的智慧和力量，通过反反复复、几上几下地征求意见，修改方案，最终形成了具有前瞻性、综合性和操作性的实施方案，为浦东开发开放迅速打开局面，为上海一跃成为中国改革开放的前沿立下了汗马功劳。

（作者单位：中共上海市委党史研究室）

参考文献

[1]《中共中央国务院同意开发浦东开放浦东》.《人民日报》头版,1990年4月19日.
[2] 市建委.《基建情况》:1980年2月23日,第41期.
[3]《社会科学》:1980年10月20日,第5期.
[4] 中共中央文献研究室编.《邓小平年谱》(一九七五——一九九七)(下),2004:1307.
[5] 中共中央文献研究室编.《邓小平年谱》(一九七五——一九九七)(下),2004:1308.
[6] 中共中央文献研究室编.《邓小平年谱》(一九七五——一九九七)(下),2004:1310.

浦东开发开放前期研究和酝酿

江　林

浦东开发开放的历史背景

(一) 十一届三中全会的"东风"

十一届三中全会以后,全国上下掀起一股"解放思想,实事求是""实践是检验真理的唯一标准"的良好学风。在上海学术界也引起了热烈反响,他们从深圳等先行开发的城市得到启示,联系上海经济、科技、社会和城市发展等实际问题,积极探索改革开放、振兴上海之良策。当时讨论比较"热门"的话题有:

1. 就如何解决城市老化,适应改革开放的要求,提出疏解老市区,开发新区,建设卫星城等一系列有创意的建议;

2. 关于如何发挥上海在长江流域经济带的龙头作用,提出外扩、内联,发挥桥梁作用和港口城市的枢纽作用等建议;

3. 如何由最大的工业基地转化为外向型、多功能的开放城市,涉及产业结构的调整和工业内部的产品结构、技术结构的调整,以及工业管理体制、外贸体制的改革,等等。

(二) 上海经济发展战略研讨会的召开

1984年9月,在上海举行上海经济发展战略研讨会,国务院改造振兴上海调研组和上海市人民政府联合制订《关于上海经济发展战略的汇报提纲》。《提纲》认为,要振兴上海"重点是向杭州湾和长江口南北两翼展开,创造条件开发浦东,筹划新市区的建设"。在这次会议上,邀请了国内100多位著名专家、学者参加研讨,着重围绕上海城市特殊功能的定位、如何制定上海向全国、全世界开拓的战略、上海是否要大力发展第三产业、如何振兴上海等问题展开了讨论。中央领导充分肯定了这次研讨会对上海经济发展的重要性。

(三)上海城市发展战略研讨会

1986年2月和3月,由上海社会科学院、上海经济研究中心等十家单位共同发起,组织全市120多位专家、学者,召开两次"上海城市发展战略研讨会"。这次会议上,专家们提出上海城市发展的三个方向,即"东进",开发浦东建设新区;"南下",在杭州湾南岸建设新上海;"北上",在江湾—五角场地区建设上海新区。经过讨论和反复比较,大家对开发开放浦东的呼声很高,会上收到涉及开发浦东的论文就有10多篇。

这次大会以改革开放的高度,从建设国际大都市的大目标出发,对上海的城市建设提出不少创见,为浦东新区开发开放的城市规划、新区布局和建设要求,提供了重要的思路和理论依据。

市规划局、规划院根据经济发展、城市发展战略两次研讨会的精神,组织专家重新修订已于1984年上报的《上海城市总体规划方案》,并对开发浦东做了相应的规划。1986年10月,国务院在批复中指出:"要把上海建设成为太平洋西岸的经济、贸易、金融中心之一","当前要特别注意有计划地建设和改造浦东地区。要尽快修建黄浦江大桥及隧道工程,在浦东发展金融、贸易、科技、文教和商业服务设施,建立新居住区,使浦东地区成为现代化新区"。这些都对新区的开发开放起了重要的推动作用。

浦东开发开放这一伟大创举是集体智慧的结晶

(一)以汪道涵为总顾问的浦东开发开放联合咨询小组对浦东开发开放指导思想的定位:

1. 按照"把上海建设成国际大都市"的要求,将浦东新区的开发建设置于"外向型、多功能、国际枢纽化的一流新区"的制高点上;

2. 要充分利用土地批租等办法吸引外商投资,主要通过引进外资建设新区;

3. 在产业结构上要着重于发展现代第三产业,以完善上海作为国际大都市的服务功能;

4. 在体制上一定要体现新区新事新办的思想,形成强大的活力;既要适应对外开放的需要,也要对老市区的体制改革进行"组织疗法",推动其加速前进。

(二) 海外赤子林同炎对浦东开发开放研究所做的主要贡献:

1. 1985年10月提出"实现'现代化'的大上海"全面开发的计划;

2. 由林同炎自己出资在美国组织了国际上多位有名望的专家成立外方咨询组;

3. 为浦东开发开放出谋献策,提供方案,先后七易其稿,完成《开发浦东——建设现代化的大上海》计划;提出开发浦东的四大原则:成立公司,全盘计划,长期计划,一流城市;提出利用外资的四项要求:引外资、赚外汇、还外资、积外汇;提出浦东开发计划:开发范围、土地使用计划、居民及工厂迁移安置计划,城市分区和布局,黄浦江大桥和过江交通至少六条,争取十条的计划。

(三) 浦东开发前期研究主要人员和组织

上海市城市规划局原办公室主任陈坤龙同志,是民间自发研究浦东开发的先驱者,他第一次提出将浦东作为一个完整的新区的概念。在1981年至1985年期间,上海城市经济学会的王纲怀、陆贻春、金嗣同、杨贤智、刘远交、李祥宝、高柳根、顾泽南和沈文玮等同志,写了一批推动浦东开发开放的文章。上海城市经济学会陈敏之副会长,亲自发起两次城市发展战略研讨会,为推动浦东开发开放研究做了大量有意义的工作。市科委、市经济研究中心、九三学社等部门的专家、学者进行诸多的课题研究。

(四) 浦东开发开放整体方案(即预可行性报告)的形成

浦东开发开放整体方案的形成,是由汪道涵领导、倪天增主持的市政府开发浦东研究组完成的。该研究组汇集了方方面面的研究成果,分成15个专题,组织200多名专家,经历了一年多的深入研究和出国考察,才形成浦东地区开发开放的预可行性报告,以及60多万字的专题报告。在此基础上,1988年5月2日至4日在西郊宾馆召开浦东新区开发国际研讨会,为浦东新区的开发开放从理论上、指导思想上、政策上、规划方案上、实施办法上,以及在国内外所造成的舆论上,都奠定了良好的基础。

开发浦东的前期研究工作和"开发浦东研究组"的工作

浦东开发开放的前期研究工作,由自发研究到有组织研究,由专题研究到系统研究,由民间研究到政府组织研究,由国内研究到国内外联合研究,经历了一个由表及里、由浅入深、反复推敲、集思广益的漫长过程。

（一）民间自发研究

陈坤龙受深圳等南方城市对外开放的启示,有感于上海城市建设中存在的问题,设想在浦东建设一个带状形新区域,于1980年先后发表《在浦东地区建设新市区》《向浦东广阔地区发展》等研究文章,具体分析了开发浦东的有利条件,提出一系列设想,如"在陆家嘴建过江大桥或隧道以连接新老市区""建港口、国际机场、铁路环线等系统""发行公债和征收建设附加税等办法筹集资金"等,为浦东开发勾划了最早的"素描"。

一石激起千层浪。陈坤龙的一些看法,引起了社会的共鸣。1981年3月,上海城市经济学会会长叶进明和专家欣兆生同志发表了题为《在浦东沿江建立新的市中心》的论文,提出了在浦东黄浦江沿岸建设新市区中心的建议。1983年12月至1986年9月,陈敏之等一大批学术骨干,陆续发表了《开拓浦东运河——综合解决上海城市改造问题》《开发浦东新区,建设上海新城》《上海的曼哈顿在哪里》《上海的特区在哪里——结合城市经济体制改革》《在外高桥建设经济特区》等一系列文章,为浦东开发开放的前期研究工作开创了良好的学术氛围,提出了不少真知灼见。

（二）市经济研究中心和市科委组织研究

诸多专家、学者和有识之士对开发浦东、建设新市区的议论日益增多,引起了市经济研究中心和市科委等部门重视。1986年3月,市经济研究中心将"上海新市区的开发建设""上海卫星城镇的建设""上海城市交通的建设"三个重点研究课题,分别交给九三学社、城市经济学会、华师大三个单位,并根据城市发展方向的不同分成三个子课题。由九三学社负责的浦东开发课题,经过了半年多的调查研究,在八个分课题深入研究的基础上,形成了《浦东新区建设方略》。1987年2月11日,该课题通过了由汪道涵参加的评审,该项研究是上海第一个关于浦东开发开放比较完整、系统的方案,在理论上、舆论上起了先导的作用。

1986年4月,市科委下达《现代化浦东地区发展形态的研究》课题,由同济大学和上海城市规划设计院共同完成。1985年6月,市科委就上海举办世博会问题列入研究课题,并与市社科院、同济大学和日本专家进行了比较系统的研究,形成预可行性方案。在选址问题上,方案提出"如果以壮大第三产业,推动外向型经济发展,则馆址放在浦东"的设想,并认为新的城区要通过举办世界博览会带动国际贸易中心发展,为后来的研究提供了扎实的理论基础。

(三)倪天增副市长组织各委办的研究

为落实国务院关于《上海城市总体规划方案》批复的精神,1986年10月中旬,市政府组织20多个委、办、局分成两大组进行了专题研究。由市经济研究中心、市计委、市科委,负责浦东新区经济、科技、社会、文化等方面内容的研究;由市建委、市交通办组织研究浦东新区内外交通的架构,包括港口、机场、铁路、公路网络、越江交通等。两个组的研究于1987年2月中旬形成两份研究报告《浦东新区经济、科技、社会、文化发展纲要》(草案)、《浦东新区规划纲要》(讨论稿),为后来的浦东开发开发研究提供了较为切合实际的思路和方案。

(四)开发浦东研究组的研究工作

1987年6月,在中央领导的建议下,市委、市政府成立了有中外双方专家参加的开发浦东联合咨询研究小组,中方组组长由倪天增担任,外方组组长为美籍华人林同炎教授,汪道涵为联合咨询研究小组总顾问。咨询小组中方组(即开发浦东研究组)是上海市政府为开发浦东建立的第一个专门组织,同时成立由陈国栋、胡立教、汪道涵、李国豪、赵祖康等五人组成的高级顾问组和由夏禹龙等19人组成的专业咨询会议。研究组从战略研究,政策研究,法律、条例研究,资金筹措研究四个角度,确定15个重点课题,展开了广泛、深入、系统的研究。1987年11月,在此基础上,结合赴深圳、厦门、海南等地进行实地调查研究的有关资料,开始撰写《开发浦东的预可行性研究总报告》,先后完成《总报告(大纲)》《关于开发浦东几个主要问题的汇报》《关于利用外资开发建设浦东新区的报告》。

1988年5月,组织召开浦东新区开发国际研讨会,市委、市政府主要领导及国内外专家、顾问、代表共计140余人出席了会议,此次研讨会提出了相当丰富的规划设想。这些规划构思比较充分地考虑到了上海在世纪之交的历史使命和上海外向型发展的迫切需要。

中央的英明决策和市委、市政府的运筹帷幄

1988年7月21日,市委书记江泽民在听取了浦东开发研究组的汇报后提出:现在就要着手建立开发浦东的筹备班子,边做可行性研究边试点。浦东开发要选准突破口。开发浦东要发挥三区一县(黄浦区、杨浦区、南市区和川沙县)组织的作用。

1988年7月23日,倪天增副市长向朱镕基市长通报开发浦东的有关研究情况时,朱市长提出了许多重要意见。他指出:浦东是建设新上海的希望。开发浦东要抓大交通和基础设施,目前主要是抓好越江工程。要从整个上海的改造和发展来考虑浦东开发,要以综合开发的思想来进行浦东开发,要把浦东建设成为上海最现代化的一个组成部分。开发浦东,主要靠利用外资,要利用外资来搞基础设施建设,吸引外资直接投资来办企业。

1988年9月30日,江泽民、朱镕基、汪道涵进京向中央领导专门汇报了浦东开发的准备情况,获得了中央领导原则同意和一系列具体指示。同年11月,市政府根据中共中央、国务院同意建立浦东开发筹备机构的指示,决定成立开发浦东新区领导小组,由顾传训任组长,聘请汪道涵为顾问,叶龙蜚兼任领导小组办公室主任。办公室设在市外国投资工作委员会。

1989年底,胡立教、汪道涵等通过杨尚昆把开发浦东的研究报告呈送邓小平,引起了邓小平的重视。1990年初,在邓小平等中央领导同志的关怀、支持下,开发浦东研究组完成了市委、市政府开发浦东的请示报告,并于同年2月26日呈报中央,受到了中央的高度重视。同年2月28日,姚依林副总理受江泽民总书记和李鹏总理委托,率国务院有关部、委、办的负责同志来上海,对浦东开发问题进行了专题研究,听取了上海市委、市政府主要领导的汇报以及陈国栋、胡立教、汪道涵等人的意见,写出了《关于上海浦东开发几个问题的汇报提纲》,回京后向党中央、国务院作了专题汇报。

1990年4月12日,召开中央政治局会议,原则上同意开发开放浦东。同年4月18日,李鹏总理在上海大众汽车有限公司成立五周年庆祝大会上宣布,中共中央、国务院同意在上海加快浦东地区的开发,在浦东实行经济技术开发区和某些经济特区的政策。1990年6月2日,中共中央、国务院批复上海市委、市政府原则同意上海报送的《关于开发浦东、开放浦东的请示》,同时指出,开发和开

放浦东是深化改革、进一步实行对外开放的重大部署,必将对上海和全国的政治稳定与经济发展产生极其重要的影响。开发和开放浦东是一件关系全局的大事,一定要切实办好。

1990年4月30日,上海市人民政府召开开发浦东新闻发布会,宣布成立"上海市浦东开发领导小组"。由常务副市长黄菊任组长,副市长倪天增、顾传训任副组长,成员共31人。领导小组下设办公室,1990年5月3日正式挂牌,具体操作浦东开发的前期准备及各项事宜。

浦东沿江地区的早期党组织

龙鸿彬

1925年1月,中国共产党第四次全国代表大会在上海召开,中心议题为:加强党对日益高涨的革命运动的领导,讨论宣传、组织和群众工作,准备迎接大革命高潮。通过《对于中央执行委员会报告之决议案》等11个决议案和《中国共产党第二次修正章程》。同年2月,中共上海地委根据中共第四次全国代表大会通过的《中国共产党第二次修正章程》和一系列《决议》的规定,进一步加强党组织建设,按照党章中"凡有党员3人以上均得成立一支部"的规定,以直辖小组为基础建立支部。1925年上半年,上海已建立以企业、机关或地域为单位的支部15个,党员220人。其间,中共浦东支部成立,支部负责人为杨裕发,支部成员朱谦志、蒋燮文、达品晋。

1925年8月至9月,上海区委所辖的支部已发展至65个。其中机关、企业支部15个,工厂支部50个。为便于领导和更好地发挥组织作用,上海区委在杨树浦、引翔港、小沙渡、曹家渡和浦东等工业较为集中的区域分别建立五个支部联合干事会,各设书记一人,干事若干人,负责领导和管理该区域内工厂、企业中的中共支部,支部联合干事会直属上海区委领导。8月下旬,中共浦东支部联合干事会成立,书记张人亚,负责领导浦东地区沿黄浦江地区党的工作,下辖6个基层支部:英美烟厂一厂支部(张培林)、英美烟厂二厂支部(朱谦志)、英美烟厂三厂支部(孙正友)、祥生铁厂支部(杨培生)、日华纱厂支部(周子康)、美利时皮厂支部,共120名党员。

1925年10月,中共中央《组织问题决议案》指出:"像上海这种地方我们党现在扩大了不少,现在已经要在区委之下按区域划分几个'部',组织'部委员会'。"同月,上海区委即根据中央的决议,参照上海的行政区域分划为杨树浦、引翔港、浦东、小沙渡、曹家渡、闸北和南市七个部,分别建立七个中共部委员会,管辖各区域内的工厂、企业支部,部委员会直属上海区委领导。由此,在中共浦东支部联合干事会基础上建立了中共浦东部委,下辖仍为6个支部,党员120名。至1926年9月,发展至9个支部,党员219名。至1926年12月,发展至11个支部:日华纱厂支部、祥生铁厂支部、英美烟厂老厂支部、英美烟厂新厂支部、小南洋厂支部、和丰铁厂支部、荧昌火柴厂支部、小轮驳支部、烂泥渡码头支部、其昌栈码头支部、十八间码头支部,党员322名。

1925年10月至1925年12月

中共浦东部委

书　　　记　张人亚

组织部主任　俞伯良

宣传部主任　杨鸣皋

妇女部主任　张妹英

委员朱俊生　(负责交通)

1926年1月至1926年12月

中共浦东部委

书　　　记　江元清

组织部主任　张人亚(　—1926年9月)

　　　　　　陈绍虞(1926年9月任)

宣传部主任　张培林(1926年3月—1926年5月)

　　　　　　张人亚(组织兼宣传,1926年6月—1926年9月)

　　　　　　刘锡吾(1926年11月在任)

职工部主任　江元清(兼,1926年6月任)

妇女部主任　宋三妹(女)

　　　　　　　施英弟(女)

1926 年 12 月至 1927 年 6 月

　　书　　　记　马玉夫

　　组织部主任　杨培生(1926 年 12 月—1927 年 2 月)

　　宣传部主任　叶呈兴

　　职工部主任　张培林

　　妇女部主任　施英弟(女)

　　委　　　员　张剑白(负责"民校"运动)

　　　　　　　叶放吾(负责青年团工作)

　　1927 年 6 月,中共江苏省委兼上海市委成立,原属上海区委领导的 8 个部委即隶属江苏省委领导。同年 8 月,江苏省委根据党的的"八·七"会议通过的《党的组织问题议决案》中关于要"造成坚固的能奋斗的秘密机关,自上而下一切党部都应如此的决定",迅速建立起秘密工作和各级党的秘密工作机关,转入地下斗争。同时,为了克服敌人破坏而造成的暂时困难,采取了改变组织的措施,根据地理条件与工作上的便利,将原属上海区委领导的 8 个部委改建为沪东、沪西、法南、闸北、浦东、沪中 6 个区委。1929 年 3 月,浦东区委下辖 9 个支部,党员共 40 人。此后,浦东区委和所辖部分支部先后遭到多次破坏。至 1929 年 10 月,区委领导成员仅剩下 2 人,下辖 7 个支部,党员 25 人。

1927 年 8 月至 1927 年 10 月

中共浦东区委

　　书　　　记　王承伟

　　组织部主任　陆景槐(　—1927 年 9 月)

　　　　　　　蒋仁东(1927 年 9 月—1927 年 10 月)

　　宣传部主任　汪善德(　—1927 年 9 月)

　　　　　　　陆景槐(1927 年 9 月—1927 年 10 月中旬)

　　　　　　　梅电龙(1927 年 10 月下旬)

　　职工部主任　蒋仁东(　—1927 年 9 月)

　　　　　　　张培林(　—1927 年 10 月)

　　　　　　　陈竹山(1927 年 10 月到任)

　　妇女部主任　魏英春(女)

青年部主任　周朴农

军事部主任　毕衍庆

1927 年 10 月至 1928 年 1 月

中共浦东区委

书　　　记　陈　鸿

组织部主任　蔡鸿干(1927 年 11 月任)

宣传部主任　江德奎

妇女部主任　陈竹山

1928 年 1 月至 1928 年 4 月

中共浦东区委

书　　　记　曹祥华

组织部主任　陈　鸿

宣传部主任　江德奎

妇女部主任　薛映华(女)

1928 年 4 月至 1928 年 12 月

中共浦东区委

书　　　记　周延庸

委　　　员　李厚尔(1928 年 9 月在任)

　　　　　　徐剑南(1928 年 11 月在任)

　　　　　　丁　芸(1928 年 11 月在任)

1929 年 1 月至 1929 年 8 月

中共浦东区委

书　　　记　王克全(1929 年 1 月在任)

　　　　　　陈竹山(1929 年 6 月在任)

　　　　　　温少泉(1929 年 7 月至 8 月)

委　　　员　夏祥生(1929 年 7 月在任)

　　　　　　顾梅卿(1929 年 7 月在任)

1929 年 9 月至 1929 年 12 月

中共浦东区委

代 理 书 记　夏祥生(1929 年 9 月上半月)

书　　　记　费亦武(1929年9月下半月任)

组织部主任　朱秀英(女)

宣传部主任　费亦武(兼,1929年9月下半月任)

1929年12月至1930年3月

中共浦东区委

　　书　　　记　杨福康

　　委　　　员　朱秀英(女)

　　　　　　　　夏祥生

　　　　　　　　姚雨生

1930年2月下旬,中共中央发出《关于目前政治形势与党的中心策略》的第70号通告中要求各级党组织集中力量积极进攻,组织上海政治罢工和地方暴动,组织和发动国民党的军队的兵变。1930年3月下旬,为准备五一总罢工和示威,上海各区成立区行动委员会(区行委),属江苏省总行动委员会垂直领导。浦东区行委与浦东区委并存,区行委书记兼区委书记。至5月上旬,区行委工作结束,机构撤销,区委恢复正常工作。

1930年3月至1930年5月

　　区行委书记　王　杰(1930年3月下旬至1930年5月上旬)

　　区委书记　王　杰

　　青年秘书处　兰　荣

　　委　　　员　杨福康

　　　　　　　　姚雨生

1930年6月

　　书　　　记　王洁予(周德标)

　　委　　　员　文　奎

　　　　　　　　雪　梅

1930年7月中旬,中共江苏省委为贯彻中共中央政治局6月11日决议,决定成立江苏省总行动委员会,领导江苏各地的暴动和上海的总同盟罢工。上海市各区行动委员会、分区行动委员会相继成立,上海市7个区的党、团、工会领导机构合并,成立了7个区的行动委员会(区行委),各个区的中共区委的名义仍保留。区行委为该地区的最高的领导机关,一切重大活动都由区行委负责指挥。9

月,在党的六届三中全会上批判李立三的"左"倾冒险主义错误,并在此前后,撤销江苏省总行委和上海市各区行区,恢复上海市各区的中共区委建制。

1930 年 7 月至 1930 年 9 月

浦东行委书记　　王洁予(周德标,兼区委书记)

1930 年 9 月,中共江苏省委将上海市区委调整为 11 个。10 月,中共江南省委成立后,上海市区的 11 个区委改属江南省委领导。

1930 年 10 月至 1931 年 1 月

书　记　周　炎

委　员　俞承远

　　　　曹考乔

1931 年 1 月 7 日,中共中央在上海召开六届四中全会,江南省委代理书记陈韶玉(王明)被选为中央政治局委员,会后不久又补为政治局常委,王明"左"倾冒险路线开始处主导地位。1933 年开始,上海地下党组织遭破坏的事件接踵发生。1934 年冬,上海中央局从外地抽调干部组成的江苏省委又遭破坏。此后,中共在江苏和上海的省级领导机关已不再存在。由于敌人基本掌握上海地下党的活动规律,江苏省委所属上海各区委、各群众团体中的党团以及外县党组织也破坏殆尽。中共浦东区委在贯彻王明"左"倾冒险主义政策中,区委领导机关和所属基层党组织也接连遭到破坏,党的领导力量和党的组织大大削弱。1931 年 2 月,浦东地区的中共党员和共青团员合计才不到 20 人,党的基层组织仅剩下一个仅有 6 人党员的支部。1933 年至 1934 年,白色恐怖愈加严重,浦东区委领导机关遭到更大破坏,区委于 1934 年终止活动。

书　　记　赵小妹(女,1931 年 2 月在任)

　　　　　李　爽(李耀晶,1932 年至 1933 年)

　　　　　苏　生(1933 年 12 月至 1934 年 1 月)

组织部长　李　爽(1931 年下半年)

宣传部长　王友直(1932 年 10 月)

　　　　　彭国定(左洪涛,1932 年 12 月任)

委　　员　沈先定(1932 年 2 月任)

1937 年 11 月,中共江苏省委恢复重建时,遵照党中央确定的白区中心城市党组织的建立和恢复,不以地区而以产业与职业划分工作的指示精神,省委即按照不同产业和职业系统建立党的各级组织,实行单线垂直领导。这种组织形式一直延续至1949年2月。其间,先后共建立工人运动委员会、军事运动委员会、外县工作委员会等14个系统党委。遵照江苏省委指示,作为全市各产业工人中党的组织和工人运动的领导机构,工人运动委员会积极组织力量扎根于重点企业和敌伪工厂。至1939年10月,在全市76个重要工厂企业建立了支部。1939年下半年,工委开始开辟浦东地区工厂的党的工作。1941年3月,由杨东林等3名党员组成浦东地区工作领导小组。1942年下半年,工委决定成立浦东地区工作委员会,负责沿黄浦江东岸,北起东沟南至周家渡地区工厂党的工作,先后下辖颐中烟厂、纶昌纱厂光中义务子弟学校、平安船厂、中山炼钢厂、三井造船厂、天章纸厂、南码头地区等8个支部、两个党小组。书记杨秉儒,委员徐佩玲、曹根宝、陈洪良。1940年后,工委先后建立了沪东、徐汇、浦东、吴淞、东南、杨树浦、榆林等7个地区工作委员会。抗战胜利时,浦东地区工厂、码头等党的组织和党员都由工委下属的浦东地区工作委员会领导。1948年3月,浦东地区工委领导下有浦东颐中烟厂、天章造纸厂、章华毛纺厂、纶昌印染厂、招商局第五码头、大来码头、太古码头等11个支部和4个党小组。书记杨秉儒(至1947年5月)、吴良杰(1947年5月任),委员陈洪良、徐佩玲。

1943年4月,工委隶属华中局城工部领导。1945年1月,为配合新四军里应外合解放上海,工委在工厂集中的地区组织工人地下军,为武装起义作准备,相应成立浦东地下军工作委员会、杨树浦地区工作委员会、榆林地区工作委员会。工委在浦东南码头和白莲泾一带工厂发动并组织工人地下军,开展筹集武器、工人军训等工作。1945年,该组织奉命撤销。书记孙明,委员杨进、杨秉儒、杨东林、杨宽海。

1949年2月,中共上海市委根据中央上海局指示,为适应迎接解放、接管上海的形势,决定除市政、交通、文化、警察、妇女系统党委和人民团体党组织直属市委领导外,撤销其他产业、职业系统党委,实行按地区建立区委的组织形式,先后建立沪东、沪西、沪南、沪北、沪中、新静长、北郊、徐龙、浦东等9个党的地区委员会,直至1949年5月上海解放。浦东区委管辖浦东地区工厂、产业系统党组织。书记周小鼎、钱希均、张浩波、顾金德。

陈独秀与浦东人往来考略

柴志光

陈独秀是中国共产党创始人之一，他在近代中国最先倡导并吹响思想启蒙号角。1915年9月，他在上海创办《青年杂志》，在思想文化领域掀起一场以民主和科学为旗帜，向传统封建思想、道德、文化宣战的新文化运动，是新文化运动的主将。陈独秀(1879—1942)，原名乾生，字仲甫，别署实庵，笔名独秀、只眼，安徽怀宁（今安庆）人。1901年起三次赴日本留学。1903年在上海与章士钊等创办《国民日报》，协助苏曼殊翻译雨果小说《悲惨世界》。1904年回安庆，旋返沪学习制造炸弹。1915年在沪创办《青年杂志》（后改名《新青年》）。1917年任教于北京大学。1920年返回上海，发起成立中国共产党上海发起组。1921年中国共产党在上海正式成立，被选为中央局书记，成为中共第一任领袖。其后在上海领导了五卅运动和上海工人三次武装起义。1927年7月离开总书记职务后，隐居上海，研究文字学。1929年被开除出党。1931年5月，在上海成立"中国共产党左派反对派"，任总书记。1932年在上海被国民党当局逮捕。1937年出狱后表示抗日，辗转到达四川江津，晚年生活贫困。1942年5月27日在江津病逝。著有《独秀文存》等。从1915年至1931年，陈独秀几次进出上海，开展了一系列的重要革命活动,在上海留下了值得进一步深入研究的历史足迹。在上海,陈独秀与中外各界人士广泛接触,开展思想启蒙和革命活动。其间,他与黄炎培、穆藕初等浦东人有多次交往,对浦东的工人运动也给予了多次关注。

陈独秀与黄炎培的交往

黄炎培,字任之,系浦东川沙城人,清末举人,毕业于南洋公学特班,早年致力于办新学,为中国职业教育创始人,著名民主爱国人士和社会活动家。黄炎培与陈独秀交往主要在于对中国教育问题的探讨。

1920年初,陈独秀从北京到上海开展活动,当时的身份是北京大学教授。黄炎培得知陈独秀来上海的消息后,即去拜访。当时,陈独秀居住在环龙路渔阳里2号(今南昌路100弄,俗称老渔阳里),原为安徽都督柏文蔚住宅,两层楼房,《新青年》编辑部也设在该楼内。2月27日(星期五)黄炎培在日记中写下了"记陈独秀"的记录。3月1日(星期一),黄炎培在日记中又写下了"夜,卡尔登会餐,陈独秀、王光祈、儒堂等"。日记中没有记录相见时所谈的内容,但从当时陈独秀与黄炎培所从事的职业来讲,以谈教育为主的可能性较大。也许黄炎培谈了邀请陈独秀到江苏省教育会演讲的事。因为,陈独秀到上海后,上海各界纷纷请他演说,特别在各大学的演讲备受听者欢迎。而3月29日,陈独秀应黄炎培之请为中等学校的教师们作了一次讲演,黄炎培在这一天的日记中写道:"商科筹备会午餐,请陈独秀演说。"《申报》对这次演说作了详细报道。

1920年3月30日,《申报》以《陈独秀演说现今教育之缺点》为题对陈独秀到江苏省教育会演说作了报道。其报道曰:"北大教授陈君独秀,系新文化巨子,自到沪以来,各界纷请演说,殆无虚日,如南洋公学、青年会、沪江大学等处,言论均备受听者欢迎。昨日(二十九日)下午四时,本埠西门江苏省教育会亦请陈君讲演,题为《现今教育之缺点》。届时中等以上学生教员,联袂偕来。源源不绝,致原定女宾席都被男宾占坐,而男女宾之后至者,竟无席可容,大都直立恭听,无一退归。此可见来宾之拥挤矣。众宾既集,乃由该会副会长黄任之君致开会词,略谓:本会常有名人演讲,然来宾之多,实又今日为最。谅请君非因天气晴朗,不肯凟办事,来此游玩,想必因陈先生学问道德深印诸君及海所致。今日本会特请陈先生演讲,题为《现今教育之缺点》。教育缺点究在何处,各人见解不同,久思请学识经验宏富之教育家一一指明。陈先生系提倡新文化新思潮最先之人,必有名言论,以享吾人。今日诸君到来如是之多,可知陈先生之学说已与诸君神交,故可无庸兄弟介绍。词毕,即请陈君登坛。"陈独秀在演说中指出了当时中国教育的两大弊端,一为主观主义,他认为学生一人有一人的天才,一人有一人的脾气,教者不熟察学生个性、发展其固有之良知良能,复不考社会家庭状况,一律施以同样之教育,不利于学生个性的发展;一为形式主义,其流弊亦属不浅,他认为我国各省在人情、风俗、气候、物产上各各不同,某种教材有宜于此而不宜于彼者,岂可以划一之制度强行遍施于全国,是犹制成许多同样之衣服而使高矮胖瘠各不同之人一律穿用。他对当时教育部的官员日坐斗室,向壁虚造,而令全国大小各校悉惟部令是从,稍事革新,即被驳斥,偶有损益,即谓不尊部令的现象甚表不满。

陈独秀的演讲实际上也是对当时中国教育弊病的一次强烈批判。作为主持演说会的黄炎培听了演说后,颇有感悟,在会上也发表一番阐述陈独秀演说的感想,《申报》对此也作了报道。黄炎培认为:"陈先生今日演词甚长,不得不扼要说明,以知精义所在,总观陈先生高论,所绝端反对者为主观、形式两主义,主观主义之流弊,在乎不合个性,戕贼良知良能;形式主义之流弊,则在不切实用,幼学而不能壮行。"

一位新文化运动的倡导者与一位中国职业教育的创立者在对中国教育问题上有如此相投的意气,是他们相互交往的基础。当时,江苏省教育会举办了一系列演讲活动,蒋梦麟、汪精卫、朱执信、戴季陶、张东荪等一批社会名流和学者多到会作演讲,而陈独秀到上海还在积极筹建共产党组织。1920年5月,陈独秀在上海成立了马克思主义研究会。五四运动后,各种新思潮汹涌而来,上海尤为突出。上海出现的各种社会团体、各种演说活动,正是这种思潮的具体表现。而黄炎培在推行职业教育上则领全国之先,早在1917年5月,发起成立了中华职业教育社。1920年5月,黄炎培与来华访问的美国学者杜威相逢,听了杜威有关职业教育的演讲,他还曾到美国去考察教育。在黄炎培的职业教育思想中,融合着中外多种教育思潮,其中也有陈独秀教育观点的影响。

陈独秀与穆藕初的交往

穆藕初(1876—1943),名湘玥,号恕园,系浦东杨思人,后迁居上海县城。1900年考入海关,1905年入龙门书院任教习,后任江苏铁路公司警察长。1909

年赴美国留学,1914年回国。1915年创办德大纱厂,1918年创办厚生纱厂,1920年创办豫丰纱厂。后又创办劝工银行、华商纱布交易所。在国民政府中任副部长,抗日战争时期在重庆任农产促进委员会主任。1943年9月19日病逝于重庆。穆藕初重视教育,倡导并实施科学管理企业。毛泽东称穆藕初为"新兴商人派",在著作中多次提到穆藕初。穆藕初尽管是一名实业家,但对新文化、新思潮十分赞同,与蔡元培、戴季陶、孙祥熙、黄炎培等一批社会名流往来密切,与孙中山也有过接触。

穆藕初与陈独秀的交往是由厚生纱厂招收湖南女工一事开始的。1916年初,穆藕初在经营德大纱厂初见成效之后,决定扩大经营规模,在杨树浦港东岸购地40亩,又开办了厚生纺织股份有限公司,总资本120万两银子,设备从国外引进,至1920年,厚生纱厂已成为全国花纱布业示范厂。为了扩大生产,湖南籍职员黄本操念家乡迭遭兵灾,乡亲生活艰难,在征得穆藕初同意后,从湖南招一批女工到厚生纱厂做工,但在签合同、劳动时间、工资等诸问题上引发报界的严厉批评,穆藕初在湘、沪各报纸上发表文章答辩各种指责。陈独秀对这一场风波十分关注,并发表了长篇调查报告。

1920年5月1日出版的《新青年》第七卷第六号"劳动节专号"刊发了陈独秀的《上海厚生纱厂湖南女工问题》。该文收录了当时发表于各报的批评文章,有长沙《大公报》柏荣《论上海厚生纱厂试用湖南女工》、《湖南日报》樵仲《论上海厚生纺纱厂试用湖南女工问题》、《湖南日报》畅吾《论上海厚生纺纱厂试用湖南女工问题》、长沙《大公报》亚文《上海厚生纺纱厂在湖南招女工的章程的研究》、长沙《大公报》柏荣《再论上海厚生纱厂试用湖南女工问题》、《湖南日报》佛兰克《论厚生纺纱厂在湖南招女工事》、《湖南日报》负厂《研究厚生纺纱厂招募湖南女工问题》、长沙《大公报》黄醒《论纱厂中女子作工的体育问题》、长沙《大公报》兼公《论厚生纱厂招工问题论辩的结果》、穆藕初《答复讨论厚生纱厂招募湖南女工问题诸君书》、叶之乔《为厚生纱厂招工事致自治女校教职员书》、柏荣诸君《复厚生纱厂穆藕初君书——招募湖南女工问题》、长沙《大公报》真心《读穆藕初君答复讨论招募湖南女工问题诸君》、上海《时事新报》侯可九《告穆藕初先生》、上海《星期评论》朱执信《实业是不是这样提倡》。这十几篇文章反映了社会各界对厚生纱厂招湖南女工问题的看法和批评。陈独秀经过调查后,发表了自己的看法,他认为:"中国人向来相互不承认他人的人格,所以全体没有人格,这件事若责备穆先生独为其难,未免太看重他了。"在工人的工资问题上,陈独秀指出:"我们只主张把'工值'给工人,并不主张在'工资'以外要多给一点。'工值'是什么?是工人每日劳力结果的生产额在市面上的价值,不是资本家任意定的三角两角。三角两角以外的剩余工值,都被资本家——股东用红利底名义抢夺去了,工人丝毫分不着;工值抢去了,反过脸来还要审问被抢者底工作能力之大小与责任心之有无,这实在是清平世界里不可赦的罪恶。"陈独秀也认为:"厚生厂在湖南招募女工无论办法好歹,都不但单是湖南的女工的问题,也不单是上海男女工人问题,乃是全中国劳动问题。有人责备厚生厂苛待湖南女工,所以穆先生不服。我现在拉杂写了许多,都不专是讨论湖南女工问题,也并不把穆先生当做一个资本家来攻击他的厚生厂;乃是把穆先生当做一位关心社会问题的人,所以研究一下劳动问题来请教。穆先生企业的才能和他在社会事业上的功劳,我们当然要尊敬他;正因为尊敬他,所以才希望他百尺竿头更进一步,由个人的工业主义进步到社会的工业主义!中国底资本固然还没有集中到工业上,但是现在已经起首了;倘然仍旧走欧美日本人的错路,前途遍地荆棘,这是不可不预防的。穆先生很有预防的力量,或者不是我过于看重了他。我希望穆先生及其他企业家,都要有预防社会前途危险的大觉大悟,使我这篇拉杂乱谈中当心的地方将来不至成了预言,那才是社会的大幸呵!"

从陈独秀的这篇调查报告中可以看到,陈独秀不光研究分析了当时中国的工人队伍状况,对穆藕初这样的新兴资本家也有较深的研究。陈独秀的这篇调查报告,在由中共中央党史研究室编著、中共党史出版社于2011年1月出版的第二版《中国共产党历史》第一卷上册第二章第58页有记载,其文曰:"陈独秀除了到工人中进行调查外,还约请北大的进步学生和各地革命青年,深入工人中开展调查,了解工人的状况,并在此基础上编辑出版了《新青年》第7卷第6号'劳动节纪念号'。这个纪念专刊共发表28篇文章,其中大部分反映了上海、北京、天津、长沙、芜湖、无锡、南京、唐山等地工人的状况,介绍了各国劳动组织和工人运动的情况。陈独秀本人撰写了《上海厚生纱厂湖南女工问题》的文章。'劳动节纪念号'的编辑发行,是中国先进分子与工人运动相结合的产物。"在写此篇文章时,陈独秀与穆藕初是否见面作过交淡,笔者尚无找到史料证之。

据笔者掌握的史料,陈独秀与穆藕初的相见是在1920年11月23日北大同人举办的送蔡元培赴欧美考察宴会上,地点在上海一品香菜馆。11月24日《申报》有报道。《申报》云:"蔡孑民先生(二十二日)抵沪,北京大学旅沪同人于昨晚八时,假座一品香菜馆,设宴祖饯蔡君,蔡君即席演说,述此次赴欧美考察之旨趣。""列席者、陪宾者如汤尔和(北京国立医学专门学校校长,现即赴法考察医学)、陈独秀及其夫人(陈君前为北京大学教授)、吴稚晖、汪精卫、李闡初、张申甫、徐彦之(以上三君亦即赴法考察)、张溥皋、沈信卿、穆藕初、胡敦复、胡明复、贾季英、任矜□、孙道胜君等。"还有北大旅沪同人马寅初、狄福鼎、李泽影、沈仁、沈义、刘秉麟等人。大家先一起拍摄一张合影,入座后,陈独秀先致欢送词,蔡元培作谢词。汤尔和也作了讲话。

穆藕初本非北京大学之人,何以参加此次欢送会?穆藕初虽是新兴资本家,但他始终关心祖国的发展,更热心于办教育,为国家培养人才,当他在企业经营获利后,便资助北京大学学生出国留学。在这次宴会之前,他曾去北京拜访过蔡元培,在财力上支持蔡元培。故穆藕初参加此次活动是情理中事。在这次宴会上,穆藕初与陈独秀相见,两人自然会有一些话语。几个月前的"厚生纱厂招湖南女工"之事使两人在报刊上有了文字交往,但两人在宴会上谈了什么,尚未见史料记载,或许是礼节性的问候之语。这次相见,是否两人第一次碰面,也需用更多的史料来证实。

陈独秀与浦东工人运动

上海是中国工人队伍最早形成的重要地区之一,而浦东的工人队伍又是上海工人运动中一支重要的力量。陈独秀曾领导工人运动,对浦东的工人运动也亲自作指导。

浦东工人队伍的形成是从浦东的码头仓栈、工厂的出现开始的。主要由码头工人、纺织工人、轮船修造厂工人和卷烟厂工人组成。1921年7月,中国共产党成立后,即把发展工人运动作为党的一项中心工作,并成立了中国劳动组合书记部,作为专门领导工人运动的公开机构。1922年初,全国各地掀起了第一次工人运动高潮。上海的纺织工人犹其显示了组织起来的力量。1920年秋,李启汉在上海创立了上海纺织工会,1921年又建立了纺织工会沪西分会。1922年3月,在李启汉的帮助下浦东陆家嘴的日华纱厂建立了上海纺织工会浦东分会。据1997年9月上海社会科学院出版社出版的《上海工运志》记载:"上海纺织工会浦东分会(浦东纺织工会)于民国十一年(1922)3月19日在白克路(今凤阳路)207号开成立会,参加大会的日华纱厂工人约300人,书记部李启汉和中共中央局书记陈独秀以及上海《民国日报》编辑邵力子(当时为中共党员)到会演说。分会会址设在浦东桃源宅慎余里24号。"当时,《申报》也作了报道。3月20日《申报》报道云:"联合通信社云,上海纺织业工人会浦东部各工厂男女工人不下数万人,近日潮流所趋,凡属各项职业工人,均有组织团体,以谋工人自救之道。故该会前拟在浦东工人学校开会,嗣因天雨不果,改在浦西开会,苦无适当地点,乃于前日遍发入座券,请各工团等参观,昨日下午一时半开会。到会人数,计各工团代表、各报馆记者及各界来宾、纺织工人等约八百余人。(一)由委员长(即工人)敦文英主持,报告开会宗旨,及组织工会经过情形。(二)书记报告上海纺织工人会浦东部简章,并逐条加以说明。(三)来宾李启汉、陈独秀、邵力子、程婉珍女士等先后演说,语多激励。(四)职会员自由演讲。(五)发给各会员证书及章程。(六)全体摄影。散会已有五点矣。"4月17日,浦东纺织工会发动日华纱厂3 800名工人罢工,这次罢工历时9天。5月20日,浦东日华纱厂又爆发了3 800多人参加的大罢工。24日,中国社会主义青年团中共执行委员会发表了《请求全国各界和各团体援助上海浦东纺织工人书》,此次罢工坚持了15天。其间,上海学生组织了罢工经济后援会,共产党在上海创办的平民女校还派学生到浦东演讲,鼓励罢工工人;上海纺织工会沪西分会、海员工会等捐款并派人赴浦东慰问罢工工会。据《申报》记载曰:"本埠工团因浦东日华纺织工人要求加资,演成罢工风潮,工人现已无粮,遂组经济后援会。作晨九时,派代表董锄平、童理璋、杨草仙、张工权等,渡浦至桃源宅纺织工人会,慰劳各工人,当由顾聚亭、刘正根等接待。董君说明来意,赠送面包食物,并说明有吴淞中国公学某君援助经济九元五角,请其点收。当由刘正根报告罢工始末情形,现已由警署出面调停,吾辈所要求者加二成,刻下已让步至一成半,现不能解决者,相关不过几厘云云。末由张工权、杨草仙等互加劝慰,词极恳切。一时工人聚而听者甚众,事毕,各代表回沪。"这两次大罢工显示出了工会的力量,是党领导下的中国劳动组合书记部积极组织的结果,也是党把发展工人运动作为当时一项中心工作的体现。

  浦东尽管与上海市区有一江之隔,但近现代在上海所发生的一些重大事件中,几乎都有浦东人的身影,有时浦东人还是主角。黄炎培、穆藕初等人是浦东人中的杰出代表,在探求民族独立和民众摆脱贫困的道路上,他们与陈独秀相识并交往,这是一种共同的理想所趋。尽管他们所采取的方式不一样,但这并不影响他们的交往和对中国问题的讨论。20世纪20年代,陈独秀在上海广泛开展革命活动,与他相识并交往的浦东人肯定不仅仅是黄炎培和穆藕初,如浦东早期的中共党员林钧与陈独秀也曾有交往,1921年11月19日,陈独秀到浦东中学演讲,这些都值得我们去进一步搜集相关史料作深入的研究。

论张闻天在抗日民族统一战线中的历史作用

陈伟忠

遵义会议后张闻天同志担任中共中央总书记,他充分发挥了善于协调、善于团结的个人特长,在中国红军由国内战争到抗日战争的战略转变过程中,运筹帷幄地率领中共领导集团及时提出转变目前任务,把握军事发展方向,抉择合宜方略的策略,为日益迫切的大规模民族战争确立了军事战略方针的基本原则和理论。特别是西安事变发生后,他提出了"尽量争取南京政府正统"的主张,不仅促进了西安事变的和平解决,并为全民抗战的形成和最后战胜日本帝国主义奠定了坚实的政治基础,为这一历史性转变的实现作出了重大的历史贡献。

在主持制定抗日民族统一战线的策略与路线上,任党中央总书记的张闻天作出了卓越的历史功绩

遵义会议以后,张闻天代替博古在党中央负总责(任总书记)。此时,正是党和红军处在最为困难的时期,面对重重困难和错综复杂的各种矛盾及国民党军队的围追堵截,张闻天认真分析形势并充分发挥了自己的才智,依靠和团结中央政治局和中央军委的同志,为贯彻遵义会议决议,纠正"左"倾军事路线的错误,支持毛泽东的正确军事路线,并为逐步确立毛泽东在党中央和红军中的领导地位而进行了不懈的努力。

(一) 将陕北作为抗日战争的落脚点

"九一八"事变以后,日本帝国主义侵占了东北三省,华北危急,中华民族处于生死存亡的紧急关头。中国共产党为了中华民族和全国人民的利益,于1935年8月1日发表了《为抗日救国告全体同胞书》(即八一宣言),提出了"停止内战,一致抗日"等各项政治主张,得到了全国人民的热烈拥护。1935年9月28日,在张闻天主持的中共中央政治局常委会议上,作出了将红军长征落脚于陕北的决定,并把陕北作为抗日战争的出发点。

为了团结全国人民一致抗日,1935年11月13日,在张闻天主持召开的西北中央局会议上,又明确提出了实现战略转变的任务和灵活运用广泛的统一战线策略。特别是在同年12月17日至25日,张闻天又主持召开了在中国共产党历史上具有伟大历史意义的瓦窑堡中央政治局会议。会议经过讨论后,张闻天作总结发言,他充分肯定了毛泽东的战略思想,并从中华民族的大局出发,及时提出了建立抗日民族统一战线的正确主张。张闻天受政治局的委托起草了《关于目前政治形势与党的任务的决议》(通称《瓦窑堡会议决议》),并在12月25日政治局会议上通过。《决议》对当时的国内外形势、阶级关系的变化作了正确的分析,并全面系统地阐明了党的抗日民族统一战线的策略路线和各项方针、政策。

《决议》指出了目前时局的基本特点和在新的形势下,不仅工人、农民、广大的小资产阶级、群众和革命的知识分子是抗日的基本力量,而且"一部分民族资产阶级与军阀",也有"直接参加"抗日战线的可能。即使"地主买办阶级营垒中间"也可能发生分化。"党的策略路线,是在发动、团结与组织全中国全民族一切革命力量去反对当前主要的敌人——日本帝国主义与卖国贼头子蒋介石"。为了战胜日本和蒋介石,必须运用"最广泛的抗日民族统一战线",使每一个爱国的中国人都参加到抗日的战线中去。张闻天在从内战到抗战的历史转折关头,主持召开这次重要会议并取得了很大的成功,使这次会议成为中国共产党建立抗日民族统一战线的行动纲领和策略路线形成的标志。

(二) 提出"停战议和,一致抗日"主张

随着形势的变化与发展,张闻天和毛泽东、周恩来等一起又很快地进行了政策调整。1936年2月,张学良等人表示愿意抗日,但不同意反蒋,张闻天认识到

这种情况也普遍反映了国民党军队的基本态度,如不及时进行政策调整是不利于抗日民族统一战线建立、发展与巩固的。尽管蒋介石派10个师的兵力在山西阻拦红军东征抗日,为顾全抗日大局,中共中央发表《停战议和一致抗日通电》,公开放弃反蒋的口号,呼吁"停战议和,一致抗日"。1936年8、9月间,张闻天与毛泽东等根据实际情况,逐渐改变了我党"抗日反蒋"的方针,开始形成"逼蒋抗日"以至"联蒋抗日"的主张。在9月15日至17日张闻天主持召开的中央政治局扩大会议上,张闻天代表党中央作了《目前政治形势与一年来民族统一战线问题》的报告,明确提出了我党现在的策略是"实现联合国民党抗日",统一战线的口号是"建立民主共和国",采取的方针是"逼蒋抗日"。会议通过了张闻天起草的《中共中央关于抗日救亡运动的新形势与民主共和国的决议》。从"抗日反蒋"到"逼蒋抗日"、从"人民共和国"到"民主共和国"的策略转变,是实现抗日民族统一战线方针的关键。在主持制定抗日民族统一战线策略路线与方针政策中,张闻天所作的报告、结论、发言,撰写发表的文章,起草或主持下形成的宣言、决定、决议,数量十分可观。他充分发扬党内民主,集中领导集体的智慧,全面地分析新的形势,与毛泽东一起正确地提出了中国共产党在这个历史阶段中新的战略任务、新的策略路线和新的方针政策。张闻天不仅与毛泽东一起制定了党的抗日民族统一战线策略路线,而且在主持中央日常工作中为推动抗日民族统一战线的建立,做了大量开拓性的宣传和组织工作。

在贯彻执行抗日民族统一战线的策略与路线上,张闻天具有卓越的领导才能和独特的战略眼光

瓦窑堡会议以后,主持党中央日常工作的张闻天,及时贯彻执行瓦窑堡会议制定的抗日民族统一战线策略路线与方针政策,以推动抗日民族统一战线和国共合作局面的形成。

(一) 提出了"党的新的路线在实际环境中具体运用"的主张

为了加强对抗日前线各地方党组织的领导和重点加强对中共北方局工作的领导,张闻天在1935年12月29日的政治局会议上郑重提出:派刘少奇去北方局工作,并以"中央驻北方局代表"的名义,"代表党中央在那里领导"。对北方局的工作方针,张闻天提出:"主要的是党的新的路线在实际环境中具体运用",从实际出发贯彻瓦窑堡会议决议,具体运用抗日民族统一战线的策略路线。会议根据张闻天的提议,作出了派刘少奇去北方局工作的决定。

1936年4月5日,中央常委会讨论分工,由张闻天直接总负责北方局的工作。1936年7月,刘少奇派人携带他的亲笔长信到保安向张闻天汇报北方局的工作,张闻天读了来信,又听了来人的口头汇报后,他将刘的来信请中央领导同志传阅。中央领导都很重视北方局创造的"新的经验"。8月9日,张闻天给刘少奇写了复信,同时还发出了《中央给北方局及河北省委的指示信》。张闻天给刘少奇的长信,既是对北方局工作的具体指导,也是对国民党统治区开展抗日民族统一战线工作策略原则的比较全面的论述。张闻天指出,对蒋介石的派别,我们党应"揭破"其"欺骗",利用其"允诺";"要善于经过各种社会团体在某些抗日问题上公开向他们提议实行统一战线","争取在它影响下的一部分优秀分子到抗日战线上来";张闻天还强调"白军工作现在特别重要","特别要抓住官长工作",改变过去那种只做士兵工作不做官长工作的错误做法。对于各种群众抗日救亡运动,张闻天指出:工人运动"应该从底下做起","不要争取公开,而要利用公开";对学生运动要成立学生委员会,挑选学生领袖,让他们在党的学生运动方针指导下开展具体工作;对于文化工作的同志,"更应该采取比较灵活的与机动的领导方式"。对北方局的工作方法与重点,张闻天指出:"你处现在应该避免多头的领导,而着力于华北工作的建立与开展。"在张闻天的直接领导下,北方局的工作取得很大的进展,促进了华北抗日民族统一战线的蓬勃发展。

(二)提出了"开展'外交'联络,扩大统一战线组织"的主张

1936年3日中旬,上海地下党派张子华来陕北汇报工作情况。上海地下党受中共中央的委托同国民党和南京政府联合抗日的秘密谈判刚开始,需进行联络。于是,张闻天又及时地把同上海党组织建立联系、开展抗日民族统一战线的工作抓了起来,决定派冯雪峰作为中央特派员前往上海。张闻天亲自向冯雪峰交待任务:第一是"外交",同南京方面联络,促进联合抗日;第二是同上海各界救亡运动领袖(沈钧儒)、群众团体建立关系,宣传抗日民族统一战线,扩大统一战线的组织;第三,恢复党中央与上海地下党的联系,建立上海党的工作,并发展上海原来已有的工作;第四,附带管一管文艺界工作。临行前,张闻天邀冯雪峰到自己的窑洞里吃饭,为他饯行。张闻天叮嘱冯雪峰:"到上海后,务必先找鲁迅、茅盾等,了解一下情况后再找党员和地下组织。"冯雪峰到上海后按党中央及张闻天的批示开展工作,使上海的抗日民族统一战线工作和党的各项工作都有

了很大的进展。

1936年5月31日,在宋庆龄、马相伯、沈钧儒、章乃器等的号召下,全国各界救国联合会在上海成立,华北、华南与华中等地20多个省市中60余个救亡团体的代表70多人参加了大会。大会通过了《全国各界救国联合会成立大会宣言》,并制定了《抗日救国初步政策》等文件,坚决响应中国共产党"停止内战,一致抗日"的主张。党中央为了进一步引导全国的救亡运动的开展,7月6日,张闻天和周恩来在安塞联名写信给冯雪峰,指示进一步发展上层统一战线和群众抗日救亡运动,进一步克服关门主义,推动"停止内战,一致抗日"。7月下旬,张闻天主持召开了中央政治局会议,并把上海的工作提出来作为讨论的问题之一。张闻天认为上海的工作主要是扩大统一战线,他指出,上海党组织对黄色工会的策略转变不够;文化界团体、救国会,组织上比较狭隘;对南京方面的活动也要扩大。张闻天根据会议决定给冯雪峰写信,指示他要更加扩大统一战线,重点抓建立上海党的工作,注意划分公开工作与秘密工作。上海的白区工作长期由张闻天分管,随着抗日民族统一战线的发展,上海的抗日民族统一战线工作在全国起着越来越重要的作用。1936年9月中央政治局扩大会议后,为了进一步开展对国民党上层的统一战线工作,中央决定派潘汉年任中共谈判代表赴上海,后来又任命潘为中共驻上海办事处主任,冯为副主任。"七七"事变后,又派刘晓去上海,负责上海党组织的领导工作。这些重要的人事安排,都是张闻天主持决定的。

(三)指示将悼念鲁迅同发扬民族精神与抗日救亡联系起来

1936年10月19日,鲁迅在上海溘然逝世。张闻天为中央起草了"表示最深切沉痛哀悼"的三篇文章:《为追悼鲁迅先生告全国同胞和全世界人士书》《致许广平女士的唁电》《为追悼与纪念鲁迅先生致中国国民党中央委员会与南京国民党政府电》。并以个人名义分别电示刘少奇、潘汉年等人,要求他们在国民党统治区组织群众性的追悼鲁迅的活动,并把悼念鲁迅的活动同发扬民族精神、进行抗日救亡直接联系起来。由于党中央的正确领导及平津、上海等地党组织的精心组织,使这次活动成为"一二·九"运动以后,又一次大规模的群众抗日救亡运动。直接组织这次活动的,在平津是刘少奇,在上海是潘汉年、冯雪峰和救国会领袖胡愈之(中共特别党员),而代表党中央进行具体领导与指导的是张闻天。在张闻天直接领导下,白区工作沿着党中央制定的抗日民族统一战线的策略与路线开展。

因而,1936年7月30日,中央政治局会议在总结和部署白区工作时,中央白区工作部部长张浩在报告中说:"白区工作有很大的进展,能够适时的抓紧中心进行,这是因为特别得到洛甫(张闻天)同志的帮助。"

在联合与团结各派政治力量发动抗日救国之中,张闻天及时提出对国民党军队统战工作的决策

(一)提出"将保卫苏区的斗争变为直接的民族革命战争"主张

红军到达陕北后,张闻天在中央政治局会议上提出:要将保卫苏区的斗争变为直接的民族革命战争,要加强对白军的工作。会议一致同意张闻天的主张,认为在陕甘苏区周围的敌军中,东北军虽是"围剿"陕甘苏区的主力,然而他们流亡关内,怀念故土,厌烦内战,要求抗日,对他们进行联合工作是可能的、有利的。1935年11月13日,张闻天主持召开政治局会议,作出了《关于开展抗日反蒋运动工作的决定》,其中确定对白军工作"首先应该是东北军",重申苏维埃政府与红军愿在共同抗日三条件下,同一切抗日反蒋的武装部队订立作战协定。11月20至24日,红军取得了直罗镇战役的胜利。张闻天于11月26日致电在前线的毛泽东,提出对所俘东北军军官给予优待的政策,以扩大我们抗日反蒋的影响与同盟者。毛泽东完全同意张闻天的主张,并立即致函东北军五十七军代军长董英斌,告以我党的优待政策,并向他们表示东北军部队凡愿抗日反蒋者,红军愿与订立条约,互不侵犯,一同打日本、打蒋介石。经过各方面的工作,张学良将军同意和红军进行谈判。毛泽东和张闻天、周恩来、彭德怀等研究决定:派中共中央联络局局长李克农赴洛川与张学良会谈。

1936年1月21日,李克农自洛川来电报告中央,张学良表示愿意为成立国防政府奔走。并告东北军中同情中共抗日主张者不乏其人,他们对"剿共"态度消沉,愿意目前各守原防,恢复通商。张闻天和毛泽东、周恩来等商量后,决定立即采取主动的行动,进一步推进同东北军的联合,促进国防政府与抗日联军的建立。1月25日,中共中央公开发表了《红军为愿意同东北军联合抗日致东北军全体将士书》,提出在"誓死不作亡国奴"的口号下,红军愿意首先同东北军联合起来,为全中国人民抗日的先锋,为共同实现组织国防政府与抗日联军的主张,同日本帝国主义作战。这封公开信所用的口号和提法,完全符合东北军上下的

心理,处处为东北军的处境、前途着想,又处处从国家兴亡、民族大义着眼,情词真挚,感人肺腑。同时张闻天同毛泽东、周恩来、博古等反复商量,向全国通电,提出"召集全国抗日救国代表大会,正式组织国防政府与抗日联军"的主张。

（二）指出"中共同东北军、张学良联合的方针不变"的策略

1936年3月16日,张闻天和毛泽东、周恩来、彭德怀等在山西石楼,听取了李克农与张学良会谈的详细汇报,认真研究了张学良提出的意见和要求,当即决定以周恩来为全权代表到肤施去同张学良再次进行谈判。在周恩来赴肤施之前,张闻天于4月5日在瓦窑堡召集了一次政治局常委会,商讨同东北联合抗日等问题。张闻天针对当时蒋介石下令张学良进攻陕甘根据地的新情况指出,中共同东北军、张学良联合的方针不变。4月13日,周恩来回到瓦窑堡,张闻天立即召开常委会议,听取周恩来关于肤施谈判的详细汇报。会议决定派一批干部加强对东北军的工作,鉴于张学良不能不执行蒋介石进犯苏区的命令,会议还决定在关中加强军事力量,作出相应的部署,并加紧抗日宣传,争取东北军不打红军。根据会议的精神,张闻天具体指导陕甘省委和白区工作部对东北军的工作。为了进一步加强领导,5月17日召开的政治局常委扩大会议决定成立东北军工作委员会,周恩来为书记。

1936年4月13日,张闻天主持召开中共中央常委会决定派刘鼎到西安,让他担任中共在西安张公馆的常驻代表。8月9日,张闻天和周恩来、博古、毛泽东又联合署名致信张学良,准备派潘汉年、叶剑英、朱理治三人到西安,和刘鼎一起协助张学良工作。

（三）提议与杨虎城"共组抗日联军,设国防政府"的主张

张闻天十分重视对杨虎城的工作。杨虎城当时任西安绥靖公署主任第十七路军总指挥,是陕西实力派的领袖。1935年12月,张闻天代表党中央派汪锋持毛泽东的亲笔信去见杨,提议"共组抗日联军,设国防政府"。1936年2月,与杨虎城达成红军与十七路军共同抗日互不侵犯的四项协定。在张闻天主持召开的3月"晋西会议"上肯定了同杨联合的方针。张闻天和周恩来、博古等在4月5日的政治局常委会上,又着重讨论了对杨联合的问题。为进一步加强对十七路军的统一战线工作,还成立了由贾拓夫等组成的西北军工作委员会。这项工作也由张闻天直接领导。在联合张、杨的同时,张闻天也没有忽视对其他地方实力派的联合工作。在政治局常委会上,他提出,我们对各种派别的态度现在要转

变,我们应该相信在抗日问题上可以结成联盟。我们不应该简单地痛恨他们,而是要争取同他们在抗日等某些问题上订立协定。到1936年夏秋,通过各种渠道,先后同宋哲元、刘湘、傅作义、阎锡山、李宗仁、李济深等都建立了不同程度的联系。

(四)建议成立白军工作部,进一步推动国民党军队统战工作

为了适应形势发展的需要,在1936年7月27日的政治局会议上,张闻天建议中央成立白军工作委员会,或白军工作部,其任务是按国民党各派武装部队的实际情况有计划地开展工作,并提议"这项工作由周恩来同志负责"。会议一致同意张闻天的建议,决定成立白军工作部,由周恩来负责此项工作。这个机构建立后,进一步推进了对国民党军队的统战工作,为建立与发展同国民党军队和各派政治力量中的抗日民族统一战线开创了新的局面。

正因为这样,中共在推动国民党军队的统战工作方面取得了突破性的进展,从而做出了从"反蒋抗日"到"逼蒋抗日"转变的英明决策,才会促成张学良、杨虎城"逼蒋抗日"的实际行动。

在和平解决震惊中外的西安事变的过程中,张闻天最先提出尽量争取南京政府正统的见解

(一)提出高举抗日旗帜,"尽量争取南京政府正统"的主张

1936年12月12日凌晨,张学良、杨虎城等发动了震惊中外的西安事变。他们在西安临潼华清池逮捕了蒋介石,在西安市内囚禁了从南京来的十几名国民党军政要员。西安事变当日,张学良就致电中共中央通报了这一重大情况。张学良与杨虎城又立即通电全国,提出"改组南京政府""停止一切内战"等八项政治主张。

怎样处置这个突发事变,一时间成为国内各种政治力量的焦点和国际上十分关注的一个问题。12月13日,张闻天主持中央政治局常委扩大会议讨论处理西安事变的方针。他在听取了毛泽东等人的报告和讨论后,张闻天针对不同的意见和主张,论述了西安事变暴露的主要矛盾和我党应该采取的基本方针,他在发言中对"除蒋""审蒋"以及"以西安为中心,成立新的政府"的意见,都表示了不同的看法。张闻天坚持主张,要高举抗日旗帜,尽量争取南京政府正统。在新的尖锐矛盾面前,我们需要慎重、慎重、再慎重。只有党的策略正确,才能领导我

们的事业,走到顺利的道路上。张闻天以《尽量争取南京政府正统》的发言,能如此高瞻远瞩的一个根本原因,是张闻天分析了张学良捉蒋的真正动机,因而张闻天面对如此复杂的局面,坚持和平解决不动摇。他在讲话指出:在抗日问题上,主要矛盾是抗日派同"民族妥协派"(以蒋介石为代表)的矛盾。张学良等人在西安的这一"突变","是开始揭破民族妥协派的行动"。这个行动的意义是使整个局势"向着全国性的抗日方向发展"。张闻天从对西安事变矛盾性质与发展趋向的分析出发,提出了处理西安事变的根本方针:"把局部的抗日统一战线,转到全国性的抗日统一战线。"在政权问题上,张闻天明确表示,我们"不采取与南京对立的方针,不组织与南京对立的方式"。我们的正确策略应该是"把抗日作为最高旗帜","在军事上采取防御,在政治上采取进攻","发动群众威逼南京",以促成"改组南京"的口号,"对妥协派应尽量争取与分化、孤立",张闻天认为抗日是斗争关键,大局第一。

(二)为党中央起草了《关于西安事变及我们任务的指示》文件

西安事变爆发后,应张学良、杨虎城之邀,中共中央立即派周恩来乘张学良的专机飞抵西安。周恩来与张学良、杨虎城先后会谈,并连续致电党中央报告西安局势的变化,国内外对西安事变的反应和他对解决西安事变的意见。张闻天与毛泽东等领导人根据对西安事变后形势的进一步观察,逐步形成了和平解决西安事变的完整方案。

12月19日,张闻天主持中央政治局扩大会议,再次讨论解决西安事变的方针。这次会议与13日的会议不同,它是在党中央领导核心意见一致,做出了"和平调停"的决策后召开的。会议由毛泽东作报告,报告着重分析了事变影响的两重性,并阐明了党的策略方针是和平调停,结束内战。

张闻天最后强调了四点:(1)关于西安事变的两个前途。他提出:我们的方针应确定争取成为全国性的抗日,坚持停止内战,一致抗日的方针。(2)坚定地主张抗日而不反蒋。他强调:"我们应把抗日为中心","不站在恢复反蒋的立场"。(3)避免内战扩大,争取全国抗日的策略。张闻天运用了毛泽东报告中提出的"分两手"的思想,提出:"我们应尽量争取时间,进行和平调解","我们应与张、杨靠近,应打胜仗,扩大影响,准备以防御战来反对内战"。(4)对苏联的立场与态度问题。张闻天作了解释后,同时又毫不含糊地指出:"我们不能采取苏联的立场","苏联的立场和态度,对张、杨横加指责的舆论,自然对局部的利益是有妨碍的"。张闻天并且为党中央起草了《关于西安事变及我们任务的指示》。张闻天对和平解决西安事变的正确性及其策略思想的系统阐述,同毛泽东的报告相得益彰。

(三)提出"'联蒋抗日'争取中派,以实行对日抗战"的主张

在党中央的领导下,在张闻天与毛泽东的指挥下,经周恩来等中共代表对张学良、杨虎城的努力劝说,张、杨同意中共中央提出的和平解决西安事变的方针。1936年12月25日,蒋介石不得不在口头上允诺:改组南京政府,讨伐军退出陕甘,保障民主权力,停止"剿共"政策与红军联合抗日,与同情中国抗日运动之国家建立合作关系等条件。随后,恢复了蒋介石的自由,张学良亲自送蒋介石经洛阳回南京。当张学良放蒋后,蒋却背信弃义,扣留了张学良,结果,很多东北军将士被激怒了;杨虎城对和平也动摇了;他们坚决要打,要把张学良救回来。为此,12月27日,张闻天再一次主持召开了中央政治局扩大会议,讨论"释蒋"后的形势与方针。但蒋介石回南京后扣押了张学良,并同时调集了37个师的兵力分五路向西安进逼。一时西北上空战云密布,内战大有一触即发之势。在这紧急关头,张闻天与毛泽东等进行研究,分析了形势,提出了对策。并以洛、毛的名义致电周恩来、博古,指出:南京方面重新进逼的用心是要把东北军将领吓得就范,然后慢慢宰割,孤立红军。目前我们的对策应该"三方面团结,真正的硬一下","使中央军不敢猛进",并从文武两手作出部署。由于西安方面的情况极其复杂,东北军内部矛盾十分尖锐,形势极为严峻。当时留在保安的张闻天、毛泽东作出决策,并又以洛、毛的名义分别致电周恩来、博古,及上海的潘汉年、冯雪峰,北方局的刘少奇等,指示他们利用各种关系,通过国民党上层人物及宋庆龄等有影响的知名人士出面调停。在这矛盾十分尖锐,形势万分险恶的危急时刻,张闻天与毛泽东等商定后,于1月25日自延安启程,1月27日秘密来到西安。张闻天到达西安后立即会同周恩来、博古等,就形势和方针进行商讨。并以他个人的名义致电毛泽东、彭德怀、任弼时,分析西安和战的形势,提出:"我们的方针应该毫不迟疑的坚决为和平奋斗",坚决不打内战。1月28日,张闻天从西安到达云阳,立即同任弼时、杨尚昆和王稼祥商讨目前形势下的对策。当天即以个人名义致电毛泽东、周恩来、博古,提出重要建议:军事上,红军主力主动"向渭北方面撤退";政治上请毛泽东、朱德对这一行动发表讲话,主张和平统一、团结御侮,坚决反对新的内战,表示红军愿意服从南京中央政府的指导,并"要求蒋委员长立

即销假视事,主持中枢"。电报说:"这一态度表明,目前极端重要","如大家同意,即由泽东负责起来,谈话明日即广播"。

2月11日,张闻天主持政治局会议,在博古作了《关于西安事变的经过与结束》的报告后,张闻天发言,他指出,西安事变的两种前途,由于中央采取了和平方针,避免了内战,"这一胜利历史意义很大","中国革命确实开始了一个新的阶段,内容是和平统一团结御侮"。我们以后的任务"主要是在'联蒋抗日'的口号下,争取中派",以实行对日抗战。在和平解决西安事变的整个过程中,张闻天始终是中国共产党关于和平解决西安事变方针的主要决策者和领导者之一。他为建立抗日民族统一战线作出了杰出的贡献。

在领导参与国共谈判促成国共第二次合作中,张闻天与毛泽东周恩来同样作出了杰出的贡献

(一) 共同提出"'争取民主权利'是准备抗战的关键"的主张

西安事变的和平解决,实现了一年来国共秘密谈判的目标:"停止内战,一致抗日"。1937年2月9日,国共两党正式恢复谈判,2月10日,中共中央发出《中共中央给中国国民党三中全会电》。张闻天起草的这个文件,表明了中国共产党同国民党谈判的立场,并公开提出了实现国共合作的条件。国民党三中全会虽然接受了中国共产党关于国共合作、共同抗日的主张,但仍然宣称"无论用任何方式,必以自力使赤祸根绝于中国"。他们无时不忘限制、削弱共产党,以至达到消灭共产党的目的,国共两党的第二次合作谈判在这尖锐复杂的情况下,进行了艰苦曲折的斗争。

张闻天与毛泽东等中央领导人都认识到:"争取民主权利"是准备抗战的关键,国共谈判就是共产党为争取民主权利而同国民党进行合法斗争的主要阵地。中共中央决定以周恩来、叶剑英为中共谈判代表与国民党代表顾祝同在西安进行会谈。2月9日夜11点,毛泽东与张闻天致电周恩来请他以即将发出的《中共中央给中国国民党三中全会电》作为"和宁方交涉之政治立场"。第二天中午,张闻天与毛泽东又电复周恩来,对谈判的内容作了补充。2月12日凌晨3时,张闻天与毛泽东又就谈判的策略和条件复电周恩来,请他注意在谈判时要对方实行《中共中央给中国国民党三中全会电》中所提出的五条要求,以避免对方"迫我再让"。在这一个多月的持续谈判中,张闻天与毛泽东一起指挥着西安谈判的

全过程。

（二）与毛、周联合撰写了《中共中央为公布国共合作宣言》

正在谈判接近成约之际，国民党方面却突然节外生枝，制造障碍，提出了一个要把红军和苏区完全置于南京当局的直接控制之下，欲以西路军的安危，作为胁迫就范的条件。毛泽东、张闻天接到周恩来关于上述情况的汇报后，即以中央书记处的名义致电周恩来并通告红军部队各军事首长，3月15日、16日，中央书记处又连续致电周恩来，要他要求迅速见蒋当面解决问题，为顾全大局，按照电报所列中央确定的15项谈判条件继续谈判。

由于毛泽东、张闻天等在政治上采取了进攻的姿态，促成了周恩来与蒋介石的直接会晤。3月下旬，周恩来同蒋介石在杭州进行首次谈判。4月初周恩来回延安后，党中央立即召开政治局扩大会议，听取周恩来的汇报，根据周恩来与蒋介石谈判的情况，会议决定：在抗日救国十大纲领及国民党一大宣言基础上起草一个民族统一路线纲领。会议还确定谈判的策略，如进展顺利，则拟以党的名义发表合作宣言，争取公开；否则，待事变发展促蒋让步。

会后，张闻天与周恩来等进行了紧张的准备工作。在与蒋介石进行第二次谈判前，毛泽东与张闻天一起对同蒋谈判的内容多次与周恩来电报往返进行商讨。确定了同蒋会谈进行解决国共两党关系的具体步骤。6月上旬至中旬，周恩来同蒋介石在庐山再次会谈。由于在指挥权与人事安排等问题上，周恩来与蒋介石一直争论很久而不能解决，周恩来只得返回延安。周恩来回延安后，张闻天召开中央书记处会议，商量对策。为了顾全团结抗日的大局，准备作出重大让步，拟定了关于谈判的新方案。由周恩来负责起草的《中共中央为公布国共合作宣言》，于7月2日交毛泽东、张闻天改定。

（三）召集书记处成员会议商定《红军改编出动抗日》事宜

卢沟桥事变发生后，全国抗日战争开始。为促使国共谈判迅速达成协议，中共中央于7月14日向南京政府表示，"愿在蒋指挥下努力抗敌，红军主力准备随时出动抗日"。在谈判中，我方一再让步，但蒋介石仍然坚持红军在改编后不设统一的军事机关，致使谈判再度陷入僵局。在这种情况下，毛泽东与张闻天于7月20日联名致电周恩来、博古、林伯渠，决定对蒋采取强硬态度："我们决定采取蒋不让步不再与谈之方针。请你们回来面商之"。7月下旬，日军发起了侵占平津的进攻，形势更加严峻，蒋介石不得不改变态度，派人捎话：红军迅速改编，出动抗日。周恩来、博古、林伯渠即于7月28日返回延安,张闻天立即召集书记处成员商定红军改编出动抗日事宜。决定主力红军集中在三原迅速改编,编为3个师,4.5万人,朱德为总指挥,彭德怀为副总指挥。蒋介石于7月底邀请共产党代表飞南京共商国防问题。党中央决定派周恩来、朱德等赴南京参加国防会议并同蒋再次进行谈判。

(四) 与毛泽东致电朱德、周恩来等,提出了十项谈判条件

8月1日、3日,张闻天、毛泽东两次致电周恩来、朱德等人,指出:红军的作战原则是"在整个战略方针下执行独立自主、分散作战的游击战争"。要他们商量国防计划,并连同红军作战方针、步骤,一并于当天电告洛、毛,待决定后由周等将国防计划携往南京面交;并提出此次赴宁须要求发表宣言,确定政治纲领、决定国防计划等。8月10日,周恩来、朱德等飞抵南京,参加国防会议,并同蒋介石等继续会谈。8月13日,日军大举进攻上海,威逼南京,国共谈判到了急切需要迅速解决的关键时刻。张闻天、毛泽东二次联名致电周、叶,及彭、林、周、博,指出国民党方面提出的要红军"分路出动",是要分割红军,包含着很大的阴谋,坚决不能同意。同日又以中央书记处的名义致电朱、周、叶,提出了十项谈判条件。经过中共中央的努力,国民党中央通讯社终于在9月22日播发了《中共中央为公布国共合作宣言》,23日,蒋介石也发表了国共合作的谈话。于是25日,张闻天与毛泽东又联名致电周恩来、林伯渠等,指示当前宣传内容。

国共谈判至此以宣告国共第二次合作形成、抗日民族统一战线的确立,这是一个历史性的伟大转折,使中国共产党取得了公开合法的地位而又保持了独立性;从此抗日民族统一战线开始跨入一个新阶段,树立了中国共产党在全国人民中的崇高地位与威望,并且发展、壮大了在中国共产党领导下的人民武装和抗日根据地的建立。

在这实现全国抗战的历史性的斗争中,前方周恩来正面交锋,机智坚定,后方的毛泽东和张闻天指挥若定、进退自如,他们互相商讨,审时度势,掌握了谈判的主动权,表现了高超的斗争艺术。周恩来是同国民党代表和蒋介石面对面进行谈判的主将,张闻天则与毛泽东一起,在延安运筹帷幄进行领导。张闻天在建立抗日民族统一战线、促进国共第二次合作中所作出的伟大历史贡献将与毛泽东、周恩来一样永载史册。

纪念抗战 弘扬抗战精神

郑卫平

2007年是我国全面爆发抗日战争70周年。70年前,日本侵略者在河北省挑起"七七"卢沟桥事变,妄图在侵占东北、不断蚕食华北以后,进一步侵吞整个中国。中国人民在侵略者面前终于觉醒,爆发了全面的抗日战争。国共两党团结对外,全国上下一致抗日,经过8年抗争,至1945年8月终于在世界反法西斯战争全面胜利的形势下,迎来了全国抗日战争的胜利。抗日战争是中国人民百年来第一次取得完全胜利的反对帝国主义侵略的民族解放战争,是全民族精神的体现,成为中华民族重新振奋起来的转折点。经过战争的洗礼,中国共产党也逐步发展壮大,成为中华民族争取独立、富强,人民争取民主、自由、幸福的中流砥柱。战争教育了人民,也锻炼了人民,只有团结、抗争才能赶走侵略者,只有国富民强才能不被人欺负。

淞沪会战中国民党守军的英勇斗争。浦东在"八一三"淞沪抗战中,虽没有"四行仓库"的惨烈,也没有姚子青营的悲壮,但在"八一三"爆发后的最初阶段,浦东守军在8月15日至8月下旬短短十几天中,以炮火、以肉躯回击了日军沿黄浦江各码头、从川沙白龙港、从高桥的40余次进攻、登陆,最终使敌人"放弃进入浦东之企图"。

在此后的双方拉锯战中,浦东沿江地区连续遭到日舰、日机炮火的狂轰滥炸,3个月中几无宁日。淞沪抗战虽以日军占领而结束,但淞沪抗战相持了3个月之久,打破了日军3个月占领中国的美梦,也为长江下游工厂物资向内地转移赢得了时间,同时"也使国际的观感为之一新"。值得一提的是,"八一三"抗战刚爆发,川沙第一批22名热血青年即报名弃家从戎,成为自愿壮丁,奔赴淞沪战场。据战后记载,此22名第一批自愿壮丁,回来时仅存1人,其余均在保卫南京之役中壮烈牺牲。还有,在战后被国民党川沙县政府收录进《中华民国忠烈将士姓名录》的15位将士,他们均是浦东人,年龄最小的只有17岁,最大的42岁,在抗日战争中,他们的热血洒在了广西、浙江、江苏、安徽、福建的各个战场上。

敌后游击队伍的顽强抵抗。淞沪抗战结束后,国民党收编一些地方实力派,以"别动队"和后来的"忠义救国军"名义在浦东活动。中国共产党领导下的抗日武装力量也从无到有、从小到大,在抗争中逐渐成长。1937年11月初,中共江苏省委即宣告成立,12月派陈静、蔡辉等共产党人到浦东,以南汇地区(包括浦东新区部分地域)为中心,开展农村抗日武装斗争。1938年2月中共浦东工作委员会成立以后,中共江苏省委通过党的组织和各系统外围组织先后动员一批青年工人、职员、学生,到上海郊区开展武装斗争,最先成立了南汇县抗日保卫团第二中队。同年6月,曾在上海工人三次武装起义中担任领导职务的川沙镇人林钧,带领延安抗大和上海的一批进步学生,回到家乡,将宝山陆祥生的一支小型武装和浦东国民党抗日自卫团张惠芳的一部分武装合并、并加以改造,成立了浦东新区的第一支党领导的抗日武装——边区民众抗日自卫总团第四大队。这支队伍在同年11月,即在朱家店伏击敌伪军一仗中首战告捷,大长了浦东军民的士气。不出几个月,又和保卫四中联手打了潘家泓伏击战,大胜而归。到1939年初,上海郊县敌后抗日武装斗争和游击区开辟工作即进入高潮,浦东地区(括南汇县全部、奉贤东部、川沙南部)是郊县最早开辟武装斗争的地区。在全面抗战初期的2年多时间里,浦东抗日武装最多时达到四五百人,他们采取避实击虚的战略战术,开展过大小数十次战斗,消耗和牵制了日伪的有生力量,成为党创建敌后抗日根据地的坚强支柱。在1939年下半年开始的反"围剿"、反"清乡"斗争中,朱亚民率精悍武工队,坚守浦东,在打击敌伪,保护人民中作出了重大贡献。其中较大的战役有"夜袭苏家码头检问所""鹤沙大团锄奸""袭击钱家桥日军据点"等等,队伍从12人发展到200人,并在浦东"清乡"区坚持和发展了抗日阵地。同时，基层党组织积极开展民运工作，发动群众组织农会、妇救会，开展减租减息运动，恢复征收救国公粮和爱国捐，保证了浦东支队及游击区的经济来源。另有一批共产党特派员以成立读书会、兄弟会、文艺团体等形式，组织发动群众，开展抗日宣传教育活动和惩处汉奸、抗交军粮斗争。1943年5月，在第三区龄楼乡（今川沙镇牌楼村）组织兄弟会，至年底发展会员12人，成为当地建党、建军、建政工作中的骨干。

在敌后抗战的斗争中，浦东顾家路人张惠芳是当地抗战人士的代表，他虽是草莽出身，抗战初期自拉队伍，后被国民党第三集团军委任组建边区民众自卫团，共产党人林钧就曾取得张的番号，组织了抗日队伍。1939年春，自卫团改编为军统忠义救国军独立第一支队。这年夏天，张惠芳指挥300余人埋伏在施湾镇（今机场镇）阻击了从川沙到南汇祝桥镇扫荡的50余名日军，毙敌20余人，生俘6人，缴获军车1辆及步枪20余支。1942年张的独立一支队又改编为国民政府军事委员会别动军特种行动总队。1945年4月张率部2 000多人，与日军交战于高行镇附近，毙敌80余名，并在1945年前后救助了美国帮助中国抗战的飞行员15名。在抗击外敌、保护乡梓上是有功的。

浦东工人阶级的顽强抗争。上海沦陷后，浦东的一些造船厂、钢厂，甚至卷烟厂的铜匠车间都被日本人用来制造军火。浦东工人在中共组织的领导下，开展隐蔽斗争、"无头"斗争，进行了顽强的抗争。仅举几例：1939年春天，颐中烟厂党支部在工人中成立储蓄会，以"灰色"面貌出现，团结群众，赢得群众的信任，进而扩大党的影响，宣传抗日主张，组织群众开展抗日活动。同年5月，中共江苏省委直接领导伦昌印染厂、伦昌纺织厂的罢工运动，打胜了与日伪争夺上海工运的第一战役。1943年日军胁迫颐中烟厂铜匠间工人制造飞机零件和机枪架，浦东区工委指导党员发动工人以磨洋工、粗制滥造、明做暗拖的方法进行对抗和破坏。1944年8月，中山钢厂在党支部领导下，开展"无头"斗争，与日军抗争，以延误军工生产，急得日本大班暴跳如雷，又找不到带头人，最后只得向工人低头，斗争取得胜利。

1944年秋，隐蔽在川沙城友仁中学的中共党员张本等教师，组织进步学生成立"健行剧团"，利用假期到社会上演出《十字街头》《放下你的鞭子》等进步剧目和讽刺小品，宣传爱国思想。

浦东同乡会抗敌救援献真情。浦东同乡会的抗日救援活动主要集中在淞沪抗战期间。1937年7月23日上海市各界抗敌后援会成立,浦东同乡会的黄炎培、杜月笙2位领袖人物被推选为主席团成员。在"八·一三"淞沪抗战中,他们带头捐款、捐物,为上海工商界作出了榜样。黄炎培先生冒着敌机轰炸的危险,9次往返京沪,大力协助政府募集救国公债。"八·一三"战火中,造成千万难民流离失所,食不果腹。浦东同乡会从8月15日至12月31日,先后设立12个难民收容所,收容人数多达4 000多人。附设于同乡会的中西医两诊所,治疗难民8 697人次。浦东同乡会的会所——浦东大厦成为当时颇具名望的抗日救亡中心。设在大厦内的中共江苏省委举办的第四中华职业补习学校还培养了大批优秀青年输送给八路军、新四军。

昔日的硝烟早已消散,昔日的伤痕也已淡无踪影,但昔日的耻辱不能忘怀,昔日的精神更要发扬。8年的浴血奋战,8年与外国侵略者生死抗争,中国人民觉醒了:不抵抗只有死路一条,不强盛就会永远受欺辱!今天,我们不忘历史、纪念这段历史的意义,就在于要弘扬抗战团结奋斗、不屈不挠的精神,在建设强盛中国、和谐社会的事业中做出更大的贡献。

淞沪抗战中的浦东战场

陈长华

国民政府虽于1936年就设立京沪警备区，秘密开展以宁沪为核心的全面备战工作，但淞沪战争的征候，直到8月9日，当敌人的兵舰集中于黄浦江和长江江面，陆战队万余人在上海登陆，武装士兵闯入我虹桥机场时，才渐渐觉察。

在这次战役的前夜，南京开始调兵遣将，苏浙边区司令张发奎奉命率第五十五师、第五十七师、独立第二十旅开赴浦东及上海近郊，负责阻击敌军登陆。

首先登上浦东土地并开展先期防务工作的是第五十七师第一六九旅第三四一团附炮兵第二旅第二团之一营，指挥官是炮兵第二旅旅长蔡忠笏少将。蔡部人马器材渡江完毕的时间是14日的晚10时左右。从此浦江东面有了中国军队的神秘身影，也开始了浦东"神炮"的传奇和频繁上演的反击日军登陆的激烈战斗。

蔡忠笏率领的进驻浦东的部队，很快肃清了日华纱厂、日清公司、邮船会社、新三井码头、老三井码头等处的浦东日军根据地，破坏了日军储备的大量物资，构筑了工事，开始了浦东的防务。蔡部人马驻守浦东匝月之久，到九月中旬，五十七师增援浦江西岸，第五十五师奉命来浦东接防，炮队交由五十五师指挥。10月30日，张发奎调任指挥中央兵团的作战,将右翼军指挥权交给第十集团军总司令刘建绪。此时的淞沪战局也已接近尾声。

浦东的守备,从一开始,南京最高军事指挥集团就将其定位于阻止日军登陆,保有右翼阵线,以时刻威胁并适时干扰和打击左岸之敌。8月20日国民政府南京大本营颁布的《第三战区(沪杭地区)作战指导计划训令稿》,就是要求浦东部队以积极彻底地歼灭敌登陆部队为其作战主要任务,另外还要求该部派步炮兵各一部在浦东沿江向敌侧背射击,以策应淞沪区之作战。这一战略在此后的淞沪会战的几个阶段都没有变更,浦东守军一直忠于职守,很好地完成着任务。

整个淞沪会战,浦东虽不是主要战场,但是因为浦东守军所占据的地理位置,以及他们在浦东的战斗所发挥的作用对日军造成了不小的困扰,因此从第一天起,他们就成为日军必欲诛除的心头之患,也是从第一天起,浦东守备军就没有离开过日军飞机、大炮的狂轰滥炸和登陆部队的不断侵扰。当时的情形是非常艰难的。浦东步兵兵力有限,时而还要抽调支援浦西的战斗,炮兵只有一个营,仅有75毫米口径的"卜福斯"山炮12门;浦东的作战资源也相当匮乏,连无线电通信设备都没有,紧急时得不到上级的指示、友军的通告,只能凭自己决断处理。而日军仅在浦江上停泊的军舰就有三四百门大炮,还掌握绝对的制空权,力量对比相当悬殊。

在这种艰难条件下,浦东守军没有退缩,在坚决做好隐蔽保护好自己的前提下,他们精打细算地部署着战斗,拉大炮位和驻守单位的间距,以控制整个江岸阵地;发炮必争取弹不虚发,以节约炮弹;开枪阻止敌军登陆必先让敌人进入有效射程。整个会战,历时三个月,浦东炮队不遗余力地几乎天天与日军开战。不放弃任何有利机会,迅速准确地打击敌人。做到了:我空军轰炸日舰时,一定打;日本兵舰炮击浦西时,一定打;日舰进入我有效射程内,一定打;深夜敌怠于戒备时,一定打;浦西求援时,一定打;日军登陆时一定打。炮队对浦江敌舰的多次轰炸、奇袭日军飞机场的神来之笔以及与浦东步兵携手保卫浦东和协助浦西部队、空军作战的英勇表现,无不激励鼓舞着人心,也成就了他们"浦东神炮"的美名。张发奎后来回忆说:"战况是紧张的,因此我必须用各种方法给予策应和支援,我除将沅肇昌师增援左翼军外,也不断地以炮兵在浦东的洋泾附近,袭击敌人的侧背,来策应左翼军方面的作战……我浦东方面的炮兵对敌人的袭击,也确曾发挥过相当的威力。"

浦东的战斗,笔者据《申报》报道统计,浦东步兵在炮队的协助下,整个会战期间共打击阻止了日军在浦东沿江沿海40次以上的登陆企图,最高时每日达6次。一直到上海国军全线撤离,日本军队始终未能占据浦东一寸土地。8月15日,其昌栈日军登陆,陆战队约500人,便衣队约200人。16日,500名日军故伎重演。8月25日,五六百名日军登陆川沙。这几场规模很大的日军登陆都是在敌人密集炮火的配合下进行的,但都没有成功。

《申报》尚有这样一些对浦东炮队的溢美之词:"浦东方面我军,向三井码头方向之敌军猛烈炮轰。……当时浦江中有一炮舰,曾向我军还炮,我方炮兵,遂亦向该舰集中猛轰,其时曾有多数沿浦民众,目击该敌舰方还击至四五炮时,已被我方炮弹击中其前部要害,亲见该舰仓皇逃逸。"

"我军亦发炮还击……第一发炮弹即落在第十六号敌驱逐舰附近,敌舰当即受伤,立向下游逃去。旋第二发炮弹又击中敌阵地日领事署后面日本电信局之房屋,立即起火燃烧……至第三发炮弹,适一击又中敌运输舰之尾部,立即冒烟,当时舰上敌军死伤甚多……是役我军发炮三次,而每次均射中标的,毫无虚发,颇使敌人丧胆。"

"我炮兵目标准确,弹无虚发,外白渡桥北块日本领事馆,被我击毁;浦江中敌运输舰一艘,中弹受伤……外滩各外商大厦屋顶,西人观战者甚多,对我炮兵标的之准确,赞美不置。租界居民,一时又极度兴奋。"

1937年9月18日晚10时左右,国民党空军飞临敌舰上空,一时黄浦江上敌舰探照灯乱射,信号弹乱发,高射炮、高射机枪齐鸣。日舰官兵暴露在江面,忙于应付天空,浦东炮队趁机集中火力,向"出云"号猛轰。一时弹如雨下,敌舰甲板上遍地开花。只是山炮威力有限,未能损毁敌舰厚重的装甲。在先前的战斗中,也曾多次击中"出云",一次损毁了"出云"的推进器,使其不得不转移修理,停止了三天的活动。据孙生芝回忆,浦东炮队曾先后击中敌舰在20艘以上。

10月间,浦东炮队谋划一场奇袭对我军威胁极大的日军机场(原浦西高尔夫球场)的战斗。炮队预先在英美烟草公司大楼东南,距江约300米左右的地方布置了炮兵阵地,推入大炮八门,每炮炮弹百发。次晨,在敌机场点灯开启三分钟后发动了袭击,仅八分钟,八百发炮弹全部倾泻到了敌人的机场。随后,炮队立刻撤离。待日军发动飞机和军舰报复轰炸时,炮队已经消失在浦东茫茫大地上。此次战斗共击毁日机5架,击伤7架,敌方人员也有伤亡。

10月,日军的目标转到了杭州湾北岸的金山卫。11月5日,日军登陆金山卫,并迅速向北推进。11月8日,第三战区长官司令部下达了撤离上海的命令。1937年11月11日,《申报》第一次以无比沉痛的笔调报道了浦东的战况:

"敌今晨在浦东登陆:浦东阵地已于今晨七时,为敌兵登陆占领。抗战三月之东线战场,每日受敌机与兵舰大炮滥施轰炸,而我忠勇之士兵,不独毫无畏惧,且迭次发挥威力,大小数十战,予敌严重打击。至敌军改变计划,在金山嘴偷渡登陆后,浦东正规军队始于本月六日晚间将沿浦所据阵地,作战略上之放弃……今晨天甫黎明,敌兵遂分在其昌栈、泰同码头、坟山码头、春江码头、游龙码头及东昌码头,数路登陆。至七时已冲至白莲泾港南,至此浦东遂完全沦陷敌手。"

三个月的淞沪抗战,终因敌强我弱及国民党军事当局的指挥失当而以失败告终。但是在这场会战的整个过程中,浦西、浦东中国的军队和人民始终表现出了不畏强敌、团结一心、恪尽职守、精忠爱国的自觉精神,留下了淞沪会战的不朽佳话,激励着民族的奋进。

毛泽东笔下的穆藕初

柳和城

1943年9月21日,重庆《新华日报》刊登民族工业家穆藕初先生逝世消息的同时,发表短评《悼穆藕初先生》。短评称:"穆先生一生奋斗的历史,正是中国民族工业的一部活的历史。他不仅以六十七的高龄,还尽瘁于抗战中的经建事业,而且他实施三八制,注意职工福利,培植人才,爱护青年,这些都是值得我们深深纪念的。"共产党人为穆藕初"盖棺定论",与毛泽东20年来对穆氏的一系列评价可谓一脉相承。

一

穆藕初(1876—1943),名湘玥,上海人,早年留学美国,获农学硕士学位。1914年回国后相继创办德大、厚生、豫丰三家纱厂,以及华商纱布交易所等实业,并参与发起华商纱厂联合会、苏社、中国纺织工程学会等社团,声誉日隆。五四运动后,上海工商界掀起了一股气势磅礴的改革浪潮。商人们要求参与国是,改良政治,已成为一股不可遏止的社会潮流,穆藕初是其中的代表人物之一。

毛泽东大约于1919年就与穆藕初建立起间接的联系。当时毛泽东通过章士钊为赴欧洲勤工俭学筹款,穆藕初联络各纱厂曾筹款一万元。梁漱溟对此回忆云："毛泽东他是湖南搞革命啊,搞'船山学社'。因为明朝末年、清朝初年有一位王船山先生,那是一个有大学问的人,湖南人都很佩服他。他们有船山学社,还有他们的一个出版物叫《湘江评论》,这都是毛主席他们搞的,这个都要用钱。特别是他们有一批人呢,要去欧洲留学,当时叫勤工俭学。勤工俭学本来到了那里就一面工作一面就有生活(费)了。为难的就是从中国去欧洲的这个路费,筹这个路费,筹路费呢,就是杨昌济(怀昌)先生啊,就写介绍信要毛泽东拿着这个介绍信去到上海找章行严,说是请他向当时的工商界筹一笔款,给出去勤工俭学的人做路费,买船票去欧洲。那么毛泽东就拿着这个杨老先生的信,到上海去找章行严。章行严跟上海的纱厂,大资本家,比如有大资本家叫穆藕初,还有其他的人啦。当时纱厂就很发财啊,资本家很发财,向他们募款,说有一批学生去欧洲求学,你们有钱的人啊请你们帮助。穆藕初再联络其他的几家大纱厂主人,都是有钱的人,一下凑出一万块钱,交给章行严。章行严这手接过来,那手交给毛泽东,好了,你拿回去。毛泽东就拿了这一万块钱,十分之八是做了好多人去欧洲的路费啊,留下两千块来,他自己就搞他的刚才说的出版物《湘江评论》啊,办船山学社啊,搞一个小团体吧。"这段回忆是可信的,至少能证实两条重要史实:第一,毛泽东参与过赴法勤工俭学募款活动;第二,穆藕初为赴法勤工俭学曾积极募款、捐款。毛泽东编《湘江评论》也用过穆藕初他们的捐款。毛泽东正是由此开始"认识"了穆藕初。

1920年8月,上海总商会彻底改组,聂云台、秦润卿出任正副会长。前任会董仅两人连任,穆藕初是其中之一。新一届总商会领导班子从审查税法、监督财政作为突破口,行使其政治民主权利。穆藕初被选为"所得税研究会"成员。这个研究会针对北京政府公布的新征所得税提出义正辞严的驳议,指出它非法和不公正的实质。抗争电文公诸报端后,形成强烈的社会舆论。此外,在上海总商会讨论厘金税、要求收回公共租界会审公廨等重大问题时,穆藕初都起着举足轻重的作用。他敢说敢做,见义勇为,深受会董们的信任和拥戴。1921年10月,为选派国民代表出席华盛顿会议,穆又表现出异乎寻常的热心。当人选确定,经费无着时,他自告奋勇邀集银行、实业、教育界中热心同志,即席认定8万元,供蒋梦麟、余日章两位代表赴美使用,当然他也斥巨资,乐助其成。申报馆为此次会议特编印《太平洋会议之参考资料》一书,穆藕初在序文中强烈地表达了要求我国政治独立、经济独立的愿望。1922年12月,上海总商会成立裁兵、理财、制宪委员会，把商人干预政治的运动推向高潮。当时穆藕初刚从檀香山参加第一次太平洋商务会议回国，就当选该委员会委员。在一次欢迎代表归国的集会上，他明确指出："今后吾国商人欲谋商业之发展，决不能再如以前之漠视政治，当进而尽其应尽之责任。"几天后，他在《花贵纱贱之原因》一文里，进一步指出："是以在商言商之旧习，已不复适用于今日。吾商民对于政府必须进而尽其应尽之责任，急起联合商界重要分子，用各种方法逼迫政府改良内政，则商业庶有恢复之望。否则商业愈衰，生计愈难，非至全国沦亡不止，纱业不振，犹其小焉者也。"1923年2月，穆藕初在裁兵、理财、制宪委员会一次常会上，提议致电北京政府，限期将民国成立以来所借内外各债收支确数列表公布，实行财政公开。此议不久在常会上通过，电文发出，全国上下反应强烈。

中国共产党建党初期的毛泽东一直关注着各派政治势力分化、组合的种种表现。上海商人们的活动当然在他的视野之中。1923年4月，他在《外力，军阀与革命》一文中说：

> 把国内各派势力分析起来，不外三派：革命的民主派，非革命的民主派，反动派。革命的民主派主体当然是国民党，新兴的共产派是和国民党合作的。非革命的民主派，以前是进步党，进步党散了，目前的嫡派只有研究系。胡适、黄炎培等新兴的知识阶级派和聂云台、穆藕初等新兴的商人派也属于这派。反动派的范围最广，包括直、奉、皖三派……

毛泽东称聂、穆等为"新兴的商人派"，归入"非革命的民主派"之列，并说："以后的中国政治的形势将成为下式：一方最急进的共产派和缓进的研究系、知识派、商人派都为了推倒共同敌人和国民党合作，成功一个大的民主派；一方就是反动的军阀派。"虽然目前与最近的将来还是军阀的天下，但是"民主派分子是一天一天增加，组织是一天一天强固"，最终"结果是民主派战胜军阀派"。

这是毛泽东笔下第一次出现穆藕初的名字。

二

1923年6月13日，直系军阀曹锟在北京发动政变，驱逐总统黎元洪，以内务总长高凌霨等临时摄政。上海工商界迅速作出反应。代表中小资本家利益的上海各马路商界总联合会于政变当日,发表《对政潮重要宣言》,痛斥曹锟一伙为"满布朝野"的"亡国妖孽",并旗帜鲜明地提出"国民解决"三项政治主张。上海总商会于次日发出一个给各巡阅副使、各省督军、省长、都统、各护军使、各省议会、各商会的通电(寒电),态度则温和得多,要求国会约束总统、内阁,"不许其轻弃职守"、"以维危局"等等,引起各界的强烈不满。在一片批评声中,上海总商会很快转变态度,调整部署,于 6 月 23 日召开临时会员大会。此次大会声势浩大,莅会会员 360 余人,为历次会员大会最多的一次,其他团体代表 140 余人旁听会议,产生了广泛的社会影响。穆藕初此时已卸去会董职,以普通会员身份出席了大会。

6 月 23 日的上海总商会临时会员大会通过四项决议:(一)宣布否认现在北京高凌霨等之非法摄政及不承认曹锟有候选总统资格;(二)通电全国军民长官维持地方秩序,加意保护外人,大局问题听候人民解决;(三)国会议员不能代表民意,所有一切行动不能认为有效;(四)关于以外种种建设问题,组织民治委员会,继续讨论进行办法。会后分别发出致全国国民、众参议员和全国军民长官通电。不久成立的民治委员会又宣布五项任务:(一)在中央政府中断期间,由民治委员会代表国家行使外交权利;(二)管理国家财政;(三)解决国内一切政治纠纷;(四)监督各省行政;(五)依法组织国会。其口气之大已经不像一个城市的总商会。民治委员会委员共 70 人,穆藕初是委员之一。

上海商人们史无前例的举动,博得社会各界一致喝彩,当然也引起中国共产党人的高度注意。毛泽东发表《北京政变与商人》一文,热情赞扬上海商人们否认国会、组织民治委员会的行动,说:

> 这次政变发生,惊动了老不注意政治的商人忽然抬起头来注意政治,这是何等可喜的消息:上海各马路商界总联合会于六月十四日发表宣言,主张召集国民会议解决国事;上海总商会复于六月二十三日经会员大会议决,发表对全国国民的宣言。……总商会同时议决否认"不能代表民意"的国会,并组织一个民治委员会以为积极解决国事的机关。上海各马路商联会和上海总商会这次举动,总算是商人出来干预政治的第一声,总算是商人们三年不鸣,一鸣惊人的表示!

毛泽东在这篇文章中又提到穆藕初的名字，一则他是民治委员会委员，二则他亲自尝到了外力与军阀勾结的"苦味"，毛接着说："中国现在的政治问题，不是别的问题，是简单一个国民革命问题；用国民的力打倒军阀并打倒和军阀狼狈为奸的外国帝国主义，这是中国国民历史的使命。""商人在国民革命中应该担负的工作，尤为迫切和重要。"因为受军阀、外力二重压迫"商人为最"。他举"裁厘加税"和穆藕初等发起设立中华棉业银公司而遭军阀破坏的例子，加以说明，关于后一例，毛泽东说：

我们再看最近上海纱商要求国家发纱业公债，为曹锐、靳云鹏破坏，要求国家禁棉出口，又为外国公使团破坏，更足证明外力、军阀和商人是势不两立的。这些都是上月二十三日到了上海总商会会员大会的那些体面商人穆藕斋先生们亲自尝到的苦味！

1923年初，上海华商各纱厂因花贵纱贱（实质是外力压迫、民生凋敝）相继停工、减工。各银行钱庄又紧缩贷款，压得华商纱厂喘不过气来。为挽救中国棉业，穆藕初与上海华商纱厂联合会的同事们积极活动，筹划按国际惯例组织中华棉业银公司，发行3 000万两银子的实业债券，专供各纱厂借贷用。3月初，穆氏与聂云台代表纱厂联合会赴京请愿，向农商部提出上述计划，请求政府以关税担保。农商总长李根源支持穆、聂的计划，准备以呈文形式交内阁讨论。3月8日，正当银公司计划递交阁议之际，张绍曾内阁总辞职，所有阁议取消。穆藕初经过多方交涉，农商部答应于张绍曾内阁复职后第一日提交阁议。不料众议院会议上，有议员向农商总长李根源发难，银公司案被"变更议事日程"。虽有农商部坚持要求阁议，"不意政争方剧，阁议停顿，遂分头向阁员疏通，然卒未能同时出席，其议遂寝"。

毛泽东不仅自始至终关注着此事的发展变化，而且透过议员、阁员反对的表象，揭示了他们背后军阀破坏和外国公使团破坏的本质。他希望商人们"既已勇敢地踏上了革命的第一步，就要赶快去踏上第二步"，"切不可稍遇阻力就停止不进"。可惜民治委员会由于先天不足，"出世"后即陷入困境。清一色上海总商会成员，怎能代表得了全国国民？虽则发表了一些慷慨激昂的宣言、电文，产生过一定影响，但没有多久就偃旗息鼓，销声匿迹，从国民的视野中淡出。穆藕初本来就不是民治委员会中的激进分子,他干预政治的目的乃是期望"攘利之政客相率归休,生利的政府及早出现"。他继续用他自己的方式在政治的夹缝里苦斗,实现其实业救国的理想。

三

"九一八"以后,穆藕初以极大的爱国热情投身于轰轰烈烈的抗日救亡运动。

上海"一·二八"淞沪抗战时期,他是以史量才为会长的上海市民地方维持会重要骨干,担任该会理事及慰劳组、经济组、交通委员会等负责人职务。他每天奔波不停,从为十九路军采办粮食、租借汽车、筹募救国捐,到救济失业工人、与外国使团交涉,哪里有需要,他就在哪里出现。他还数次冒着炮火和日本飞机轰炸,出入前线慰问十九路军抗日将士。1933年初,日军进犯热河。2月,穆藕初与黄炎培代表上海地方协会(由上海市民地方维持会改组而成,穆为理事)赴天津、北平筹组东北热河后援会。其间他们还到过承德前线劳军。1935年6月,上海发生"《新生》事件",爱国人士杜重远被判徒刑。穆藕初仗义执言,在报上发表公开信,呼吁加以"纠正"。1932年以来,他在报刊上发表了《中国经济上的危机》《Evolution-Revolution》《最后之胜利属谁》《挽救国难之我见》《如何使暴日屈服》《和与战》等一系列犀利的抗日檄文。1935年后,他主编并发行《交易所周刊》,发表了许多颇有影响的经济论文,揭露日本"经济提携"的侵略本质,呼吁工商界奋起救亡图存,始终是穆藕初这些文章的主题之一。

在民族危亡的历史关头,共产党人始终站在斗争的前列。从"抗日反蒋"到"逼蒋抗日",经过长征到达陕北的中共中央领导人作出了重大战略调整。团结一切可以团结的力量,组织最广泛的抗日民族统一战线,已成为共产党人的努力目标。上海各界抗日救亡运动的基本情况,包括穆藕初的历史和现状,中共领导人们是清楚的。于是1936年8月14日毛泽东给秘密返沪的冯雪峰一封信中,指示与穆藕初等联络:

> 宋孔欧美派,冯玉祥派,覃振派,特别是黄埔系中之陈诚、胡宗南,须多方设法直接间接找人接洽,一有端绪,即行告我。你的通信方法务要改得十分机密。董牧师要他专管接洽欧美派并与我处直接联络,不经过你,以免生事。各种上层接洽之事,望写一报告来。刘子青关系要弄得十分好,使他专

心为我们奔走华北,旅费我处供给。虞洽卿、穆藕初有联络希望否?

那时冯雪峰化名李允生,由党中央派遣来到上海。过去我们只注意到他受命跟鲁迅联络与文艺界"两个口号"争论问题,往往忽略了他奉组织委托做国民党上层和工商界代表人物工作的重要任务。冯雪峰在"文革"初写的所谓"交代"里说,党中央派他到上海的任务有四个:一、建立电台;二、同上海各界救亡运动的领袖沈钧儒等取得联系;三、了解和寻觅上海地下党组织;四、对文艺界工作也附带管一管。前两个任务是主要的。他说,到上海的一个多月之间,"特别是忙于同救亡界几个领袖的往来以及当时各派、各方面来找关系和取得联系等事情上。"冯是否按照毛泽东指示联络过虞洽卿、穆藕初呢?冯雪峰的文章没有说,现在也没有其他史料证明他们有过接触,但也没有理由排除这种可能。冯雪峰1936年4月中旬离开陕北瓦窑堡,4月25日左右到上海,直到1937年12月间离沪去义乌家乡,在上海有一年多。既然联络虞、穆是在陕北时党中央定的任务,毛泽东又在来信中要求冯办,冯雪峰很有可能以某种方式与虞、穆联络过。再说虞洽卿、穆藕初都在上海,经常在公众场合露面,穆又与救国会沈钧儒、邹韬奋、王造时等都是老熟人,联络并不困难。从以后穆氏在抗战时期的言行看,联络过的可能更大。希望日后会有新的史料发现,解开这一谜团。

四

抗战爆发后,穆藕初辗转抵达重庆,1938年5月应邀出任国民政府经济部农产促进委员会主任委员(1941年又兼任农本局总经理)。11月,他在《从被动的战略到自动的战略》《加强我们抗战必胜的信念》两篇文章中,旗帜鲜明地反对"必亡论者""过于悲观"和"速胜论者""过于乐观"的两种倾向,从政治、经济等方面阐明抗战必胜、抗战持久的道理。显然深受毛泽东《论持久战》的影响。毛泽东这部名著当时在国统区广泛流传,穆藕初不会不知道。这可能是穆藕初以后与共产党人交往的思想基础之一。

穆担任农促会主任委员期间,创制土法纺纱机"七七棉纺机",对解决包括陕甘宁边区在内的整个大后方军民衣被问题贡献颇大。穆主持补助各地农业生产所需经费,其中以农作物推广、棉纺织训练为主要任务。农产促进会1939年补助经费1万元(另自筹2万元),在陕甘宁边区保安、神府、庆阳县设立三所土法纺织工厂,既纺纱织布,也织袜、织毛巾、织毛衣毛毯;又在延安、延长、延川等县设手纺织合作社 114 所。穆藕初个人还向边区捐款。延安《新中华报》1939 年 9 月 5 日以《穆藕初先生捐款五万三千元帮助边区作生产补助费》为题报道了这一消息。

两个月后的 11 月下旬,毛泽东在一次中央政治局会议发言中就提到了穆藕初,他说:

> 目前的中心问题是组织中产阶级,因大资产阶级已处于动摇麻痹状态中,联共又反共,联苏又反苏。中产阶级包括一部分资产阶级,如穆藕初等。要组织中产阶级,组织工农民众,组织武装力量和政权,这是我们克服投降危险的内部条件。

1940 年 9 月、10 月,毛泽东又接连在两份党内文件中提到穆藕初。

1940 年 9 月 6 日,毛泽东致信周恩来、叶剑英、李克农和饶漱石,指示"将大资产阶级和民族资产阶级加以区别,以人为单位,每类每省调查数十人至一百人。"指示说:

> 民族资产阶级是受大资产阶级统制,与外国资本联系少,现时还基本上没有政权,主张团结抗日的,如陈光甫、穆藕初、康心如、范旭东等是。

调查对象还包括大资产阶级、大地主与开明绅士及国民党军官。要求"每人为立一小传,要有籍贯、年龄、出身、履历、派别、资产活动、嗜好、政治动向、对我态度等项。"这是为党的七大准备材料之一。

1940 年 10 月初,苏北事件发生,新四军在黄桥地区自卫还击,歼灭国民党韩德勤部 1.1 万余人。10 月 14 日,毛泽东在给刘少奇、陈毅、黄克诚等指示中说:

> 你们应经过韩国钧、李明扬、李长江及地方绅士、文化界等,对苏北以外的江浙民族资本家及其代表如张一麐、黄炎培、江问渔、诸辅成、穆藕初等加以联络,向他们说明苏北事件真相,约请他们派人或介绍人参加苏北之地方政

权工作,民意机关工作,及经济、文化、教育建设工作。我们已电周、叶与他们联络,如以后他们介绍人到苏北来时,须加以接纳,与之做事业上的合作,以为拉拢江浙民族资产阶级的具体例证,这对统一战线的发展是有帮助的。

据《黄炎培日记》(未刊稿)记,在重庆时穆藕初与黄炎培几乎天天见面,而黄又与中共人士有频繁接触,不可能不影响于穆。如1940年6月14日,黄炎培与周恩来长谈国际形势,次日黄访穆并"长谈"。日记中虽未记下内容,但不难猜出黄会向穆谈什么。1941年12月24日黄炎培、江问渔招餐,席间穆藕初直接会晤周恩来、董必武。我们联系前述毛泽东的两次指示,不难看出共产党人对穆藕初的关注与重视。

从1942年到1943年,穆藕初生命最后的一段时间里,中共在重庆的负责人董必武为农促会向陕甘宁边区提供农业补助款事,与穆有数次通信,现存董老致穆的亲笔信四封,穆复信底稿两封。

穆藕初1943年9月19日因患肠癌病逝于重庆,享年67岁。董必武向穆氏家属发出唁函,并亲自撰写挽联:"才是万人英,在抗战困难中,多所发明,自出机杼;功宜百代祠,于举世混浊日,独留清白,堪作楷模。"董老对手稿上"功宜百代祠"一句再三斟酌,最后改定为"誉垂千载令"。令人感动的是,同年10月6日董必武还亲自参加穆藕初的追悼会。由于1942年末穆刚被撤去农本局总经理职,其时蒋介石对穆"撤职查办"的最高"训令"还未撤销,因而重庆报纸对穆去世及其追悼活动处理都比较低调。只有中共领导的《新华日报》发表短评,高度评价穆氏功迹;追悼会当日刊登《穆藕初先生传略》与黄炎培、陆诒的纪念文章;次日又独家报道了追悼会情况,与当时重庆其他报纸"冷处理"形成鲜明对照。这一切,恐怕不是偶然的。

(原载《浦东文史》第27期,2013年10月)

方志探索

开发史志资源 服务经济建设

葛方耀

地方史志编纂工作的重要任务之一,是为当地的经济建设服务。中共十八大召开后,浦东新区党史办(区志办)认真贯彻落实十八大精神和《地方志工作条例》中"组织开发利用地方志资源"的要求,按照"修志为用、修用并举"的方针,开发和利用全区地方志资源,将工作重点转向服务全市经济社会发展的总目标。多层次、科学合理开发利用地方志资源,紧跟党委、政府的重大举措,全方位提供地方志资源服务,使地方志工作在实现社会效益的同时,努力服务于浦东新区经济和社会发展大局,促进全区物质文明、精神文明、政治文明建设,取得明显成效。

加强对开发方志资源为经济社会服务的认识

自2009年8月两区合并后,浦东新区开始编纂首部《浦东新区志》,浦东新区党史办就将创新工作思路,拓宽服务领域,利用编史修志的成果和相关地情资料,服务党的中心工作,服务全区的工作大局提上重要议事日程。多次召开工作会议,要求各科室加强对史志资源开发的认识,并根据浦东新区实际,不断丰富地方志的内涵,注意在表现当地的特色志书的编纂与开发上做文章。2012年起,全区在完成修志初稿工作的同时,我办也将史志互联网网站建设提上重要日程,迅速将工作重点转移到史志互联网网站开发上。通过一系列措施,涵盖党史、地方志、年鉴、地情资料在内数十万词条的史志网已初见雏形,完成近 4000 万字的录入,使全区各级部门在史志网上可以查询到历年浦东新区经济、政治、文化等建设情况。同时,党史办为服务经济社会发展、促进地方志事业科学发展等重大问题上进一步统一思想,确立了志书编纂是中心工作,年鉴编辑是日常工作,地情资料开发是重要工作的思路,并围绕这个思路制定工作方案,积极开展史志资源开发。

围绕地方特色,深度发掘史志资源

一、做好年鉴编辑。至 2012 年底,浦东新区已完成 19 部中文版《浦东年鉴》、16 部英文版《浦东年鉴》、11 部《南汇年鉴》、6 部《生活年鉴》、16 张年鉴光盘,累计字数达到 5600 万字。《浦东年鉴》《南汇年鉴》先后荣获全国地方志(年鉴)评比 6 次特等奖,3 次一等奖,3 次二等奖,2 次三等奖,获上海市新闻出版局社科类出版物优秀、全市排名第 26 的好成绩,还荣获二届全市地方志系统年鉴评比一等奖和全市地方志编校质量一等奖。

二、做好区志、专业志编纂。《浦东新区志》自 2009 年底启动以来,党史办先后组织三个编修小组在全区范围内对各编修部门采取上门培训和指导的方式,不断完善区志资料组稿和提高初稿撰写质量,现已基本完成初稿,进入分纂阶段。至 2012 年底,已先后完成出版《南汇人口志》《南汇农业志》《南汇人事志》《南汇检察志》等 24 部原南汇区专业志,约 2000 余万字;另有 10 部左右志书正在抓紧审读、校对之中,争取 2013 年底全部完成。该系列专业志的编纂,为全面启动《南汇区志》的编纂打下了坚实的基础。

三、加强党史编修工作。进一步加强党史编修,完成《浦东开发开放二十年大事记》《辛亥革命中的浦东人》等书的编纂出版工作;完成 2010－2011 年的区党史大事记编纂工作;抢救性地进行口述史采访工作,编印《浦东口述史料》五辑;开展本地区党史人物的资料收集及研究工作,会同浦东文史学会,出版《飞虎勇士浦东获救记》;配合市委党史研究室并会同浦东新区组织部做好市组织史(浦东部分)的补充编纂工作;会同政协文史委,出版《浦东傅雷研究》。

四、做好旧志整理。根据修志工作的需要,对浦东新区范围内历史旧志进行了标点、注释、校订和翻译工作,党史办先后完成原南汇区 4 部旧志,原浦东新区 2 部旧志的整理校注出版,并对 6 部旧志进行了仿真复原和再版印刷。

五、做好宣传工作。配合全市开展《地方志工作条例》颁布五、六周年纪念宣传活动,在浦东新区行政中心、浦东图书馆举办"浦东地方志公共文化进社区"赠书活动,两届共向公众赠阅各种图书 5500 余册。配合有关单位,在浦东新区数个党史教育基地举办讲座。在全区范围内,组织开展文史讲座,听众数千人。

加强地情资料编纂与研究,促进地方史志事业的可持续发展

史志资料是承载经验智慧和"经世治用"的宝贵财富。要使史志资料发挥作用,就必须实现思想观念和工作方式的转变,让史志资料从书斋中走出来,把存放在档案柜中的"死资料"用活。浦东新区党史办近年来不断努力,组织开发利用地方志资源为当地经济社会发展服务,发挥地方志工作在经济社会发展中的积极作用,得到了各方认可,影响力逐步增强,也增强了地方志事业发展能力。近年来,浦东新区党史办与相关单位共同编纂出版了一大批地情资料书,如《浦东同乡会》、《浦东老地名》(上下册)、《南汇老地名》上下册、《2 号楼记事》、《人文浦东》、《浦东文史》杂志等。

浦东新区近年来在编修《浦东新区志》的同时也兴起了修志热潮,除了史志部门编修志书以外,各类专业志、村志层出不穷。在丰富当地文化事业进步的同时,也为党政领导提供借鉴资料。截至 2013 年 1 月底,浦东新区人武部《浦东新区军事志》、浦东新区公安分局《公安志》、浦东新区市容环保局《环保志》、新盛村的《新盛村志》等已相继印刷出版或完成初稿,浦东新区工商分局《工商志》启动,《浦东新区村级简史》已于 2012 年底完成初稿。浦东新区各级部门修志观念也从"要你编志"变成"我要修志",修志观念的改变,促使大量"死资料"变为"活资料",进一步丰富了各部门资料建设,"死资料"真正成为案头工具书。

发挥史志等部门先天优势,服务新区文化建设

充分利用浦东新区党史办、文保署、档案局、图书馆、政协文史委、浦东文史学会等单位先天资源优势,整合、共享新区资源。在图书、音像出版,古镇、非物质文化遗产保护,人文课题研究、课堂巡讲等方面最大限度地服务浦东新区文化建设,为浦东新区文化产业链建设贡献一份力量。积极构建史志资源开发服务平台,史、志、鉴、地情资料同步一体开发,把史志部门建设成为党史资源的储存库,党史教育的宣传中心;历史积淀的资料库,方志编修的研究中心;地情数据的信息库,史志资政的咨询中心。

浦东新区的史志事业近年来虽然取得了一定成绩,但是与先进兄弟地市相比较还有一定差距。党的十八大的胜利召开,进一步使浦东新区史志工作者振奋了精神,更新了观念,转变了思维方式,并将创新编纂方法、增强服务意识、改进工作方式提上议事日程,不断提高地方志编纂水平,提高地方志工作服务党和政府中心工作的能力和水平,力争使浦东新区史志事业得到更大发展。

地方志编纂的改革与创新

杨 隽

编修地方志是中华民族特有的优秀文化传统,源远流长,至今已有2 000多年的历史,有着极其丰富的文化遗产,流传至今的地方志约有近9 000种。它卷帙浩繁,历史上有邦国志、郡志、州志、府志、都邑志、省志、市志、县志、乡镇志、村志、里志、山川志等等。20世纪80年代以后,中国历史上又有了城市志、开发区志等,作为新的志种,相应出现了许多新问题,亦有了一些编修方志的新经验。特别是改革开放以来,国内生产力大大提高,商品经济迅速发展,科学技术日益进步,新兴事业、新兴学科纷起,社会分工越来越细;出版物大增,科技文献、论文日益增多,知识更新越来越快;信息产业崛起,使信息中心、情报中心、研究中心、图书馆、档案馆(室)、咨询服务公司之类的单位在信息储存、传播手段方面越来越现代化,有些地方已加入了互联网。这种新的情况说明了两个问题:第一,往昔志书的作用有相当一部分已被其他著作或资料所替代;第二,尽管志书仍有它一定的作用,但已日益显示出它与现时要求有一定距离,不能适应社会的需要。

志书与时代的差距要求我们在编纂志书上要有所改革与创新。而改革与创新首先要在宏观上明确,具体讲

主要有以下这么几点:

一是编写周期要缩短。一般志书时效太慢,县志要四、五年,省、市志则要十年、八年。到志书出版发行之日,资料已经相当陈旧,对现实工作的参考作用相对少了。

二是避免出现"模式化"和"千志一面"的现象。志书的三大特征:"大而全""小而全"的体系、横分门类的结构、"记而不论"的笔法,在一定程度上影响了整体性和记述深度。由于内容覆盖面太广,而篇幅有限,因此,看似庞然大物,分解起来,每一部分却十分单薄,信息量不够。出现所谓的"外行人看太复杂,内行人看太简单","外行人看不懂,内行人不用看"的情况。

三、要有独到见解,开展学术争鸣。官修志书,其观点只能与官方一致,这些观点有的可能是正确的、科学的,有的则有它的局限性。其中有些观点又是各种意见调和的产物,难免带有一定程度的宣传色彩,对此要予以足够重视。不仅要在学术界广泛开展讨论,而且要适应当前时代发展的需要。

志书怎样改革?笔者认为,编纂特点是改革的重中之重。我们首先不要把方志仅仅看成一部书,而是把它看成系列书,要编出多层次、多形式的"志书系列",并把专业志作为志书的重要形式甚至主要形式。其次,地方志要适应时代发展的需要,不同时期应有不同时期的特点,不同地域应有不同方式的反映,充分挖掘修史编志的潜力,抓住特点,发挥优势。

所谓多层次的志书,是指资料长编、专题资料汇集(志书的基础资料);部门志(如厂志、校志、单位志)、专题志等;专业志、事物志;总志(简志或繁志);志书的副产品(如地情论文集)等。此外,还应把年鉴、概况、省情之类的地情书也列入"志书系列"。

省、市、县、镇(区)、乡各级志书,是另一个意义的"多层次",这样做的好处在于:(1)增加了信息量,可弥补志书信息量不够的缺点;(2)可适应各种不同层次、不同对象的需求,可让各种不同形式的志书,发挥各自不同的作用;(3)以丛书形式出现,出单行本志书,体例比较自由,详简可视情况决定,出书快,能对现实工作起较大作用;(4)既能发挥志书的长远效益,又能发挥志书的近期效益;(5)有利于发挥部门的积极性,有利于修志工作的经常化。

志书编纂的特点,因地域、时间、空间的变化而略有不同。如编纂沿海开放城市志,就要考虑到沿海开放城市是一定地域范围的中心城市,不仅在地理位置、形成的历史与内地中心城市有所不同，并且从当代中心城市的功能和作用看，也具有和内地中心城市不同的特点。这需要对这类型城市的主要特点作一番探索研究，对编纂沿海开放城市志的特点有一个清晰的认识。而沿海开放城市最大的特点就是"开放性"，特别要对开放城市的地理与交通条件、通商口岸与对外贸易中心的地位、中西文化的交融、经济中心与对内对外交流、改革开放的战略地位、建立的开发区（保税区）等大多数地域所没有的特征要充分运用，予以表现。

又如对南京，人们往往注意它的政治、文化、胜迹等特征，而对其经济地位，对其经济潜力之大则往往估计不足。南京固然是"古都"，这是沿海所有开放城市所不能比拟的。自春秋筑越城以来，已有2460余年的建城史，先后有东吴、东晋、南朝的宋、齐、梁、陈、南唐、明初，太平天国和中华民国10个政权在这里建都，史称"六朝古都""十朝都会"，文物古迹众多，国际知名度高，各方面影响大，这是编纂方志最有利的特点。但在考虑这些因素的同时，亦应考虑到经济因素，把"古都"与其经济发展（如加工业、航运业等）结合起来，挖掘新事物、新经验、新情况，充分结合，把握特点，使之在方志编纂中予以较好体现，从而形成一方特色。

把握编纂特点，推动改革创新，是方志编纂历史发展的必然趋势，要充分认识改革的必要性，只有突出改革要点，才能形成地方特色。

一、内容不要过分求全。"大而全"（指自然地理、政治、经济、文化、社会等大类齐全）还可以，不论是否主体业务有无特色，每个层次都"小而全"则不可取，要根据本地特点和社会需要，大胆地突出重点，一些全国、全省共同的政策演变，在市、县志要尽量简化、舍得割爱，克服普遍存在的面面俱到的缺点。有些事业，可以全省编一本专业志，详细些，不要在每个市、县志里都设分志，在市、县志只简略记述一些本市、县情况就可以了。

二、篇目设计要纵横结合。每一个层次横分，第二、三个层次及其以下层次就不一定横分，横分不能绝对化，横分层次不宜过细、过多，不要把完整的事物分解得七零八落。同时，要加强纵述、综述，写好综述（概述），在"志"中增加"史"的成分，以加强整体性，提高科学性，增加可读性。

三、篇目结构以章节体为主，在低层次也可用条目体。使用条目体，应有一些综合性条款，有一些有特色的条款，有些条目不能受逻辑分类的束缚。就是说,有些事件牵涉到几个"小类",也可以集中在一个条目叙述。要把章节体和条目体结合起来使用。

四、单独成书的专业志、部门志、乡镇志等,内容、体例文字应该活一些,不拘一格。有些志书可以资料性强些,供查考为主;也有些志书可写得活些,可读性强些。综合志书一般不写技术性措施,如《川沙县志》,专业志就可以有所不同,如机械工业志。

志书的文字记述,要吸取新的表现形式。地方志文体最大的特点是记而不论,寓观点、褒贬、规律、经验教训于记叙之中,避免空论、泛论,避免由作者直白经验教训和规律。因为地方志是科学的、严谨的、朴实的资料书,而且写的大部分是当代的事,用记的形式是比较合适的。但是,记和述不能截然分开,记而不论有它的局限性。时代在发展,事物变化复杂,有些事物必须在记述的基础上作适当议论,画龙点睛,有些要有述有论,论得得体为宜,以增强记述深度和广度。可以通过引用文件、文章或其他材料,借别人的口,给事物以一定的评价。地方志虽然不论,但修志人员在编写过程中,特别是在动笔之前,必须认真消化资料,对问题作深入的总结、研究、分析,以求得对问题有较明确的认识,只有这样,才有可能用自己的语言,准确、系统、深入地记述事物的历史与现状。编纂地方志还应注意应用现代化的科学方法,重视定量分析,把定量分析和定性分析结合起来,改革旧志定量分析不够的缺点。同时,还要注意应用各种统计图表和照片,做到图文并茂。

五、破不越界而书,立足省境、市境、区(县)境而书。不越界而书,是旧志的一条规定,但对新志已不适应。如编纂区志,不论是区属还是驻区单位和事物,都有越出区境在境外的事物和机构,这种情况随着对外开放,变得更为突出,区志应从一区事物的整体考虑,向境外延伸,记述与境内单位和事物有密切联系的境外事物,尤其是有隶属关系的事物和机构。

六、敢于破详今略古,立详今明古。详今略古,往往略而少记,对古采取回避的态度,甚至略成空谈,等于未记。明古则明其历史演进脉络,事物发展轨迹,以达古为今用目的。

创新是地方志出路所在,如何创新,应从以下几点予以考虑:一是针对现行方志存在的问题进行改革,如上所述,改革也是创新;二是以省、市、县(区)境内的历史、自然、社会、现状四大部分和顺序,进行构架安排;三是以史述代替概述。

将史、记、述合为一体;四是采用较为灵活的卷目体进行表述;五是增设现状调查,深层次的记述社会生活;六是拓宽人物记述,增加人物容量;七是形式、体裁服从内容需要,灵活运用;八是面简点详,点面结合,突出重点记述;九是图照分散,随文安排;十是运用科技信息化,使续志载体多样化。

对地方志编纂的改革与创新,是一个艰巨的、复杂的综合性工程;是不同地域志、不同行业志不得不适应社会发展所进行的一种系统的改革与创新。只有进一步改革方志编纂方法,挖掘自身特点,进一步发挥社会和经济效益,地方志编纂才能在新的千年里大放光彩,才能顺应为经济建设服务的潮流。

浅论编审镇志人物志时应当注意的若干问题

金达辉

方志中人物志大致包括人物传（对已经故去的人物）、人物简介（在世人物）和人物表等等。我国清代方志大家章学诚把人物志视为"志中之志""书中精髓"。近年来，各类志书中人物志所占篇幅还在不断增长中。由此可见，人物志在志书中所占的地位的重要性。我们《南汇县镇志系列丛书》自2001年启动，至2006年25部镇志全部出版发行。在编写镇志人物志时涉及150余人，其中革命烈士传略70余人，人物表（革命烈士、知名人物、国家级和省市级劳动模范、各方面先进人物）1 000多人。大多数人物志写得比较好，写出了地方特色，突出了时代特征。特别是一些革命烈士传人物个性鲜明，可圈可点的地方较多，如有的人单枪匹马去执行特殊任务，有的人奉命锄汉奸、杀恶霸、铲叛徒，有的打入敌人内部进行策反或搜集情报，这些革命烈士不怕流血牺牲，与敌人斗智斗勇，具有不屈不挠的革命精神，这些事迹感人至深、催人奋进，是我们加强对青少年的爱国主义教育的极好教材。但在编审志稿时也发现人物志撰写上还存在一些不足和缺点，主要表现在以下几个方面：

关于人物传略存在的问题

人物传略主要存在以下七个方面问题：

1. 人物志有关身份要素交代不清

人物志有关身份要素交代不清，主要表现在出生时间、出生地点没有，或写错；革命烈士是否党员没有写清；有的不是党员写成党员，有的是党员而没有写；有的是党员，但何时入党却记述不清等。此外，还有民族、性别等。笔者认为，这样的身份要素虽看起来是无关紧要的，是小事情，但却是一个人来到人世的起点，或是人生转折时期的标志，或是不断成长过程中重要的发展阶段。要确保这类与身份相关的要素的准确性、真实性，必须进行全面细致的调查、考证，一要查人事档案，二要查户籍原始记录，只有这样才能做到写真、写实、写准。

2. 人物志记述方法不当

人物志的记述方法应当按时间的先后顺序，重点记述人物事迹。但在实际操作的过程中，记述方法多种多样，五花八门，有倒叙、有插叙、有描写，说明，有些类似回忆录，带有大量的评论性语言，还有的洋洋洒洒，想到哪写到哪，像文学作品，冲淡了人物志的主题，有的人物志在结构上也比较混乱。笔者认为，人物志记述必须把握好撰述方法，以人物所从事的工作、所做的事迹为核心，突出闪光点，做到寓评于叙。

3. 人物传、人物简介排列顺序不科学

在编审志稿时，发现有些志书中古代人物和现代人物顺序颠倒，解放前和解放后的人物顺序颠倒，一个时期内的人物前后顺序颠倒，应当严格按照方志学理论和实务去操作，制定科学合理的编排顺序，人物传略按人物去世时间的先后顺序排列，革命烈士传略按烈士牺牲时间的先后顺序排列，人物简介以人物出生的先后顺序排列。

4. 历史人物选择不合适

在编审志稿时，我发现人物志在选取上存在着"四多一少"不合适的现象：

一是有的志书古代人物和近代人物偏多，占人物志总量的大部分内容，新志人物志就变成了旧志人物志的堆砌，这有悖于志书的详今略古原则，应当选取具有一定代表性人物 2~3 人为宜，因为古代人物和近代人物历史上的旧志都有记载，必须大力压缩。

二是有的人物志革命烈士传记、传略偏多,多达二三十人,人物志成了专门的革命烈士志,从而造成人物志收录范围过于狭窄。应当把级别较高,或级别较低、但事迹比较突出的烈士撰写成烈士传略,其他人物录入烈士名录为宜。

三是有的人物志收录行政级别高的人物偏多,官味十足,人物志变成了树碑立传的官僚志。行政级别高的人不可不收,但不可全收,收录原则要以为社会所作的贡献多少,政绩的优劣,群众的口碑为标准,这样才能经得起历史的检验。

四是有的人物志收录出生于南汇,而在外地工作的人物偏多,此类人物可以收录,但也要有所选择,否则便造成此人物志成为彼人物志。

五是有的人物志收录反映社会主义现代化建设时期人物偏少。这部分内容应当是人物志的核心,一定要重点记述在本乡本土生产、实践和建设中发挥重要作用、作出突出贡献的人,如一些劳动模范,特别是省市级、部级以上劳动模范,为本乡本土新时期社会主义现代化建设作出了很大贡献,我认为不应当只列在人物表中,要把他们升格,记入人物传略和人物简介中去。

这里我还要强调的是:有的志书还把一些民国时期的国民党人物和军官也纳入志书中,笔者认为不妥,人物志应当以弘扬正气,讴歌时代人物为主旋律,此类人物应当按以事系人的方法记入相关章节。

5. 篇幅和文字不平衡

篇幅和文字不平衡问题主要表现在人物传和人物简介上,主要存在两方面的问题,也可以说是两个极端:一是有的人物志下笔千言,拖沓冗长,写起来没完没了;二是个别人物记述得又相对太简单,篇幅过小,仅仅几百个字,甚至寥寥数语。当然追求字数或篇幅绝对平衡也是不现实的,但也要大致平衡,对文字过于冗长的人物志需要进一步考订、规范、整理和精炼;对内容较少的人物志要在搜集材料,丰富内容上下工夫,以求得进一步完善。

6. 文白夹杂现象较突出

文白夹杂现象较突出,主要表现在对古代人物的记述上,大部分是从过去南汇县遗留下来的几部旧县志中摘抄下来。继承前人成果无可厚非,但不能拿来主义,照抄照搬,很多地方文字艰涩难懂,人家看不明白。这里需要处理好以下几个问题:一是旧县志记述人物只采取帝王年号,要相应地与公元纪年对照;二是对人物出生地进行考证,并与今日地名和行政区划相对应;三是要把古文"翻译"过来,使之成为科学、严谨、规范的现代语体文,这才符合志书的体例。

7. 争夺历史人物和文化名人

唯物主义认为：历史是人民群众创造的,但知名人物对社会、政治、经济、文化等方面发展的推动作用也是不容忽视的。这类人物往往名气较大,影响比较深远,对当地发展作出的贡献也较多,故而在撰写人物志时大家你争我夺抢着写。造成这种现象主要是因为行政区划不断调整所致,这类人物往往出生时为此地管辖,后来经过若干年又调整为彼地管理,或同时此地一分为二,变成两个新的行政区,从而形成历史上为此地管辖,现时又为彼地管理的局面,从尊重客观历史和现实存在出发,哪一个镇写都有道理。其次是每一地方都以出现历史名人而骄傲。从而形成相邻两镇,或几个镇都争写一个人物的局面。笔者认为,这种谁写都有道理的情况下,只要一部志书收录即可,这样就可以避免多部志书内容重复问题。

关于人物表存在的问题

人物表包括的内容较多,有烈士名录、劳动模范名录、先进人物名录、离休干部名录、高级职称人员名录等,不一而足。

1. 内容与人物传略、人物简介交叉重复

有一些人物在人物传略(烈士传)和人物表中已写得很充分、详尽,但人物表中又再一次出现。这就要求我们在审稿时认真、细致过稿,删除表格中与上述内容交叉重复的地方。

2. 表格内容项目不齐全

有的名录各类要素项目齐全,但有的很不完整,漏项、缺项较多,除应当记述的人物名称、出生时间、地点、籍贯等基本要素外,烈士名录不要忘记牺牲时间和地点,劳动模范名录、先进人物名录不要丢失荣誉称号,离休干部名录不要忘了参加革命和离休时间,现职干部名录和高级职称人员名录不要漏写提职和晋职时间、职务和职称等。这里还要强调的是职称、职务、荣誉称号等关键地方不要弄错、写错,要准确无误,不能似是而非。

3. 表格内人物排列顺序不恰当

人物表的排列顺序应当与人物传、人物简介排列顺序相一致,烈士名录要以牺牲的先后顺序排列,劳动模范名录和先进人物名录应当以评上荣誉称号先后顺序排列,离休干部名录应当以参加革命时间先后顺序排列,现职干部名录应当以提职时间先后为序,高级职称人员名录应当以晋职时间先后为序。

总之,人物志是一部志书的重要内容之一,人物志编撰的体例完备与内容的真实与否也是一部志书成功与否的重要标志,我们撰写人物志既要对传主负责,也要对历史负责,更要对后人负责,要坚持秉笔直书,实事求是,这样的人物志才能真正起到资治教化的作用,才是对后人进行爱国主义和革命传统教育的好教材。

加强作风建设,开发史志资源, 为地区发展服务

孟 渊

2006年5月18日,国务院总理温家宝签署第467号国务院令公布《地方志工作条例》。该条例对地方志工作的性质、类型、机构、领导、经费、职责、队伍等都作了明确的规定,对地方史志开发利用、服务经济社会工作也提出了更高的标准和要求。

2010年7月,中共中央召开了全国党史工作会议,并下发了《中共中央关于加强和改进新形势下党史工作的意见》,充分体现了党中央对党史工作的高度重视、亲切关怀和殷切期望。继全国党史工作会议后,人保部和中国地方志指导小组又召开了地方志工作表彰大会。2010年,上海市也相继召开了地方志工作会议和党史工作会议,对史志工作都作出了新的部署,并给予了前所未有的重视。

在全国史志工作迎来事业繁荣发展的历史性机遇时,同时也迎来了史志工作新观点、新论断、新举措、新要求的大挑战。史志工作如何在经济体制改革和政治体制改革日益深入的大背景下,与时俱进,主动应对新变化、新发展、新局面,笔者从加强作风建设入手,结合史志机关的实际和特点,谈几点认识:

新形势下加强史志机关作风建设的意义和作用

机关作风建设是党的建设的重要组成部分。抓好作风建设,是全面提高党的领导水平和执政水平、提高拒腐防变和抵御风险能力的一个十分重要的环节。

作为承担各级党委和地方政府管理和发展地方文化事业职责(主要是存史、资治、教化功能)的史志机关,加强机关作风建设,是实践"三个代表"重要思想,深入贯彻落实科学发展观,推动史志机关深化改革、提升内涵、加快发展的重要保证。一个时期以来,我们党史、地方志工作在党和政府正确领导下,在广大史志工作者甘于平淡、默默奉献的不懈努力下,各项工作取得了明显的成效,为国家和地方的经济、社会、文化建设作出了重要贡献。特别是近年来,随着社会对民生问题的关注和史志出版的电子化、网络化,史志的读者群从政府机关向企事业单位和社会群众不断扩大,史志工作的集群效应正快速放大。

但我们也看到,由于历史和现实诸多因素的制约,史志工作中仍还有一些令人不满意之处。表现在:囿于史志机关的地位和工作性质不明确及经费不足等外部条件的限制,一些地方和部门还存在机构、队伍不稳定,组稿、撰稿任务难落实等问题,史志机构的效用还没有得到最大限度的发挥,其主动服务意识、质量效率意识和创新开拓意识有待进一步加强,工作方式和领域、深度和广度还需进一步开拓和发掘,编研成果、服务质量、服务水平与国家和地方突飞猛进的经济建设和社会发展趋势仍有一定差距。

在这一情况下,2006年5月18日,国务院颁布《地方志工作条例》。该条例是以科学发展观指导新时期地方志立法工作的生动体现,它的颁布,对我国史志工作产生了深远的影响。

2011年4月25日,上海市人民政府通过《上海市实施〈地方志工作条例〉办法》(以下简称"办法"),于当年5月18日正式实施。"办法"共有19条,分别对适用范围、领导和保障、管理机构、制度建设、规划和方案、资料征集、审查验收制度、出版备案、表彰奖励、开发利用、责任追究等作了具体规定。"办法"的颁布施行,标志着上海市地方志工作进一步走上法制化、规范化轨道,是实现依法修志编鉴的重要保障,对于确保全市地方志事业的健康发展,尤其对推动当前正在开展的二轮修志,确保地方志编纂质量和史志资源开发利用具有十分重要的现实意义。

因此，在当前发展的关键时期，我们史志机关不能满足于以往的成绩，我们不进则退，慢进也是退。新的发展机遇期对我们提出了更高的要求，我们必须把加强和改进史志机关作风建设作为一项重要任务，努力实现思想认识上确有新提高，精神状态上确有新气象，工作成效上确有新起色。把改进工作作风作为加强管理的突破口。史志机关要找准自己的位置，牢固树立为人民群众服务的思想，深化改革、提升内涵，努力提高管理水平和服务能力，以优良的作风、优质的服务在转变机关作风中发挥表率作用。解决机关作风中存在的突出问题，强化服务意识，提高服务能力和水平，开拓工作方式和载体，丰富工作方法和手段，为新时期浦东经济社会发展、文化建设、社会主义核心价值体系构建等提供思想动力源泉。

新形势下史志机关作风建设的目标、内容和抓手

《地方志工作条例》《中共中央关于加强和改进新形势下党史工作的意见》等规范性文件的实施，充分体现了党和国家对史志工作的重视。为因应新的形势，我们要以科学发展观为指导，将加强作风建设贯穿在史志管理、服务工作的各个层面，走内涵发展的道路。具体而言，就是要以服务社会现实、人民群众为目标，以加强管理、提高服务质量为主线，以加强凝聚社会工程建设、构建史志资源开发服务平台为抓手。

1. 将为社会现实、人民群众服务作为加强作风建设的出发点和归宿。

全心全意为人民服务是我们党的宗旨，也是我们一切工作的出发点和归宿。《地方志工作条例》确定各地史志机构有五项职能，其中重要的一项就是"组织开发利用地方志资源"。还确定"地方志工作应当为地方经济社会的全面发展服务。县级以上地方人民政府负责地方志工作的机构应当积极开拓社会用志途径，可以通过建设资料库、网站等方式，加强地方志工作的信息化建设。公民、法人和其他组织可以利用上述资料库、网站查阅、摘抄地方志"。这从法律上确定了地方史志工作的性质和职能，它要求我们不能把史志工作仅仅局限在编纂几本书上，要把工作的领域放大，为执政党服务，为社会现实服务，为人民群众服务。这为我们进一步做好史志工作指明了方向。任何时候，我们必须把人民满意不满意作为检验我们史志工作的试金石。

2. 牢牢把握加强管理、提高服务质量这条加强作风建设的主线。

有作为才有地位。与有些部门相比，史志部门无权也无钱，是一个不折不扣的"清水衙门"。但同样,史志部门有自己的职责和服务的对象,可以有所作为。

为更好地为基层和人民群众服务,我们应该制定出切合本单位实际的服务规范。全面推进政务公开,结合本单位实际制定工作职责与流程,简化办事环节。采取开门办志方针,走群众路线,理论与实际相结合,努力把工作做细、做实,提高服务质量、工作效率和管理水平。

认真领会学习中央、上海市有关会议和领导同志讲话精神。开展学习、考察、研究、交流等活动。教育员工牢固树立服务意识、质量意识,密切上下机关及人民群众关系,做到对上负责和对下负责相一致。热爱本职工作,忠于职守,自觉履行岗位责任,积极下基层指导、调研,广交朋友,搜集积累资料,挖掘地方历史文化的深层积淀和厚重蕴藉,拓宽稿源渠道和覆盖面,提高含金量。无论领导,还是群众交办的事,做到事事有着落,件件有回音。谦虚、主动、热情地为查询利用者提供服务,杜绝"门难进、脸难看、事难办"的"衙门"作风。质量是史志永恒的生命,是每位史志工作者永恒的追求。史志应当比普通资料更权威,更准确,更可靠。无论观点谬误,还是内容失实、资料差错,都将贻害无穷。对于任何差错,包括内容、数据、文字、排版,不管问题大小,绝不放松,要站在读者的角度审稿,站在历史的高度把关,站在客观的角度纠错。史志工作者要秉承为人民负责、为民族负责、为历史负责的理念,以火热之心,隽永之文,厚积薄发,努力编修精品之作、传世之作。

树立勤政、务实、高效的观念,通过积极主动为现实服务,为地方党委、政府中心工作做好服务,为广大人民群众提供切实有用的地情资料,使地方史志工作得到领导部门和社会各界的广泛认可和较高评价。机构、人员稳定,经费得到保证。从而使史志工作者体会到有奉献才有收获,有作为才有地位。今后,我们要进一步牢牢把握加强管理、提高服务质量这条作风建设的主线,全面贯穿于史志各项工作,把地方史志这篇文章做得更好。

3. 加强凝聚社会工程建设,构建史志资源开发服务平台。

加强凝聚社会工程建设、构建史志资源开发服务平台,是服务人民、服务社会,从而凝聚人心、凝聚社会,为史志部门营造一个良好的、和谐的工作和发展环境、实现自身价值的关键,也是加强史志机关作风建设的主要抓手。

新时期,史志部门要找准自己的位置,大胆创新,克服无为的思想,以良好的精神状态和敢为人先的进取意识,敢想敢干,打破有碍加快发展的条条框框,创造性地开展工作,又要踏实稳妥,讲究实效,以积极的态度和认真负责的精神去解决改革发展中遇到的各种矛盾和问题,创造一流工作业绩。

要以马列主义、毛泽东思想、邓小平理论为指导,坚持党的基本路线,坚持辩证唯物主义和历史唯物主义,全面真实地反映政治经济和社会发展的历史与现状,为三个文明建设和改革开放服务,为改进和加强党的建设服务,为培育"四有"新人服务。高举爱国主义、集体主义、社会主义旗帜,坚持地方特色,树立精品意识,编写党史党建资料及乡土教材,使党史宣传教育进农村、进单位、进社区、进机关、进学校;精编精校,把地方革命史、组织史、地方志(通志、区县志、乡镇志、专业志、年鉴等)、地情资料(指南、大事记、村史、口述史、专题汇编等)等史志丛书编纂成宣传地区的窗口、招商引资的媒介,领导干部的案头书、广大百姓的家藏本。

要积极构建史志资源开发服务平台,史、志、鉴、地情资料同步一体开发,把史志部门建设成为党史资源的储存库,党史教育的宣传中心;历史积淀的资料库,方志编修的研究中心;地情数据的信息库,史志资政的咨询中心。

要加快史志丛书、地情资料的信息化步伐,努力将史志网站建设成史志机构展示、发布工作信息的平台和行政服务的窗口,党史宣传与爱国主义、集体主义、社会主义教育的基地,地情舆情的电子资料中心与数据库。

《鹤沙志》辑佚

柴志光

《鹤沙志》是明末清初浦东新场人朱之屏偕其友黄仲若编写的一部地方志书，主要记载上海县十九保区域的地方历史，共十卷。当时，南汇县尚未设立，现在的浦东地区除高桥镇外全属于上海县。可惜该志后佚，故今人未能知其全部内容，但在相关志书和族谱中有《鹤沙志》的内容。

清雍正《分建南汇县志》对《鹤沙志》的记载

在清以前历代艺文志中，未见《鹤沙志》的记录。目前所见到的最早记录该志的是在清雍正《分建南汇县志》钦琏的自序中，其文曰："索考旧志，既茫然无可据。爰博稗乘，得《鹤沙志》十卷，载十九保故实甚详，他保阙如也；又得蒋生思永辑《新分县志稿》，撷拾回升备，惜未精核，不足传信。"

钦琏是南汇县第一任知县，他在修南汇县第一部县志时，得到了《鹤沙志》，并作修志的参考史料。但不知《分建南汇县志》采纳了多少《鹤沙志》的内容。《分建南汇县志》除序文中提到《鹤沙志》外，只在第二卷《疆土志中》"乡保"条目时有一按语云："浦东全隶上海时，地属荒远，旧志每事从略，惟《鹤沙志》详于十九保地，亦不备。"该志第三卷《疆土志下》"海浦"条目记载云："旧志但言某时浚某浦,某人开某港,而不详其通境曲折之道。《鹤沙志》详矣,然止十九保地。"其余卷中均未提到《鹤沙志》,也未讲到朱之屏和黄仲若这两个人物。

清乾隆《南汇县新志》对《鹤沙志》的记载

清乾隆五十八年二月十六日,工部右侍郎南汇人吴省钦在《南汇县新志序》中说："吾邑从雍正二年割上海分建,时邑侯长兴钦公琏,据《上海志》《鹤沙志》,撰县志十六卷。"钦琏据《上海志》和《鹤沙志》修《分建南汇县志》,《分建南汇县志》中理应有《鹤沙志》的一些内容,然由于其未标明史料的出处,故未能看出《鹤沙志》的影子。

在《南汇县新志》第十三卷《人物志》中记到了《鹤沙志》编者朱之屏和黄仲若,但仅仅二十余字,而且是附在陆学渊的传记中,其文曰："陆学渊,字环川,文旺裔孙。教授乡里,所至必留心文献,尝葺《副志》十六卷,以补原志所不逮。先是未分县前,新场朱之屏偕其友黄仲若,辑《鹤沙志》十卷。分县时,闸港蒋思永著《分邑志》十二卷。皆有功桑梓,而学渊所著较详。"从这一记载可知《鹤沙志》编写于南汇县设立之前,即清雍正二年(1724)前,具体时间未知。

清嘉庆《鹤沙瞿氏族谱》对《鹤沙志》的记载

该族谱由瞿中溶撰于清嘉庆年间,嘉庆十一年(1806)刊刻印行,该谱第三卷《旧德录》中引用《鹤沙志》较多,现摘录如下:

1. "□□晋华亭侯别业也,在下沙镇,此地出鹤,故名。"《鹤沙志》

2. "鹤坡在南下沙镇,即今新场也。"《鹤沙志》

3. "下沙之沙,旧从水傍,以连年多水灾,故更石傍,亦犹松江之淞去水旁而存松也。"《鹤沙志》

4. "云间申浦之东,相传有三沙焉。华亭十五保曰白沙,上海十七保曰川沙,十九保曰下沙,然据三沙之中□□不通,为滨海沙涂,鹤巢之地耳,故又名鹤沙。宋□□□设盐课司于下沙镇,因名下沙场,商贾咸集,□□□会,因以鹤沙名里。迨后避兵南渡者俱目三沙□□□地相聚而庐舍焉。下沙镇之南镜贾贩尤盛。□□南鹤沙或有谓之鹤坡者,元初迁下沙场于此,改名新场,然本石笋滩故地,而又易里名石笋。新场以东,一团镇至南汇所、四团仓,西自闸港□杜家行、拨赐庄,南自叶家行、秦家行、行头镇,北则沈庄、陆家行、北庄,虽各为市镇,总之皆长人乡十九保鹤沙地也。嘉靖丁未,倭寇初平,新场有建城立县之议事,将垂成而为川沙豪有力者所夺,故第称为雄镇云。"《鹤沙志》

5."两浙都转运盐使司松江分司衙宇,宋建炎中建于下沙镇。国朝正统二年迁于南鹤沙,在瞿家桥南,俗称大衙也。"《鹤沙志》

在《鹤沙瞿氏族谱》第三卷《旧德录·庵寺中》:

6."观堂在永宁寺内东侧,旧名九品观堂,僧众讲诵之所。倾废已久,所存有观堂东南石界碑。"《鹤沙志》

7."蓬池在永宁寺大殿前。"《鹤沙志》

8."放生台在永宁寺前台,虽废而基尚存,旧有亭,以待檀越作放生功德处,今荒芜不复建。岂近时人心好杀欤,告朔羊存以俟好生者。"《鹤沙志》

《旧德录·园第》中:

9."瞿公故园,在下沙镇,为鹤沙八景诗之一,今废。"《鹤沙志》

《旧德录·故迹》中:

10."洗马池,瞿远使霆发浴马之处,一在下沙镇,一在新场镇。"《鹤沙志》

《旧德录·路桥》中:

11."瞿家桥,在七灶港。"《鹤沙志》

《旧德录·碑刻》中,单引《鹤沙志》一条,合引《鹤沙志》《天下金石志》一条。

12."子昂碑有二,其一为报恩忏院记,此碑石已无影迹;一为铁佛铭,碑石虽在永宁寺,以岁久而字多残缺。"《鹤沙志》

《旧德录·诗文》中:

13."鹤沙八景之一,瞿公故园诗云:瞿公门第久驰名,此日经过怆我情。海燕子成家已废,山猿声怨月空月。春风落地花无主,夜雨闲庭草自生。闻说当时豪侠处,云东头角独峥嵘。"《鹤沙志》

14."《松江鹤沙报恩忏院古铁佛铭并序》:闻优昙花一现者,盖示祥应焉。昔泗洲僧伽梅长者,贺跋氏床下有宝珠,发地获普光三如来铜像,遂舍所居宅为伽蓝,良有自来矣。今鹤沙云岩长者瞿公霆发,至元辛卯建报恩忏院,开土得铁佛,高尺许,相好殊特,土蚀固久,而眉目宛然。众咸惊异,以为祥应之兆。时营缮方殷,安奉不克。越三十年,延祐庚申,往山沙门宝乘,布金设像,拥莲花座,崇于杰阁,缁素瞻仰,曾不虚,优昙花之嘉征也。乞铭于西天目山幻住道人明本,乃为铭曰:凿开混沌兮,现莲池;优昙应瑞兮,花一枝;后三十年兮,采彰施;奉之高明兮,光陆离;大众瞻向兮,奇愈奇;海神耸敬兮,仰慈威;六时讲贯兮,光四垂;象教倏张兮,昌永其。至治二年正月望,翰林学士、承旨荣禄大夫、知制诰兼修国史赵孟頫书。"《鹤沙志》

15. "《中峰和尚撰观音菩萨端相偈序》:圣人无体,随念斯彰,念光则诸圣同参,念泯则一直绝诗。以吾庄严善功德心,即观世音之宝冠缨络也。以吾确乎不可拔之正念,即观世音所坐之盘陀岩石也。以吾慈悲利物深广之誓愿,即观世音所居之大海也。以吾亲近圣贤参随不倦,即观世音之善财童子也。以吾宽厚仁慈以恭以敬,即奉观世音之月盖长者也。以吾一切处不违菩萨愿不舍大悲心,即观世音三十二应之妙身也。以吾居一切处遇顺遇逆了无畏怯,即观世音十四无畏法也。昔丞相史公躬诣海岸不获瞻睹,方生慢易,回首惟见碧芙蓉花万朵,芬披随浪而现,遂勒石以记其事,非现宰官身说法而何。至大四年,两浙运使瞿公霆发按部鄞郡放舟直驾岩下,首睹圣像毛发不遗,即命工造其所睹之像者二,一奉之鹤沙普福院,一奉之天目大觉正宗禅寺,皆公施心所见之伽蓝也。复以诚心所见之观世音归之,得不宜乎?公自述记一篇,以示无穷之信,此又非现宰官身说法而何。公尝嘱余序之。后五年,为延祐乙卯,公之子时学刻其记文,随大士像置之可观楼上。复俾予笔以记之,既不得辞,赘之以偈,偈曰:心镜光明皎如月,圣人智体无生灭。一念才兴即现前,古今凡圣相融摄。海岸人招海岸人,不知谁现宰官身。紫金光聚圆通体,应见何曾隔一尘。万峰围绕莲花国,龙象倚阑看不足。鼓钟镗鞳间灯香,出生世代光明福。"《鹤沙志》

16. "《中峰和尚放生偈》:红芍药边方舞蝶,碧梧桐里正啼莺。目前大道无遮障,自是众生没路行。今日药师如来与,近故少中大夫两浙都运瞿公于一毫端上起大道场,作百宝庄严佛事。本上座因齐庆赞普为诸含识指个路头去也。教中道三界无法,何处求心,心不可求,法将安寄,便见十方世界。是清净法身,十方世界是药师十二愿海。审如是有羽者,听其高飞;有足者,不放举;带甲者,潜于深渊;负鳞者,纵于巨壑;无一众生不成正觉,无一众生不入圆明。虽然如是,只是右如人道,门里出身易,身里出门难。且道不涉易难,如何是超然独脱底句。乃放生云,冲开尽是通霄路,透出无非解脱门。"《鹤沙志》

17. "《中峰禅师祭瞿霆发公文》:于戏。公福德人也,而知道焉。吾西竺圣人谓三界无别法，惟是一心作。惟公之福本乎自心，而道亦岂外成自心哉。盖知公之施田，施心田也，建寺建心寺也。不达乎心而滞物者，吾道之所不取也。苟会于心，则心无施不施之异，心无建不建之殊。即寺与田皆公心外之影事，而我住不住者，又影外之影耳。知公必不以此二其心也。虽曰心外无田，尽大地一围也；必外无寺，遍十方一刹也。此田不待别有所施，而檀波罗蜜念念出生；此寺不待别有所建，而大圆觉海处处成就。于此虽弥勒释迦无住持分，况其他乎。审如是，则知公于不思议解脱。心中宴坐丈室，获正住持三昧现前，入未来际种种受用，如是具足，是谓因该果海，果因源者也。某赖公知道之详，故匍匐千里，敬持是说以告之，非巧辩以惑公之听也。《又设药师道场对灵小参》：大道只在目前要，且目前难睹，欲识大道真体，不离色声言语，只如都运相公捐馆至今共一百日内鼓螺互应，金石交宣，岂非声耶。花果委陈，香灯罗列，岂非色耶，遍演金经，广宣玉偈，岂非言语耶。我都运相公与药师如来握手共游于一十二重清净愿海，以众宝光明而作佛事，俾尽大地众生不越一念，俱成正觉。到这里既无声色可求，有何言语可取，总只是个大老明藏，如其不委，更为下个注脚云：天共白云晓，水和明月流。"《鹤沙志》

18．"予与黄仲石辑里志，而予名之曰鹤沙里志，仲石谓下沙为鹤沙，若新场非鹤沙也，而欲以石笋为里志名。予考之纪载，瞿霆发墓志云，公卒于下沙之里第，何不云鹤沙而云下沙也。报德忏院即今之永宁寺，在新场，其记云鹤沙距云间三舍。铁佛铭亦云松江鹤沙，何不云石笋而云鹤沙。若以院有迁徙，则记中又云卜地得吉于考妣佳城之侧，墓现在寺后之右也。然通谓之鹤沙，又何疑焉。按郡邑志载，石笋一在捍海塘外三十余里，每二三丈有石如笋植沙中，湖汐至此遂分，本名分水港，好事者易以今名，即分水墩以东地也。故新场之名笋里，以此若以笋里名志，不识别有考据而可以合十九保各村市镇总之否。仲石云，此考极有征据，在宋时事耳，今地已易名，志亦易事，岂得卒以新场仍称下沙乎？假如松郡元时尚属嘉兴路，岂得仍以嘉兴郡作松江志耶？予曰按宋时嘉兴府华亭县，至元升华亭为府，后更名松江，盖吴淞江为三江之一，界于姑苏隶金陵，嘉兴隶浙江，则嘉兴松江分而为二者也。请问新场之新字如何解？乃未迁场之先则称南下沙，既迁场之后始名新场。且鹤沙为三沙之一，而新场、下沙又非分属两县，今合而为一者也。分之固难，仍称合之，名宜从古。当时取名松江者，以其源西出太湖东注海，包含广也。予之取名鹤沙，亦以西自黄浦东至海，可以包含之耳。

若拘拘笋里,则置各村市镇于何处? 幸再考之,而仲石仍以为不然。嗟乎! 志犹国史,其名岂敢草率,议论不合,乃不相谋,而各自纂辑矣。越五六年,而觅得鹤沙八景涛,内有海岳晴岚一首,若云新场非鹤沙,则新场岂在海外者耶。予乃定志名曰鹤沙,然不敢必其是,尚当质之博雅君子,以为何如。乙酉仲春朱之屏鹤沙志序。"

19."中峰禅师,讳明本,号中峰,杭之钱塘人,俗姓孙。生而神仪挺异,才离襁褓便跏趺坐,能言便歌赞梵呗,凡嬉戏必有佛事。年十五,决志出家礼佛,已而往参天目,高峰和尚妙公一见,欢然欲为祝发。至元丁亥,年二十有五,从高峰薙染于师子院。壬辰,松江瞿公霆发施田二百七十顷,即莲花峰建大觉正宗禅寺,高峰将迁化,以大觉属师。师辞后游松江鹤沙,瞿公以报恩忏院留师住寺,又辞。时翰林赵公孟頫叩师心要,师为说防情复性之旨,瞿公求为院记与铁佛铭,赵公为之手书。师复游皖山、金陵、庐州、弁山、平江。丙午还院,至大戊戌仁宗赐号法慧禅师,癸丑,瞿公以两浙运使终,师吊之其祭文略云云。(已录于前)瞿公之子时学复留师,师曰夫住持者,须具三种力,庶不败事,一道力,二缘力,三智力。道体也,缘智用也。有其体而阙其用,尚可为之。但化权不周,事仪不备耳,使道体既亏,便神异无算,虽缘与智亦奚为哉。体用并阙而冒焉居之,曰因曰果,宁无慊于中乎? 某无其实,故不尸其名。戊午九月,钦赐佛慈圆照广慧禅师,并锡金襕袈裟。至治壬戌八月十四日,早作写偈辞众,置笔而逝,世寿六十有一,僧腊三十有七,葬于寺之西冈而塔焉。师随处结茅以居,皆曰幻住,又因以自号。天历己巳,天子赐谥曰智觉禅师,塔曰法云,名翰林学士虞集为之铭。元统二年,天子赐号普应因师。所著书曰《天目中峰和尚广录三十卷》,赐之入藏。其徒善达密的理表请也。"《鹤沙志》

清光绪《南汇县志》对《鹤沙志》的记载

光绪四年春二月,抚吴使者吴元炳在《南汇县新志序》中说:"长兴钦公首宰是邑,以分邑应有专志,得朱之屏《鹤沙志》及蒋思永《分县志》而纂辑之,是南邑有志之始。"光绪戊寅六月,江苏布政使勒方锜在为《南汇县志》作序时说:"南汇以雍正二年割上海分建,时长兴钦公琏首宰是邑,因据《上海志》《鹤沙志》,成《县志》十六卷。"光绪《南汇县凡例》云:"南邑析自上海,雍正三年,长光钦公首任是邑,即创修邑志,六阅岁而始成。盖本朱之屏、黄仲若所辑《鹤沙志》及蒋思永《新分县志》而增修之。""《鹤沙志》《新分县志》,据胡志其时似尚存,今已失传。"这里的胡志是指乾隆《南汇县新志》。在对朱之屏的记载上,光绪《南汇县志》比前志较为详细,但仍附在陆学渊的传记中,其文云:"新场朱之屏,字晓岳,号君藩,多闻博学,偕其友黄仲若辑《鹤沙志》十卷。"

民国《南汇县续志》对《鹤沙志》的记载

民国《南汇县续志》第十二卷《艺文志·史部补遗》记录有《鹤沙志》,其依据为光绪《南汇县志》的陆学渊传记。

《鹤沙志》的版本情况不明,除稿本以外,是否有钞本或刻本流传,也不详。从清代雍正至光绪,南汇县三次修县志。《鹤沙志》均被提及,雍正时修南汇县志,《鹤沙志》是一份重要的参考资料,但由于《分建南汇县志》未注明资料出处,故《分建南汇县志》究竟保存了多少《鹤沙志》的内容很难知晓。乾隆时修南汇县志,《鹤沙志》似还在。但到光绪时修南汇县志,《鹤沙志》已不见踪影。光绪《南汇县志》凡例云:"《鹤沙志》《新分县志》,据胡志其时似尚存,今已失传。"

但是,民国修《南汇县续志》时却出现了《鹤沙志》的影子。该志第八卷《祠祀志》中有 26 处标明出自《鹤沙志》。该志第二十一卷《方外志》在《寺院补遗》中有 18 处标注出自《鹤沙志》。

民国《南汇县续志》中这 44 处标明出于《鹤沙志》的史料是从何而来?是否《鹤沙志》重新被发现?还是转录于另外的书籍?查《续修南汇县志题名》,可知《南汇县续志》中的《祠祀志》和《方外志》由黄报廷担任纂修员。黄报廷对于浦东地方史料十分注意收集,其编有《南沙杂钞》,笔者认为,黄报廷极可能收藏有《鹤沙志》的钞录残本。《南汇县续志》的其他卷中均未见标注《鹤沙志》。

(一)《南汇县续志》第八卷《祠祀志》中有关《鹤沙志》的记述辑录如下:

1. 关帝庙,《鹤沙志》云,帝未加封时,《金山卫志》称义勇武安王庙。

2. 天后宫,光绪志作乾隆年建。据《鹤沙志》在县城北门内,明洪武二十八年千户陈斌建。

3. 土地祠,《鹤沙志》:下沙场大门右亦有土地祠。

4. 忠勇祠,《光绪志》注李日章记,《鹤沙志》作日华。

5. 季王庙,在南汇,《鹤沙志》。今废。

6. 王圣庙,别庙,一在新场义济桥南,名白虎庙,岁久倾圮,明万历癸未年,里人金熙春舍地迁建于义和桥南。一在新场镇包家桥东。一在新场镇福生庵侧。一在航头镇北。一在一团蟠龙桥南。以上均见《鹤沙志》。

7. 三官堂,在新场永宁教寺后,元大德年建,堂后为陈氏墓。堂基亦陈氏所舍,故称陈坟庵。《鹤沙志》。今废。

8. 三官堂,别庙一在鲁家汇西,一在七灶港瞿家桥,崇祯丁丑年里人陶爱溪等建,见《鹤沙志》。

9. 江东六王庙,在新场镇义顺桥北,明洪武年建,万历四十六年修,崇祯十一年增塑夫人像。《鹤沙志》

10. 西岳庙,俗名聂家庙,在十九保八十二图,西圩基地为聂同知墓,因无嗣建庙,又捐田赡僧,岁久碑毁,明嘉靖间庙毁,万历甲辰重建。《鹤沙志》

11. 老君殿,在下沙镇众安桥乐。《鹤沙志》

12. 尚场庙,又名观音庙,在下沙镇北。《鹤沙志》

13. 倪家庙,原名益善庙,见《鹤沙志》。

14. 牛郎庙,即咸水庙,在一团镇南奉南交界。按《鹤沙志》云,万历十年建,是时有数十牧童放牛草荡,泥捏大士圣像,高不盈尺,置土龛中,群呼罗拜,俄有土人或征梦寐,或验疾病,祷无不应,众遂建庙,重塑圣像,而牛郎手制,仍供殿梁,以志异。

15. 尖口庙,在一团镇西二灶港口,见《鹤沙志》。

16. 真圣堂,在二团四灶港口,元至正六十年道士彭盟朴建,《鹤沙志》。

17. 晏公祠,在县城,明洪武二十四年副千户陈盟建,《鹤沙志》。今废。

18. 晏公祠别祠;在新场北市,明建,嘉靖间毁于倭,万历壬子,闻元声撰疏募建,见《鹤沙志》。

19. 四贤祠,在浚河墩倪公祠前,《鹤沙志》。今废。

20. 新场城隍庙,《光绪志》不详其自始;据《鹤沙志》,在仗义桥东,万历乙巳里人金皋、钱盛合舍基地,羽士叶景降募建。崇祯十一年,川沙陆瑞之募造卷轩并两庑,砌石阶。叶羽生舍基地,道士季伯纯募建后殿、寝宫。里人陆昌叔铸铁鼎。

21. 一团城隍庙,《鹤沙志》:叶公祠在东禅庵西偏,明万历时陆树声撰《去思碑记》。

22. 下沙镇西东岳行宫,《鹤沙志》:旧为节使堂,祀刘五节使之神,宋延祐七年,道士潘度原建。《光绪志》注初名洞无道院,宋延祐年里人瞿养浩为法官薛伯载建,殆未见《鹤沙志》,故有此误。

23. 新场镇东郭家庙,明成弘年建,在江东庙南。嘉靖间倭毁,万历十七年朱梧泉舍墓侧地重建鹤坡塘东,又以塘西亦有墓,建联旺山桥,以通往来。见《鹤沙志》。

24. 青龙庙,《鹤沙志》:明隆庆六年建。

25. 萧王庙,《鹤沙志》:在咸塘东者为南萧王庙;在北三灶者为北萧王庙,又称邱家庙;又坦直桥四灶港北及沈庄西皆有是庙。光绪志失载。

26. 倪公祠,在十九保浚河墩,为华溪家祠,见《鹤沙志》。未详建置年代及人名。

(二)《南汇县续志》第二十一卷《方外志》中有关《鹤沙志》的记述辑录如下:

1. 东林庵,在县城南码头,元大德壬辰,邑人毛义甫建,僧智开山,明万历八年刘维东、张桥募资重建。《鹤沙志》。今废。

2. 圆修庵,在县城,元至顺间建,僧别山开山。《鹤沙志》。今废。

3. 梵音庵,在县城西门内。《鹤沙志》。今废。

4. 龙珠庵,在王家桥东。(按《光绪志》"疆域",在十九保九十四图。)明天启丙寅迁于二、三、四灶港交会沙尖,若龙形,故名龙珠。《鹤沙志》。

5. 石林庵,在杜家行,杜云楼建。《鹤沙志》。

6. 余庆庵,俗呼钱家庙,在六灶港大缺口东。明隆庆二年建。《鹤沙志》。

7. 太清庵,元至正间道士张静云建,岁久圮废。明初重建,嘉靖间毁于倭,万历间僧大中募建水仙塘北。是庵大中建时,其功难就,梦神云"当出手",大中以斧断其左手,众感其诚,舍者云集,遂不日而成。里中康彝主其事,故俗呼康家庙。据《鹤沙志》。

8. 藏息庵,在十九保八十六图七灶港北,里人徐信斋募建,顺治四年邑侯高维乾题额。《鹤沙志》。康熙四十二年住僧成瑄立碑。道光四年尼心传置碑记。历有修葺,有香积田十八亩零。

9. 福生庵,在新场镇郑家弄西,顺治初尼妙良募建,为静修之处,时与里中老女子辈作念佛会。顺治四年,邑侯高维乾题额。《鹤沙志》。今废。

10. 小普陀庵,在一团备唐外。《鹤沙志》。

11. 鹤坡道院,在鹤坡塘玉皇阁桥侧,宋潘德刚建。《鹤沙志》。今废。

12. 洞玄道院,元延祐七年道士潘度原建。祥宁道院,在南汇,元至正二十四年,里人施道良建。甘泽道院,在南汇。以上均见《鹤沙志》。今废。

13. 福泉寺,初名甘霖院,明永乐十二年,以其中井泉甘洌,改名福泉庵。据此,则今称寺,又有改矣。南山禅寺,俗名南庵。雷音寺,原名雷坛庙,盖道院也。明嘉靖间倭毁。有翠峰禅师重行募建,始为禅院。旧有明伦记、乔懋书,唐文献记、董其昌书,又朱襄额记。上并《鹤沙志》。

14. 永宁教寺,《鹤沙志》:元至元辛卯建,基地六十余亩。明嘉靖间毁于倭,侍御宋贤舍建佛阁,万历二十四年复募构大殿,修葺完美。崇祯十一年,乡绅叶震隐捐修。

15. 仁寿庵,王价建三层高亭,故称尖顶庙。资福禅院,一称资福庵。潮音禅院,僧性开山。以上据《鹤沙志》。

16. 崇福禅院,《鹤沙志》称庵张之象题额,明天启四年僧静渊重修。

17. 东禅寺,寺旧称庵,元至正初邑人潘荆州建,僧智福开山。旧在三灶,岁久圮。明正德间,里人唐廉倡建于一团镇东偏,万历时唐银、唐文宇重修。见《鹤沙志》。

18. 弥陀寺,《鹤沙志》云里人周姓因无子,好行善果,常进香茅山,梦佛示"汝处自有佛地。"告以起止丈尺,归而辟地,下有柱础,排列如人为,固建寺。今周像塑寺中。明万历庚申闻元声重修。

《鹤沙志》在修《分建南汇县志》时是明确在世并在修志中是引用的,而到150多年后的光绪年间修《南汇县志》时,《鹤沙志》已不见,但民国所修的《南汇县续志》中出现了《鹤沙志》,这说明《鹤沙志》还留在世间,至少有残本留存,或者是有《鹤沙志》的内容被保存于其他书籍之中。这事可作进一步的挖掘和考查。

《分建南汇县志》引用了《鹤沙志》的内容,因未标明,只能感觉到《鹤沙志》的影子。而乾隆《南汇县新志》、光绪《南汇县志》是在继承前志的基础编纂的,应该也有《鹤沙志》的影子。由于这个影子是无法看清楚的,所以也不知《鹤沙志》的具体内容。民国《南汇县续志》标出44处引用《鹤沙志》,也只能使我们见到《鹤沙志》的一斑。

修志最重要的是要有正确的史料,离开了这一点无法修志。以对东禅寺的记载为例,乾隆《南汇县新志》第十五卷记载云:"东禅寺,俗名钟楼庙,在一团北市。天启间,唐西村建,为官民朝贺圣诞处。"光绪《南汇县志》第二十一卷记载云:"东禅寺,俗名钟楼庙,在一团镇北市。明天启间,唐西村建。今为官民朝贺圣诞处。"光绪志几乎抄录乾隆志,仅加上三字。再看民国《南汇县续志》第二十一卷记载云:"东禅寺,《光绪志》称俗名钟楼庙。今按东为东禅寺,西有钟楼庙,即城隍庙。旧有佛殿两进,毁于匪。光绪三十三年,僧清亮募建前殿三楹,有田六亩。"乾隆志和光绪志的记载,都没有记录东禅寺在清代的情况,而其始建也仅在明天启年间,其修志时,东禅寺的状况没有记录。民国志则内容较丰富。民国志对东禅寺又作了考证,把东禅寺的建寺时间往前推至元代,考证所依据的史料是"见《鹤沙志》"。从上可以看出,民国《南汇县续志》第二十一卷《方外志》的编纂者黄报廷在史料的收集上是下了功夫的。

笔者有一点疑惑,从民国《南汇县续志》所标注出的《鹤沙志》来看,该志对庙宇的记载是较详细的,但雍正年间钦琏修《分建南汇县志》竟没有记载宗教寺庙,而钦琏在修县志时是见到过《鹤沙志》的。

《鹤沙志》编者的生活年代及成稿时间

关于朱之屏的生活年代和《鹤沙志》的成稿时间,所见到的史料并没有明确的记载。但从有关地方志书和族谱中辑佚出来的资料来分析,我们还是可以知道朱之屏大致的生活年代和《鹤沙志》成稿的时间。

(一) 有关朱之屏的史料附于清代人物陆学渊传记中

有关记载朱之屏和黄仲若的史料所见很少,《鹤沙志》肯定编写在清雍正年以前,因为钦琏修南汇县志时,访得《鹤沙志》,但编者朱之屏在钦琏所修的志书中未见其名。在乾隆《南汇县新志》和光绪《南汇县志》中没有朱之屏单独的传记,只是附于陆学渊的传记中,而陆学渊是列在清代人物传之中。

(二) 光绪《南汇县志》记载朱之屏为康熙年间的岁贡生

浦东新场朱氏是世家,朱氏一族著称里中,如朱国盛。明万历三十八年(1610)得中进士,官至山东布政使、太常寺卿。又如朱绍凤,清顺治六年(1649)考中进士,任临县知县;其子朱廷献为康熙十八年(1679)进士,其孙朱之栋(朱廷源之子)为桃源县训导。朱之屏与上述的朱国盛和朱绍凤是否一脉所传,现未见史料证实。据光绪《南汇县志》第十一卷《选举志·贡生》记载,朱之屏为康熙年间的岁贡生。

(三) 瞿中溶对《鹤沙志》编写年代的推算

瞿中溶在编写《鹤沙瞿氏族谱》第三卷《旧德录》,碑刻"众安桥石刻"时曾有一段按语云:"中溶于嘉庆癸亥九月,访公遗迹于新场之永宁寺,于此桥下见石刻一中题'至正二十四年仲冬吉日建造',左右两旁题姓名六,右曰瞿子善、瞿行简、瞿伯成,左曰瞿子静、瞿子宜,吕国祯,皆正书。吕君事迹既无表见,诸瞿亦不载于家谱。以意度之,当亦是运使公昆季之子姓耳。子昂二碑,其报恩忏院记当朱氏撰志时已云已无影迹。先是万历间宗人润为奸僧作践家祠赴府控告,其词有云'子昂碑?砌垫井旁。'此碑或因是毁坏亦未可定。自朱氏迄今又隔一百六十年。并铁佛铭碑亦杳不可得,未知又毁于何时。抑岂因子昂名迹见重于世,为识者负之而去,遂流转他所欤。附识于此,以待后之好事者。"

瞿中溶于嘉庆十一年(1806)刊刻《鹤沙瞿氏族谱》,从"自朱氏迄今又隔一百六十年"来计算,当为 1645 年即清顺治二年,农历为乙酉年,这与《鹤沙瞿氏族谱》中记载的朱之屏《鹤沙志序》所落款的"乙酉仲春朱之屏鹤沙志序"时间相吻合。

(四) 笔者的推测

如果朱之屏《鹤沙志序》所落款的"乙酉仲春"是指明万历十三年(农历乙酉年,1586 年),即清顺治二年(乙酉年,1645 年)前 60 年的一个乙酉年,朱之屏《鹤沙志》的成书年代在万历十三年前后。那么,《鹤沙志》所记载的内容不可能有万历后期、天启和崇祯年间的事。但是,从民国《南汇县续志》所引用的《鹤沙志》内容来看,有多条涉及明万历后期和崇祯年间的事,如《南汇县续志》第八卷《祠祀志》中"江东六王庙,在新场镇义顺桥北,明洪武年建,万历四十六年修,崇祯十一年增塑夫人像。《鹤沙志》。""三官堂,别庙一在鲁家汇西;一在七灶港瞿家桥,崇祯丁丑年里人陶爱溪等建,见《鹤沙志》。"如《南汇县续志》第二十一卷《方外志》中"崇福禅院,《鹤沙志》称庵张之象题额,明天启四年僧静渊重修。"

从上述记载来看,朱之屏《鹤沙志序》所落款的"乙酉仲春"不可能是明万历十三年(农历乙酉年,1586 年)。

如果朱之屏《鹤沙志序》所落款的"乙酉仲春"是指清康熙四十四年(农历乙酉年,1705 年),即清顺治二年(乙酉年,1645 年)后 60 年的一个乙酉年,朱之屏《鹤沙志》的成书年代在清康熙四十四年前后。那么,瞿中溶在《鹤沙瞿氏族谱》中"自朱氏迄今又隔一百六十年"的推算是个错误。

瞿中溶是乾嘉学派著名学者钱大昕的女婿，瞿中溶在金石学考据上是一位重要人物。他在编写《鹤沙瞿氏族谱》时是亲眼目睹《鹤沙志》并引用志中的许多资料，当然他所看到的《鹤沙志》是什么版本现不得而知。笔者认为瞿中溶推算的"自朱氏讫今又隔一百六十年"没有错。

从现有的资料分析，笔者认为朱之屏生活的年代在明代末年和清代初年，他编写《鹤沙志》的时间在清顺治二年（乙酉年，1645年）前后，他撰鹤沙志序的时间为清顺治二年（乙酉年，1645年）。

参考文献

[1] 清钦琏编修.《分建南汇县志》(雍正年版本).
[2] 清吴省钦总纂.《南汇县新志》(乾隆年版本).
[3] 清瞿中溶编写.《鹤沙瞿氏族谱》(嘉庆十一年版本，松江博物馆藏本).
[4] 清张文虎总纂.《南汇县志》(光绪年版本).
[5] 民国秦锡田总纂.《南汇县续志》(民国十九年版本).
[6] 许洪新.《〈鹤沙志〉初探兼涉〈下沙志〉》.《上海地方志》,1995年第四期.

社会转型期续志组稿的困难与对策

张建明

所谓社会转型期是指整个社会经济结构以及与经济基础相适应的上层建筑发生全面而深刻的巨大变化。当前,我们既不是二十世纪六七十年代的纯粹计划经济,也不是完全成熟了的现代市场经济,而是处在市场成分比例逐步高于计划的转型期。其表现是:从传统的计划经济向现代市场经济转化;从农业社会向工业社会以及信息化社会转化;从分散、封闭的乡村社会向集中、开放的城镇社会转化;从看重经济发展速度单纯量的增长向节能环保、可持续协调发展转化;从国家、集体单一公有制经济向中外投资国有私有多元化所有制经济转化;从伦理型社会向法理型社会转化。

社会转型期经济运行方式、政府管理职能、社会结构形态、人们价值观念和生活方式等都在或快或慢地发生变化。第二轮社会主义新方志的编修,也不可能完全照搬首轮修志那一套,必须继承其至今仍然管用的经验和做法,抛弃其只适用计划经济条件下的那些做法。正在启动续志或者已经完成续志的地方,都有这种感觉:整个社会对修志的重视程度不如第一轮,政府的行政手段效率不如第一轮,修志队伍的健全和人员精力的投入也不如第一轮。恐怕这与全社会围绕经济中心转有关,而这个经济正好处在调整过程中，又要求快速发展。所有卷入这个大潮的人，都很繁忙，工作节奏快，单位和个人竞争压力大。无暇顾及这项花时多、见效慢，却必须慢条斯理、一丝不苟进行的文化工程。而当前急功近利、浮躁成风的大环境不是一个单位一个部门一个地区想改变就能改变、想克服就能克服的。

广泛发动，众人修志，曾是第一轮修志公认的成功经验。可如今碰到的最大困难，就是发动不起来。做不到众手修志。我把组稿碰到的困难归纳为"三难"。即一难是人员不到位，球无人接；二难工作不到位，球传不转；三难资料不到位，球投不中。工作不到位是指名义上有人负责却落实不了，总有种种客观原因迟迟不予完成。资料不到位是指想要的资料没有，硬催得来或逼出来的资料不符合要求，不少单位应付交差，管你有用没用。

对此，总的基本的解决途径一是借助外力，继续征得领导支持，千方百计发挥行政作用；二是自力更生，调动全体工作人员的积极性和创造性，趟出一条新时期修志之路。具体提出六条对策。

用好令箭，感动"上帝"

改革开放到现在，行政之手虽然不像过去那样无处不在、无所不能，但其影响、潜在威力依然存在。政府提出要建设服务政府，我们修志工作者也应是服务对象之一。修志不是个人行为，而是得到党和政府的支持的。关于开展修志的红头文件一定要发。我们具体负责修志的机构就要把这个红头文件当作令箭，发挥到极至。这是一个方面。另一方面，史志办要改变角色，不能以领导自居，高高在上，想用"发号施令"的办法组织修志，已不适时宜。自觉把组稿单位和个人当作自己的服务对象，视他们为"上帝"，我们要主动贴上去，进行进攻性服务。帮助他们解决领导列不上议事日程，不给承办人阅档、调查、整理、撰稿条件特别是有没有足够时间的困难。不少史志办同志在组稿阶段一天到晚往基层跑，真正的"求爷爷""告奶奶"。我认为这是对头的，也是应该的，是新时期修志人的作风！不要自己看不起自己，自己诋毁自己。这样的锲而不舍、无微不至、真心实意的服务，一定能、一定会感动"上帝"。

充分调研，开好菜单

修一部真正体现时代特征、地区特点的特色志书，史志办必须熟悉全局、研究全局,切实把握时代脉搏,把握地区特点,把握志书必要的基本材料。《严桥镇志》编纂组稿阶段这项工作做得十分扎实。在召开动员大会前,负责修志的骨干(主编、副主编等人)用1个多月时间,调阅历年政府工作报告和年度工作总结,走访、座谈数以百计的干部群众,内部进行反反复复讨论,弄清了严桥与其他镇的共同点和不同点。然后确定《严桥镇志》框架结构,按照这个框架详列资料搜集纲目,题目非常具体,表格有100多张。俗话叫"菜单",菜单发给各个单位,请他们按单采摘,使撰稿人不致于无从下手,帮助他们减少环节,节省时间,避免无效劳动。这种做法,值得各修志单位借鉴。

采编结合,重在采访

借用新闻工作术语,把修志过程中的征集资料和撰稿编纂称作采与编。采与编从来不可分割,都很重要,无米之炊不行,有米瞎煮也不行。要编一流志书,前提要有足够的可用资料。所以我们要把工作重点放在搜集资料上,花80%的时间和精力去组稿。发动别人提供资料带有被动性,迈开双脚到基层一线看、问,直接采访较主动。要搞好采访,一是要树立吃苦精神,比坐办公室辛苦得多。二是学会公关,善于与人交往交流,让对方愿意接受采访。三是掌握采访技巧,提高采访艺术。例如事前做好计划,想好问题,准备要充分。采访中,察言观色,听话听音;根据不同人不同态度用不同提问方式进行采访,可开门见山,直奔主题,可转弯抹角,间接迂回。学会"打破沙锅问到底",问到点子上,问出结果来。四是提高鉴别能力,去伪存真,核准事实。一个重要事实,要从多方面多角度去核实。既要采访当事人,还要采访周围人;既要看死的文字材料,还要看事发现场、听知情人的口述。知其然,还知其所以然。搞清事件"五要素",即何时何地何人何因何果。

公平交易,政府采购

政府的某种需要和服务,通过资金购买的方式获得满足。修志中有些资料的取得不妨也试试这种方式。市场机制讲公平交易,资料怎么交易,交易又怎么公平,这是新问题。过去给撰写资料长编的同志发稿费或劳务费,实际上也是一种交易。过去不很明显不很自觉,现在可以制度化、规范化。如按项目,按大纲中一个专题,提出必须达到的标准和完成时限要求,然后确定购买价格。有的向单位购买,有的向个人购买。向有条件的研究机构、中介机构发包是完全应该和可能的。比如,居民生活对比调查、民营企业经营情况、大学生就业报告都可以让专业机构来做。可能要价高些,但仔细核算一下,可能反而略微划算一点,又何况只要是集体讨论决定,不是个人拍脑袋随意决定就行。由此引出:申请经费时要考虑到这种开支,组织修志时要建立这种机制。

感情投资,友情支援

转型期的社会毕竟不是完全的市场经济社会。人与人之间关系、感情,对能否好办事、多办事、办好事影响力巨大。我刚从部队转业到史志办工作,开始人生地不熟,办事极不方便。十多年下来,与一些单位来往多了,便有了点关系。关系越紧密,事情越好办,公事、私事都能办,一个电话都能搞定。每个人都有亲朋好友,都有工作、生活的圈子。要挖掘史志办每个人的这方面的资源。开发和利用这个资源,可能不亚于红头文件,甚至超过红头文件的威力。但充分开发这个资源,也要换思路。不能全是"无私帮助",也应该有点"有偿服务"。这种关系的建立,有工作为纽带的,更有人格人品为前提的。在以人为本的社会里,我们要尊重人的价值,尊重友情的价值。无论如何,贡献这个资源的人和不贡献这个资源的人,要想办法有所区别,这是组织领导者应该考虑的。如今五六十岁退休下来的人,不少可以为修志工作做贡献的。都用聘用的办法请他们出力有时不好办,靠"友情支援"却是不难做到的。在修志过程中,史志办要重视"感情投资",合法合理的"感情投资"必不可少。

利用媒体,筛选信息

媒体,包括报纸、期刊、广播、电视、也包括网络信息,纸质信息很多也上了网,网上信息之广之多之快,令人惊奇。上海通志馆把中国新方志5 000种做成数据库,给我们修志人学习和查找资料提供了很大的方便。史志工作人员要学会和提高利用网上信息的本领。首先要学会上网,学会搜索。接着学会选择和下载。再接着学会鉴别、比较、考证。最后学会编辑,学会在网上编辑。有人说网上的信息不可靠。这要看你的信息是从什么网上和什么载体上获得的。正规载体上的信息还是可信的,否则政府信息上网公开怎么取信于民。问题的关键是善于识别真伪、判断准确和错误,分析内容失实还是技术差错。有的也不能就将网上信息写入志书,而要经过网上网下、书内书外、古今中外去比较核准。另外提及一点,志书要求事事有据,网上采集和编辑的东西也要注明出处,便于今后进一步核查。

(刊《上海方志研究论丛》第1辑)

开创一代修志新风的民国《川沙县志》

张建明

修志是重要的地方文化事业。

编修地方志是我国特有的优秀文化传统,已有2 000余年的历史。新旧方志种类繁多,书库浩大,内容广泛,传播久远。地方志"在世人的心目中,不仅是一种体例独特的文字著述,而且像敦煌的宝藏、古都的建筑、雄伟的长城、精美的陶瓷和一切文化奇珍一样,是我国历代先辈们智慧和心血的结晶,是伟大的中华民族儿女们丰富多彩的文化创造之一,是为世界文化宝库作出的杰出贡献的一部分"。(林衍经《中国地方志》)

川沙有史,从明嘉靖三十六年(1557)筑城御倭起,至今已450多年。这450多年中,共修了大大小小的各级各类志书近50种。中华人民共和国建立前,县级志书仅为3种,即《川沙抚民厅志》《川沙厅志》《川沙县志》。《川沙抚民厅志》是川沙被批准设厅32年后,即清道光十六年(1836)编纂成书的,由何士祁主修,姚椿等编纂。又过43年,即清光绪五年(1879),由陈方瀛主修,俞樾总纂,修成了《川沙厅志》。黄炎培主纂的《川沙县志》,历时24年,于民国二十六年(1937),由上海国光书局铅印出版,与《川沙厅志》相隔42年。

川沙厅改为川沙县,是辛亥革命成立"中华民国"那年。民国二年(1913),川沙知事方鸿铠听从地方人士的请求,批准拨款编修《川沙县志》。民国三年(1914),新任知事李彦铭任命57岁的陆炳麟为川沙县修志局主任,遂于这年冬天正式开始修志。两年后"访稿略备",本准备送主协纂"校阅付梓,克日观成",结果一直拖到民国十七年(1928)春,才"重行会议,就前稿继续采访"。造成修志工作停顿11年的原因,一是五四运动爆发,响应全国罢学、罢市,主纂黄炎培这段时间正好为"教育救国"奔走呼号。他1915年访美回来后,又相继去了南洋、日本。他的主要精力在倡导职业教育。二是"经费不继,不得不暂行停顿"。三是志局各员,都是兼职,"不能联翩驻局,晨夕会商"。民国十七年(1928)重新启动后不久,又因"国难频仍,天灾迭见",无法专心从事。延至民国二十二年(1933)冬天,集中了八九位编纂人员,数次觅所突击工作,经过2年编成全部志稿。又经一番修改,才最后付梓。共24卷,外加卷首1卷,装订成12册。共印2 000部。该志上限,断自清光绪五年(1879),承光绪《川沙厅志》;下限讫民国十五年(1926)。下限至脱稿时八九年间所积成的重要史料,设"赘录"予以记载。(引文均见志书序文四)

民国《川沙县志》的修成,对川沙这几十年"事物之变迁,文化之演进,幸兹可观,明析经纬,巨细无遗;至表彰功德,阐扬治道,亦所以垂不朽耳"。(王任民《川沙县志序》)。在抗日战争、国民党垮台及"文化大革命"期间,川沙地区历史文献惨遭毁坏和散失。但幸存的这三本志书,为川沙保存了大量重要文献,使后人从中看到川沙的历史发展轨迹。由此可见,修志是重要的地方文化事业,历朝历代不可少,其作用存史资政、惠及后人,意义不可小视。

《川沙县志》在继承和创新中取胜。

黄炎培受聘主纂,张志鹤(伯初)被聘为协纂,组成修志班子后,他们在翻阅他志的基础上,认真研究了《川沙抚民厅志》和《川沙厅志》,决定该志是《川沙厅志》的续志,"上承光绪志,始自清光绪五年,下讫民国十五年北京政府统治告终"。县志纲目初稿是南汇秀才奚挺筠提供的。后来采访收集的资料与纲目不完全吻合,于是进行调整,作删减增补,断限加以"展长"。《川沙县志》创新与突破主要表现在体例和内容两个方面。

体例创新之一是各卷之首增设"概述"。地方志中原本没有概述,只有"序例"之类属于编辑说明范畴的文字。各部类设"概述"后,使读者读了"概述",进而浏览全文,其文繁者,可用志不纷;其文简者,可推阐有得。或竟不及读全文,也可大致了了。概述包括"一地之大势,略史和各分志的内容大要""序例性文字"和策论(即对川沙县各行各业的发展前景发表见解,以利资政)三个方面的内容。概述起到了纲举目张的作用。方家称赞"此举对地方志的创新作用甚巨,意义非凡,很好地解决了志书中宏观与微观的关系问题。"(姚金祥《续志编纂应该追求卓越——评民国《川沙县志》》)

体例创新之二是设置大事年表。地方志一般设大事记,不设大事年表。这二者的区别是,后者则把国内外有影响的大事按年表形式记于大事记中或旁边,使该地的大事与国内外形势紧密相连。黄炎培在《导言》中说明:"编方志必先立大事年表,余主此甚坚。史之为用,明因果而已。一般方志,偏于横剖,而缺于纵贯,则因果之效不彰。必将若干年间史实,串列焉,其同时者并列焉,以玩其彼此先后间之消息。"《川沙县志》大事年表中分设三栏,首栏"年份",次栏"川沙大事",再次栏"国内外大事参考"。前两年推出的《话说中国》巨著,在叙述中国历史大事时,均列世界上发生于同一时期的重大事件,由点到面,从世界看中国,登高望远,视野开阔,增长知识,颇受读者欢迎。这种做法,与该志大事年表如出一辙,一脉相承。

体例创新之三是追求图文并茂。在过去的志书中不甚见过照片,民国《川沙县志》中出现了。第15卷"艺文志"中就有汉熹平石经残字拓片影印图、张桓侯破张郃铭题字墨迹图、岳飞舞剑阁诗墨迹影印图,陆深家书墨迹影印件长达10页。第24卷"序录"中刊有修志班子成员与县长的合影、县志完成后36人的纪念合影。摄影技术应用于志书中,笔者以为"黄志"属于领先的。再说地图,不仅有全境、区域、县公署图等常见图,还有各乡乡图、盐场图、小学校图、公共体育场图、公安局机关图、孔庙图、育婴所图、公园图、公墓图、上川交通公司路线总图等。这些地图标图详细,一目了然。大大小小地图置卷首,竟成一册。县志中表格用得很多很活。黄炎培说:"今之方志体裁,用表者较少……有人表无事表,有分表无总表(《导言》)。"该志表多达120多种。表格的品种,除人表之外,还有大量事表、总表。如《全县田亩一览》《川沙农民耕获状况一览表》《民国元年全县税捐征额总表》《川沙县立农场历年经常费收支对照表》《五十年来川沙浚河工程一览表》等,一表一事,简明实用。

内容上有所突破。研究民国《川沙县志》的专家和同行认为,该志不仅在大纲、体例上有很多革新和创新,而且所记内容也有不少突破。一是人民群众的历史地位显现。旧志的一个突出弱点,人民群众的历史地位太低,他们的斗争和生产活动得不到反映。该志对川沙民众的罢市、横沙农民抗租活动等作了如实的记载。对于太平天国、小刀会在川沙的活动,不称"洪逆""发匪""刘贼"。二是用较多篇幅反映资本主义在川沙的工业、农业、交通、邮电等实业。如在"工业"部类中记述了农村自然经济遭受资本主义经济渗入破产的情形:"本境向以女工纺织土布为大宗。自洋纱盛行,纺工被夺,贫民所恃以为生计者,唯织工耳。嗣以手织之布,尺度既不甚适用,而其产量,更不能与机器厂家大量生产者为敌。"迫于当时形势,川沙遂有毛巾的倡制。从《毛巾厂调查表》中看到,颇有名气的毛巾商标达8个,如宝塔、双喜、雄鸡、三角、方圆等。至今驰名中外的"川沙毛巾"正发端于此。此外,在《教育志》中记述新学,《卫生志》中反映近代文明,都与时俱进及时记载。三是采录了大量反映百姓生活的风俗民谣。《方俗志》采集了"川沙民歌"90首。这些歌谣,大量反映了百姓的生产生活活动。有反映遭受封建剥削、压迫的长工歌、穷人山歌;有孤儿的呼告、寡妇的哭泣,读来令人心酸;也有反压迫的"杀赃官""杀鞑子"的篇章,读来令人振奋。

民国《川沙县志》给修志工作者的启示。

研读黄炎培主纂的这部志书,给人许多有益的启迪。最令人难忘的有三点:

一切从实际出发。续志的编纂,向有重修、续修和补修之别。民国《川沙县志》启动时就确实为续志,"上承光绪志","终于民国纪元四年"。然而在"访稿略备"之后10多年的停顿使本来比较妥帖的断限成了问题。等民国十七年(1928)重新启动时,不仅发现原"规定断限30余年间,前后详略大异,材料总额,殊感不夥",而且认识到"民初10余年来,或革或创,凡诸建设,既繁且密,手自辑录,究比若干年后旁搜追索,其致力难易不同"。(《川沙县·导言》)遂决定延长断限到民国十五年(1926)。但是,民国《川沙县志》脱稿时距离延长后的下限又有八九年了,"又积成若干重要材料,弃置既觉可惜,戛然中止,又为叙事所不许"。(引文同上)于是仿效杜氏《通典》设"赘录",把"事实较重要,须连类及之者"记之附后。对"光绪志所未载,而事实应补录者,亦酌采之"这完全是不唯上、不唯书、不唯古的实事求是的做法。对于该志的纲目,也不囿于前志,比如《川沙厅志》中的"名宦""烈女"被删除,新增了"实业志""工程志""交通志""教育志""卫生志""议会志""司法志""警务志"等。这也是现代社会分工而出现的门类,社会生活发展变化了,志书的纲目也随之变化,突破了过去续志就得在前志的篇目框架内做文章,不越雷池半步的传统做法。

始终把握地方特点。

民国《川沙县志》地方特色十分鲜明。黄炎培从川沙历史的全部进程和个别、复杂现象的总体上把握了地方特色。在政治上把防备侵犯作为"唯一要政"。志书详尽地记载明代以后倭寇经常骚扰海隅以及川沙人民奋起抗倭的史实。在经济上,分析川沙的经济特征"地瘠民穷"。随着上海商埠的开放,清末新政的推行,在川沙兴办教育,开发民智,创办实业,提高人民的物质、文化水平成为"根本要图"。又由于地少人多和邻近市区,川沙泥、木工和裁缝等为大城市服务的行业特别发达。这些在志书中得到真实的反映,直到浦东开发之初,川沙的"三刀一针"(泥刀、菜刀、剪刀、绣花针)仍是川沙的主要经济特征。在自然条件方面,黄炎培把海塘视为川沙的"第二生命"。每到夏秋季节,往往台风频发,海潮为害,"禾稼尽没""人畜漂没无算"。由此,修海塘成为川沙的第二"要政"。清初南汇县知县钦琏在川南奉修筑外捍海塘,造福百姓,人民世代称颂,称海塘为"钦公塘"至今。

为读者、后人着想。

无论从题材内容的取舍,还是表述方式的选定,无不考虑方便读者,迎合社会需要。譬如,大事年表开设三栏,年份、川沙大事和国内外大事参考,使读者好看易懂,一目了然。概述的设置也是让读者先知大概、掌握特点,再定深读与否。该志载有《农具一览表》《上川交通公司路线总图》《川沙全境独轮车表》《川沙境航船表》《大川小轮民国三年搭客价目表》《农家预防病虫害方法一览表》等。《教育志》中的教育统计栏里,学校、学生、毕业生、辍学生、教员、职员、资产统计得清清楚楚。该志还选录不少报批公文、实施章程、规则、办法等。这些,既为当时读者所用,又为后人了解该行业实情提供依据。为了求实求真,不仅编撰人员重调查、重核实,而且请教行家、专家,商订篇目,审阅志稿。志稿完成后,又公开展览,广征博取各方修改意见。这种"循名核实""将事以慎"、敢于创新的精神值得修志同行学习、借鉴、发扬光大。

修志感悟

王士杰

我在南汇干了一辈子农业,《南汇农业志》的出版,还了我一个多年未了的心愿。

南汇是一个传统的农业县,尤其是主产品中的棉花、油菜、瓜果等,是多年来国内外闻名的高产地区。改革开放以来,南汇人民在种植业结构调整中创出的粮经型多熟制种植新模式和城郊型市场农业新路子,得到国务院领导的充分肯定,在全国广泛推广,国内外媒体也多有报道。

南汇农业屡创辉煌。从某种意义上讲,迄今为止的南汇历史就是一部农业发展史。然而,建县数百年却没有一部全面、综合、系统记述南汇农业历史和现状的专业志书,对广大农村、农业工作者来说,实属一大憾事。

随着改革开放的全面推进和深入,南汇和全国各地一样,在建设有中国特色社会主义的道路上也取得了辉煌的成就,政治稳定、经济繁荣,国家兴旺发达,人民安居乐业。盛世修志,势在必行,各级政府都十分重视修志工作。1982年初,南汇县建立县志编纂委员会及其办公室。随后,县政府各部门和各乡镇都陆续建立了编志机构和编纂队伍。

当时,南汇农业是多部门分管的,如农业局主管种植业，畜牧水产局负责养殖业，区划办制订农业区划和收集农业信息，农机办负责农机具研究和监理，水利局领导农田水利建设，县委政研室研究农村政策和农业经营管理等等。根据县志办的要求和指导，南汇县农业局在1984年成立了南汇农业（局）志办公室，由一位副局长分管，"三中心"科教站一位副站长具体负责（主笔），采取全面动员、共同编写的办法，统一研讨拟定了编写提纲，然后分工到局属各单位，落实专人撰写。到1985年年中，各单位基本撰写完草稿。经局志办历时两年的综合、修改，最终在1987年7月完成初稿撰写，统一打印、汇编，并装订成册。这个稿子称为《南汇农业志资料》，分为7集（册），共约18.7万字。第一集，含大事记、概况、机构；第二集，含耕作制度、土壤肥料；第三集，含植物保护；第四集，含农具、农机、种子；第五集，含粮食作物、经济作物；第六集，含农业培训和农业科技、历代灾祥；第七集，含农业劳动模范、先进集体、先进个人、附录、农谚、编后记等。这套资料主要是为当时正要着手编写的《南汇县志》服务，为其提供农业（着重种植业）方面的内容。《南汇县志》1990年8月正式完稿，1992年3月出版。《南汇农业志资料》比较集中地被采用于《南汇县志》第十二编"农业"近30页，有的则根据需要穿插于其他编内，如第十五编瓜、果、蔬菜、绿化；第二十九编科学技术；第三十七编专记（农业稳产高产经验）等。《南汇县志》修编人员名录中，农业局的王士杰、陶锑、颜成嵩分别列于编委、编辑、参与人员。

《南汇县志》出版后，不少业内人士向我建议，南汇农业在全市、全国有着不同寻常的地位，应该在《南汇农业志资料》的基础上，进一步补充、修改、完善，单独编写、出版一部《南汇县农业志》，我也深有同感。但认真思量过后，感到困难很多，最突出的：一是"资料"稿内容狭隘，只是种植业中的一部分，远不足以称之为"农业"；二是由于撰写时间紧迫，全稿比较粗放，修补工作量很大；三是受行政体制、分管权限和财力、人力等诸多因素的制约，由农业局单独组织编写一本完整的、高水准的大农业志，条件尚不具备，不得不暂时搁置了起来。但"编一本南汇农业志"，从此就成了我的一个心愿，一直到1995年局长卸任、1998年退休，都未能实现。然而我从未放弃，我把几十年来自己为此而搜集、保存的各种资料、志书、史料、文件、工作手册、日记、照片，在退休后重新进行了梳理、珍藏，以备有朝一日派上用场。

我于1959年从上海农校毕业，来到南汇农业局从事农业科技工作，到1998年退休，一直没有改过行、换过工作，为南汇农业奋斗了39个年头。其间，在第一线(生产队)蹲点17年,在全县范围跑面6年,在局领导岗位16年。退休后的前10年(1998—2008),陆续被聘为有关单位的农业顾问,仍未脱离农业。因此,我与南汇农业共生了半个世纪,亲身经历了农村、农业在政治、经济、科技方面的一系列重大改革,亲身经历了计划经济与市场经济、传统农业与现代农业、城郊型农业与都市型农业的兴衰与转变,也耳闻目睹了多种天灾人祸的辛酸苦难。我们是这一历史时期的参与者和见证人。我经常在想,我们这一代基层农业工作者,经历的实在太多太多,应该为后人留下点什么。每想至此,"在有生之年能亲自参加编好一本《南汇农业志》"的愿望,就会油然而生。随着年龄的增长和体力、视力的衰退,这个愿望就越加迫切。

机会终于来了。2001年撤县建区后,行政机构进行了大调整,区级"农"字头行政单位都归并为大农委,在各方面都为编写大农业志创造了有利条件。根据区政府下发的《关于在全区各委办局开展编写专业志的实施意见》的要求,2008年初,南汇区农业委员会成立农业志编写领导小组,而后又组建编委会及其办公室,着手编写《南汇农业志》,本人被聘为顾问(后改称"联络员")。我欣然接受了这一任务,更高兴与南汇农业战线上一起奋斗、共历风雨的老领导、老专家、老朋友来共同完成这一光荣而艰巨的事业。我把这次机会看作是为南汇农业所做的最后奉献,我想我一定要全心全意、尽职尽责,全力以赴地完成好。

2008年3月24日,顾问组召开第一次座谈会;同年7月18日召开《南汇农业志》编写动员大会;7月21日举办撰稿人员培训班。这些活动把《南汇农业志》的编写大纲、主要内容、时间节点和编写人员工作职责等,都一一落实到单位责任人和撰稿人,编志工作全面启动。顾问组人员作为联络员,也作了具体分工,明确了每人负责联络的单位和编写的章节。对联络人员的要求主要是:对联络的单位及形成的草稿进行面对面的指导和帮助;协调有关部门提供相关资料,实现信息共享;正确掌握时间节点,全面了解进展情况;定期交流汇报,提出意见和建议,并对稿件的进度与质量认真把关。联络组的领头人是农委调研员(原副主任)周汉中,当时尚未退休,任编委会和编志办副主任,具体抓编志工作,他不顾身体多病,想尽办法,把修志事业向前一步一步推进。他作风严谨、工作认真,责任心极强,对农业志的顺利完成起了关键性作用。

《南汇农业志》是一部地方专业志书,要把它编修成一部精品良志,既要在内容上历史地、客观地突现本地区的行业(农业)特点,又要在写法上突显志体特点。为此,区方志办自始至终十分重视,并给了我们极大地支持。区地方志办公室领导和专家多次上门指导和认真审稿把关,使《南汇农业志》体例框架更加科学合理,行文更符合志书规范,质量进一步提高,使我们受益匪浅。至于我本人在编辑过程中的工作,根据编志办的安排和自己的意愿,重点参与了四个方面:

一、做好职责内的联络与稿件的修订把关。重点是:第一篇第三章全部五节;第二篇第四章第六节;第四篇第六章全部二节;第五篇第二章第一节;专记。

以上共联络7个单位、11篇稿件。这些章节所关联的人、事、单位,绝大部分都不属于原农业局分管范围,更不属于我从事的专业,所以比较陌生。领导之所以要我去联络,我想主要考虑我担任领导工作多年,接触面略广,相对有利于开展工作而已。

二、对分工职责外的有些重要章节,主动协助相关联络人编修。如发挥自己曾参与《南汇县志》《南汇农业志资料》《上海农业志》工作的经验和多年的工作实践,对拟定南汇农业志"纲目"编写"大事记"等部分,积极出谋划策,提出了大量的补充和修改意见(仅大事记,就提出了近200处)。

三、发挥专业特长,协同其他专家把好稿件质量关。我一生从事粮、棉、油生产与农技推广工作,对此比较熟悉。我的夙愿,也就是想把这方面的南汇经验和过人之处,尽可能多的通过农业志留给后人,所以诸如第二篇种植业中的不少章节,尽管不是分工我联络,但我还是自觉地倾注了大量心血和精力,主动协同联络人反复阅稿、仔细推敲,有的还亲自动笔作了大篇幅地删补和修订,力求使志稿更加完美。

四、积极搜集提供有价值的照片。被选用的有5幅。

第一幅,"1990年11月1日,上海市副市长庄晓天在南汇县县长陈文泉陪同下视察周浦乡农村"。当时,为探索缓解三熟制季节、劳力紧张的难题,南汇县农业局主持了一项新技术"瓜茬后季直播稻",在周浦种子场试验、示范成功,各级领导都十分重视,秋收时亲临现场视察。这幅照片上聚集了当年市、县、乡三级党政领导和农业部门领导。自左至右:蒋宗魁(县府调研员)、庄晓天(分管农业的副市长)、王士杰(县农业局局长)、陈文泉(南汇县县长)、朱颂华(市农委副主任)、谈金国(周浦乡党委书记),周浦乡农业公司经理顾玄初也在场。(参阅大

事记 1990 年)

第二幅,"1975 年 9 月,全国棉花丰产栽培技术研讨会在南汇召开,全国劳模植棉能手吴吉昌向南汇与会者介绍棉花'一穴双株'种植法。"

第三幅,"1986 年 12 月,南汇县政府顾问(原县委书记)严林楼(右一),县长韩坤林(右三)在南汇县农业冬管会议上。"

第四幅,"1992 年 10 月 17~20 日,中国作物学会栽培研究委员会综合学组在南汇召开学术会议"有 18 个省市 101 人参加,会后由 58 位专家向国务院呈报了"建议书",引起很大反响,导致 1995 年再次在南汇召开研讨会,会间与会代表参观新场乡新卫村酱菜厂。

第五幅,2006 年 5 月,老港镇人民政府,经镇人大通过正式聘请南汇区 8 名退休高级农艺师为镇农业专家顾问团成员,联络点设在东河村为农综合服务站,这一形式属南汇全区首创。

在参与《南汇农业志》编撰的全过程中,我始终坚持着一个信念:南汇县作为行政建置已不复存在,传统的南汇农业也已成为过去,《南汇农业志》是名符其实的绝版孤本,是我们这一代人留给后人的宝贵财富,它无疑将会成为这一领域的"经典""权威"和"依据",为了对后人负责,我们记述的每件事、每段话,都必须力求真实可靠,来不得半点含糊和谬误。为了给自己充电,掌握更多、更准确的知识与信息,我花了很多时间和精力收集、查阅了大量的书籍和文献资料,其中有公开发行的志书、史书、专著等 40 余册,个人工作几十年来收藏、汇编的《南汇农业志资料》7 集、《南汇农业文选》5 卷(152 篇)、《个人文稿综汇》2 集(67 篇)、《个人论文选》42 篇,还查阅了 80 年代初以来自己的"工作手册""效率手册"(日志)近 100 本,以及大量的照片。对重要文献编写了"目录索引"和"要文摘录",以备随时查用。"磨刀不误砍柴工",通过大量查阅资料,不仅对自己的编修工作大有益处,而且对其他同志也提供了不少帮助。

我从 2008 年 3 月参加《南汇农业志》编修工作,到 2009 年 8 月初稿完成,正式离开编志办,历时一年半。以后在 2010 年 9 月应邀出席了书稿评审会;2010 年 11 月 26 日出席《南汇农业志》编纂工作总结表彰会。在农委各级、各部门领导的关心、支持下,在区志办领导和专家的精心指导把关下,经编委、编辑、撰稿人员的共同努力,书稿终于顺利完成。总结会上,农委领导宣布历时两年多的农业志编纂工作结束。对我来说,终于完成了一项重大的历史任务和社会责任。

2010年12月,《南汇农业志》首版首次印刷。2011年3月志书送到农委,当我拿到金灿灿、沉甸甸的《南汇农业志》时,感慨万千。我不知道将来读者会如何评价它,但我会欣慰地对自己说:"我虽贡献微薄,但我尽力了。"

此文仅附于本人自藏的《南汇农业志》,以助回忆。

如何突出人物传的思想性

沈乐平

综观古今史志,人物的记述占有很重要的位置,故人物记述的成功与否,直接关系到一部志书的质量和它的自身价值。方志人物所体现的思想,就是统治阶级要宣扬、维护的思想。中国封建社会能延续 2 000 多年,这与封建统治阶级利用方志人物来宣扬儒家思想所起的作用是分不开的。因此,新方志如何突出人物的思想性,这是一个非常值得重视和探讨的问题。在近几年参加编纂《南汇县志》的实践中,笔者对此有一些粗浅的看法。

人物立传必须顾及为现实服务,以提高人物传的思想意义

这一点很重要。封建社会的志书,是以帝王将相、达官显贵、地主豪绅、贞节烈女为主体的志书,充满了唯心的英雄史观和封建礼教的内容,是为统治阶级歌功颂德的,也是为巩固其封建统治服务的。我们今天编纂的社会主义新方志,不同于封建志书,它是以马列主义、毛泽东思想为指导思想的,是为社会主义革命和建设、为广大人民群众服务的,因此,我们在选择立传人物时,要充分认识人物的阶级性和现实性,要坚持四项基本原则,坚持党的十一届三中全会以来确定的路线、方针和政策,必须以人民群众为主体，突出人民群众的功绩，记述他们的创造性活动，赞颂他们对革命事业及本职工作的献身精神，把这些作为我们选择立传人物的指导思想，然后抓住为现实服务的特点去选择人物。

新地方志要反映一地的历史，需要适当选用历史人物，对历史人物及其内容的选择，要体现"古为今用"的原则，要选择那些对当代社会和人民能起到教育作用的人物。对封建统治者，我们要用马克思主义的唯物史观去分析判断，去除封建的东西，取其有利于人民的一面，符合选择条件的，就该写。比如，我县第一任知县钦琏，他虽是封建官吏，代表封建统治阶级，但他在极其困难情况下，为南汇人民做了几件有益的事：修筑了钦公塘；办起了本县第一所学堂——芸香书院；主持编纂了本县第一部县志——《分建南汇县志》。选择这样的人物，至少有二个作用，一是真实地反映本县的历史。二是能鞭策、激励新社会的人民公仆，达到为现实服务的目的。

南汇地处东海沿岸，在明朝嘉靖年间，倭寇多次入侵南汇进行骚扰，大肆掳掠。李府、闵电等一批具有强烈民族意识的勇士，积极组织起抗倭队伍，同凶残的倭寇进行多次激战，保卫了家乡，捍卫了人民的利益。像这类具有强烈爱国主义思想的民族英雄，也该写到地方志中去，而且要写具体、写生动，让他们的爱国主义思想闪耀光芒，教育子孙后代。

在封建社会，文化科技人物的社会地位低下，特别是一些民间艺人的社会地位更低，他们被统治者视为"贱民"，所以，在旧地方志中很少能看到这一类人物，有的虽然被提及，也只是三言二语。其实，这些"贱民"的无私奉献，大大丰富了我国的传统文化。如本县清代民间艺人鞠士林，他善弹琵琶，在民间被誉为"琵琶圣手"。他一生走南闯北，为民娱乐，还收受不少艺徒。他高超的弹奏技巧对后人也有很大影响。1983年，人民音乐出版社出版了他的传本《鞠士林琵琶谱》。又如出身于木匠世家的周楚卿，经过长期的艺术实践，形成了自己独特的雕刻风格，他的一款作品现被珍藏于中央手工艺艺术馆。像这种出身低微的民间艺人，在旧方志中难以见到，但他们对社会的贡献是巨大的，他们是人民的代表，这样的人物应写到新方志里去，这也是新方志与旧方志的区别之一。

新方志遵循"详今略古"的原则，故现代和当代人物是我们选择的重点。我们不能以人物的资历、职务、职称等作为取舍条件，而应视其对革命和建设事业的贡献、是否顺应了历史的潮流、是否维护广大人民群众的利益而定。如硬性规定职务达到某个级别,不管其生平事迹怎样,一律为之立传,则那些一生庸碌,在职时不过奉行做事、开会画圈无甚政绩可记者,他的传记就很难下笔了,即使下笔成了,也只是字的凑合,根本不可能具有意义。这样的人物传记起不到教育作用,也就违背了新方志的"教化"作用。反过来,我们摒弃诸如资历、职务等非本质的属性而注重于人物其一生事迹是否对社会主义革命和建设事业起到较大积极作用等本质,这样的人物立传就具有较强的思想性,能起到教育人的效果,也就体现新方志的"新"特点。比如《南汇县志》中,有一位木工出身的"土工程师"李振华,他工作认真,能刻苦钻研技术。1995年,由他构思改革的木工工具刨获得了上海市建工局科技一等奖,人民公社成立修建队,他任技术员,在没有样板的情况下,独立设计了7座拱形钢筋水泥桥,且桥的质量上乘,获得上海市水利局的工程质量奖。1978年,他因劳累过度,突发心肌梗塞死于工地。李振华虽然没有什么"长"、什么"专家"之类的头衔,但他刻苦钻研技术、敢于创新的精神值得人们学习,他为社会主义革命和建设呕心沥血、贡献一生的崇高品质令人敬仰。这样的人物虽"小",但思想意义却很大。

除了这一类"小"人物之外,我们还必须为争取革命政权过程和社会主义建设中献出生命的革命烈士、涌现出来的先进人物、对社会卓有贡献的知识分子立传。这一类人物的时代气息最浓,他们的事迹最能感动人,他们应该在人物传中占有一定的比例。

多方面突出表现人物的思想性

人物传在地方志中别具一格,它最能引人注目,因为它写的是有血有肉的人。新方志人物传作为教育青少年最好的"乡土材料",原因就在于人物本身的思想价值。崇高的思想情操能感染读者,陶冶读者的心灵。作为作传者,如何运用方志的笔法把人物的思想性表现得尽量鲜明,把人物写得生动、写得富有感染力,笔者认为应把握下列几个方面:

1. 写好人物的语言

著名哲学家黑格尔有段名言:"人是靠头脑、也就是靠思想站着的,而语言是人物思想的'外衣',体现着人物多方面的特点。"人物的思想是人物语言的依据,人物的语言是人物思想的表现。所以,写好人物的语言,既能准确地表现人物的个性特征,又能反映人物的思想。例如,我们在写傅雷传时,就引用了长期在他家工作的保姆的话:"傅先生每天早上8点起床,9点到12点半工作,下午2点又坐到书桌前,7点才吃晚饭,晚上看书、写作到深夜。"一句话表达了傅雷的一生是在辛勤的笔耕中度过的。当傅雷听到儿子出走英国时,没有正面的描写,而是引用了他写给儿子信中的话:"象一座木雕似的,一动不动的坐在那里,半响也说不出一句话来。"痛苦之情,跃然纸上。

2. 写好人物的行动

人物的行动和人物的语言一样,能体现人物的思想。正确、生动具体、形象地描述人物的行动,既能把人物写"活",又能客观地表现人物的思想情操。例如,笔者在写叶映榴传时,对他面对即将作乱的楚兵时,作了这样的描写:"……楚兵得知后更加愤怒,手执武器集结在辕门,映榴急入请巡抚亲自安抚,巡抚出来给士兵讲话,士兵根本不听,巡抚厉声斥责道:'你们想造反吗?'众人挥舞着刀说:'就是要造反,怎么样?'巡抚见势不妙,就悄悄溜走了,其他官吏也跟着逃遁一空。士兵杀死了巡抚的奴仆,抢走了巡抚的印绶,映榴见此,挺身而出,冒着刀枪,劝说楚兵,向楚兵晓以利害关系。楚兵哪里肯听,反而将叶映榴拥至阅马场,逼迫他一起叛乱。叶映榴怒睁双目,夺刀欲自刎。"这里笔墨不多,但对映榴的正义和楚兵的邪恶表达得还是淋漓尽致的。

3. 突出人物的个性

人物的个性,是指一个人在处事接物中所产生的、本身具有的区别于他人的基本特征和外在言行的总和。在现实生活中,每一个人都有自己的生活道路、自己的性格脾气,或者说,都以自己特有的生活方式接受社会环境,其中包括家庭出身、社会地位、政治观念、传统观念、文化修养、风俗习惯等多方面因素的影响,并对环境作出反应,经过长期潜移默化的作用,结果形成了每个人独特的个性。人物的个性既是复杂的、丰富的,又是独特的。

编写方志人物传,不能象写小说那样塑造人物。方志人物传是要以真实史迹作为依据,不能虚构和任意扩大,且还要受篇幅的限制。所以,要突出人物的个性,就必须集中笔墨描写最能反映人物个性的事迹和典型细节,起到以一当十的作用。

林涵之是本县著名的医生,他平时全心全意为病家服务,可写的事迹很多,笔者从中选择了这样一桩事情:县水产公司的一位女职工子宫大出血,输血补液后突发高烧,寒颤、抽搐直至休克昏迷,生命危在旦夕,产科医生速请林医生抢治。当时,林医生正在家里用餐,闻讯后即放下饭碗急步直奔病房,经分析诊断后果断采取措施、持续抢救达 12 小时,终于使病人脱离危险。选择这样一件具有代表性的事例,比起洋洋洒洒历数他的事迹,不仅能减少笔墨,且更显生动、感人,收到事半功倍的效果。

典型细节的选用也是表现人物个性的重要手段。有些典型事迹在人物的一生中虽不显眼,但它对于展示人物的内心世界和性格特征有着画龙点睛的作用,因此,自古及今,它在人物传中运用的较广。著名史学家司马迁在《陈涉世家》的篇末补述了陈涉称王时,故人见陈涉而"言陈王故情",陈王觉得丢了他的面子而斩了故人的细节。这个补述的细节似是可有可无,但联系到陈涉少时与"庸者"所谈的"苟富贵,无相忘"。我们可以看出陈涉不仅背信弃义,而且还背叛了他的阶级。陈涉自斩了故人之后,"诸陈王故人皆自引去,由是无亲王者"。这形象地说明陈涉最终失败的一个重要原因。所以,像这类细节描写值得借鉴,应该在人物传中灵活运用。

人物的思想性要善于从深层次挖掘

突出人物的思想性除了要做到上面二个方面外,作传者还需善于挖掘。有一位著名专家曾说过这样一句话:"写人物,要写得深、写得活、深入浅出。写事要见人,写人要见心,要有血有肉,使读者有身临其境、眼见其人之感,就是好作品"。人物的生平事迹只是传记的外壳,最具感人力量的是人,是人物的思想感情、人物的灵魂。而人物的思想感情和灵魂都通过人物的言行和事迹来体现的。要挖掘人物的思想,抓住人物的灵魂,首先要有广泛的多方面的人物材料,有更多的素材,也可能提炼、挖掘。但要挖掘人物的思想,光有素材还不行,作传者还得有正确的指导思想,要较高的知识水平,要有对人物的言行和事件进行分析、判断、概括、提炼的能力。有了这二个条件,作传者就能更好地挖掘、发现到具有现实意义的人物思想。

人的思想是复杂的、丰富的、独特的且不是一成不变的,所以作传者对人物思想的表现,不能只停留在人物的表面现象上,而是要透过表象、深入到人物言行和事件所反映的本质上去,要权衡轻重,抓住人物最好的思想情操作为重点突出。我们写著名翻译家傅雷传时,不是着重写他翻译了多少文字、出了多少书籍、顶了多少头衔、如何热爱翻译等等,而是着重表现了他是一位正直的爱国的知识分子。作为著名的翻译家,他对中国的文学事业所作出的贡献是巨大的,这本应成为我们作传的重点,但当我们在搜集、整理材料过程中,从他诸多书信里的字里行间发现了他崇高的爱国主义思想情怀。比起傅雷工作认真刻苦、热爱事业等思想品德,我们认为,崇高的爱国主义思想更是他一生中最耀眼的闪光点,应该是作传的重点。一位学者看了《傅雷传》后,说此写法是"攻其一点,遍及其余","傅雷传是写得最好的,有成就,有品质,有观点,字数不多,但写得真实生动,有个性"。从这一例子,可以看出,善于挖掘人物的思想是突出人物思想的关键之一,也是提高人物思想意义的最佳方法之一。

年鉴编纂

论年鉴资料的整体优化

杨　隽　　潘建龙

年鉴,以年为期,逐年更新它的资料,提供新的信息,年复一年的出版,成为系列性的史册,既标示出历史发展的里程性的实录,又具有纵与横的可比借鉴。资料,是年鉴汇编成册的基础,是年鉴发挥其信息作用的桥梁,是年鉴中不可缺少的"血份"。专家们早就睿智的指出:"年鉴要建立成一个信息库。"因为信息产业部门的工作包括信息的生产、交换、消费、利用以及信息咨询服务等,所以信息及载有信息的资料成为这种产业的财富。从这一点出发来认识年鉴资料的重要性就应把它摆在一个整体优化的立足点和出发点的高度上。而如何把握好年鉴资料的收集、整理,使其在整体上有所优化,将关系到受众对年鉴的信任与购买力。

年鉴既要将宏观资料综合入册,又要将分散在各地、各部门(行业)、各层次的微观资料汇集入册,不允许有重要遗漏。因此,资料的整体优化显得尤为重要。

力求资料丰富翔实

1. 注意资料的权威性:年鉴为国家和地方政府有关部门、出版社、科研单位所编。因此,要以事实为依据,通过对大量原始信息、文献进行筛选、整理分析、加工,最后以高密度的方式将各种信息、情报传递给读者。使之成为一种层次较高、规范性强的权威性工具书。

2. 注意资料的系统性：系统地提供基本数据资料，反映国情国力的基本情况，主要建设成就和其它方面的重要问题。这些基本资料是党和国家进行决策的重要依据。

3. 注意资料的积累性：注意平日的资料积累，做到大事不漏，要事不疏，细水长流，最终汇聚。

4. 注意资料的实用性：年鉴须逐年出版，及时反映上一年度的新情况、新成就。回溯性知识所占比重要小，要对概况、典型、数字的变化及时反映，对受众迫切需要了解的信息资料及便民利民信息要有所侧重，使之成为一册功能齐全的"小百科全书"。

力求资料取舍得当

具体体现在资料的相对稳定和灵活运用相结合。根据客观形势的变化和实际需要，对各类资料应进行必要的调整和补充，保证资料的可比性。年鉴资料一般包括文字、统计数据（表）、图片（照片）三个大类。文字有具体详细、方便灵活的特点，是年鉴信息采用最多的一种载体；统计数据具有直观、清晰、概括、查阅方便的特点，是年鉴必不可少的信息资料；图片具有直观、形象、生动、画龙点睛的优点，在增强年鉴的可看性方面发挥着越来越重要的作用。如果能将文字、统计数据、图片有机地结合于一书，不但使年鉴的版式装帧更加美观，而且将极大地丰富年鉴的信息量。必须注意的是，对逐年可比的统计数据资料、实用的指南便览性资料以及综述和回溯性资料要有一个平衡，不单单是对某一类重点介绍、说明，而是要有系统的统筹，如果相对重要需保留，可要可不要的要敢于舍去。如果在版面允许，或者需要补白的情况下，可增加些年鉴小知识、地方特色等。如《浦东年鉴》98卷、99卷的补白，不仅增加了年鉴的基本知识，而且浦东的部分特色也有所反映，给读者耳目一新之感。

力求资料真实可靠

年鉴首要的是要全面、真实地反映客观实际情况，给人以全面真实的印象，注意相关指标在范围、口径和价值等方面是否可比。其次在数据收集、整理、汇总、制表、编辑、校对的各个环节都要达到准确无误。再次，在年鉴上发表未公布过的数字，事先要与有关统计部门或有关业务部门核对，并办理批审手续，以免造成混乱。进一步保障资料的可靠性不仅要在资料的收集、整理上下功夫，而且资料的研究也必不可少。年鉴不但要拥有坚实的资料基础，而且应该有固定的研究人员。如果年鉴编辑人员删删减减地去做"减法"，不会做"加法"，更不会复杂的运算，即不能从研究方法和研究角度等方面去指导作者，年鉴的总体质量和资料的可信度也就难以提高。

力求资料点面结合

纵观国内年鉴著作，大都采用综述性条目、综合记事性条目和专题性条目。实质上从年鉴条目撰写的体例规范上已经要求年鉴所收集的资料既具有全局性、普遍性，又要有典型性、个性化等特征，从而从一般到个别，从全局到典型，构成全方位的立体的资料信息体系，使整个资料信息有血有肉、丰富多彩，满足读者的要求。例如《浦东年鉴1999》开发小区栏目资料的收集。首先在宏观上把握了这一年度的开发建设进程，用翔实的资料反映了年度特点、总体趋势，然后抓住"一批新兴产业形成""一批大项目引进""一批跨国公司落户""一批高楼建成""一批中外金融机构进驻""一批外资企业追加投资"等几个方面加以分述，使读者获得了浦东开发建设的一般认识，知道了它的规模、进度、成果。虽然这仅仅是面上的，然而一般普遍意义上的认识必须深入，必须深层次的解剖。因此《浦东年鉴1999》设置了外高桥保税区、陆家嘴金融贸易区、金桥出口加工区、张江高科技园区、华夏文化旅游区、孙桥现代农业开发区等9个分目，每个分目都设置综述，由综述提纲挈领地叙述本开发小区的年度特点、发展趋势、重大措施等。在综述条下还设置了若干综合记事条目和专题性条目。例如外高桥保税区分目中在综述条下收集了"51家跨国公司进驻保税区、加工企业投产89家、保税区分拨业务日益扩大、港口吞量继续增加、保税管理、信息产业基地粗具规模、机电产业群初步形成、展示交易功能增强、现代工业园区"等14个方面的资料，撰写成综合性或记事或专题性记事条目，从而完成了保税区这一分目由点到面、由局部到全局、由一般到个别的立体的资料信息体系。

资料性是年鉴的基本属性之一。一部年鉴如缺乏丰富翔实的资料，即使框架设计得再好,也将失去它存在的价值。由于资料在年鉴中所占的特殊地位,故而进入年鉴的总纂阶段以后,以资料的取舍上,总纂者要有一个全面的考虑与平衡,认真审视,进一步复核各单位提供的年鉴稿件中所述史事的可靠性。这要从六个方面加以注意:一看是否有悖历史事实;二看是否有悖客观实际;三看专业内容有无科学学性的差错;四看是否统计或计算上的前后矛盾;五看地方特色是否鲜明;六看篇幅是否适当。发现疑点和问题,绝不轻易放过。

年鉴资料的整体优化还表现在它的现实性。现实性是年鉴的又一个根本属性。年鉴是反映现实,为现实服力的。它的整体内容,都是一年内的新情况、新变化、新发展、新问题。年鉴要求每年对整体内容更换,用现实资料去更新它的全部内容。尽管它的框架和主要分目保持相对稳定,不轻易大变,但资料内容逐年无一相同。所有资料都具有年度现实感。年鉴正是由于保持自己现实性的品格,才富有生命力并为社会所接受。

资料的总体优化还要求总纂时努力避免材料取舍上的画地为牢。必须跳出局部、本地区,打破各部门的割剧、材料私有的状况,统筹处理材料取舍上的全面性。一部年鉴是由众多部门、众多撰稿者编纂而成的,特别是总纂合成前,由于部门提供稿件具有相对独立性,在资料和编写内容上互不通气,总纂时,各部门之间必定有不少资料可以互为补充,根据年鉴整个框架设计,分目设置需要重新排列组合。

所以,年鉴资料的整体优化,对提高年鉴质量,开放年鉴市场起到举足轻重的作用。只有进一步整体优化年鉴资料,树立"精品意识",年鉴才能永保生命力,才能更好地为经济建设服务。

(刊 2000 年《中国地方志》第 1 期,并获全国年鉴学术论著评比二等奖)

论年鉴类期刊的个性化

张建堂　杨　隽

中纪委、中宣部、农业部、新闻出版总署于2003年7月18日召开会议,部署治理党政部门报刊散滥、制止利用职权发行,减轻基层和农民负担的工作。其中心就是要对党政部门报刊"停办一批、分离一批、整合一批"(摘自《传媒》,2003年第8期,《停办一批、分离一批、整合一批》中央部署治理党政部门报刊散滥,制止利用职权发行一文)。年鉴虽属社科类期刊,但各鉴的主管、主办部门差别很大,综合性年鉴政府主办的占多数,专业性年鉴虽有其专业性的一面,但也不乏政府主管部门的干预。为此,年鉴类期刊也在这次整顿范围之内。

通过整顿,不少年鉴编纂单位已经清醒地认识到,要尽快把解决期刊的出路问题提到日程上,及时调研、准确定位、充实信息、扩大发行,以提升自己的品牌,形成个性化发展的新思路,更好地适应变化多端、日趋激烈的年鉴市场,并在期刊中占有一席之地。但大家也同时感到,做到这点并不容易。关键在于不同地域年鉴个性化发展的思路和如何利用个性化去经营的问题。

定位是年鉴期刊个性的着陆点

年鉴个性化的体现是每家年鉴媒体共同追求的目

标,体现个性化,关键在于定位,而定位必须了解当前年鉴市场如何细分、购买行为、读者群体的变化,因势利导,确立定位。

1. 解读当前年鉴市场的细分化

市场细分是年鉴产业发展的必然方向。服务经济时代所提倡的个性化服务,必然要求年鉴编纂者进行市场细分。年鉴品种的多样化、专业化无一不是这种市场要求的反映。年鉴出版的市场细分大体朝三个方向发展:精装与平装,开本多样;既出收藏版,又出普及版;既有纸质媒介,又有光盘、网络版,以适应不同读者需要。细分化的结果,将导致大量年鉴品种出现,就目前来说,不少年鉴单位光品种就有三四种,有的甚至达到了七八种。国内年鉴品种在综合年鉴和专业年鉴的基础上,又作了进一步延伸,多品种并存的格局正在形成。

2. 认真分析购买行为的理性化

随着社会大众对信息质量要求的提高,读者这种纯个人化的行为有可能朝着两个反方向发展。一是年鉴产品越来越丰富、充裕,年鉴不再被看作唯一的一种信息量巨大的年刊或了解重大事件必不可少的媒介,它将成为随时随地都可能查阅到的行为;其查阅形式将会走出图书馆、书店而走进寻常百姓家,如通过网络。二是现代社会发展变化的高强度、快节奏,不仅使人们感到时间宝贵,而且使读者在对年鉴产品的选择上更加慎重和挑剔。如何在最有限的时间内以最经济的代价尽可能获取对自己最有用的信息,或求得最大限度的生活指南,将成为未来几年读者首先要考虑的问题。理性购买行为对于年鉴读者来说,是极其普遍的,主要因为年鉴的订价较高,而订价较低的大众实用年鉴类往往又缺少信息的全面性,这造成读者购买行为理性化。

3. 调研评估读者群体的年轻化

未来几年,年鉴市场的主体读者将由过去的专家、学者、专业研究人员、政府及企事业单位市场调研人员逐步转变为商人、打工族、主妇、学生等,这是读者群体的一个飞跃,取决于年鉴创新步伐的快慢和新品种的不断涌现。国内年鉴编纂者应多了解些国外畅销年鉴的定位、内容、装帧和设计,为什么一种年鉴能达到3万册、5万册,甚至10万册?关键是对读者的定位,定位给上班族、学生还是其他什么人。日本的不少年鉴就面对小学生、中学生,其发行量难以让国内年鉴界同行相信。而那些思想、行为、语言完全不同于以往读者的年青一代,他们的兴趣爱好、阅读口味、价值取向以及下岗、分流、再就业、社会流动等带来的读者群体结构的分化和重组,必将成为年鉴出版界争相研究的对象。

品牌策划是个性年鉴刊物塑形的重要手段

占据行业优势的前提是"品牌",培育"品牌"靠的是"调研与策划",而保住"品牌"靠的是"行业优势与创新"。因此,只有认识到品牌年鉴的重要性,才能树立竞争意识、创新意识,才能在社会中生存,进而才有发展的余地。

1. 品牌年鉴策划直接关系到年鉴社的生存与发展

品牌年鉴属于知识产业范畴,对于年鉴社来说,品牌年鉴的发展尽管需要种种条件,但它要取得成功,获得市场份额和主动权,则主要依赖三要素,即资源、人才与品牌。占有、重组资源与广纳人才的重要意义不言而喻,而打造品牌的作用则在市场经济环境中更为显现。所谓市场的竞争即是品牌的竞争。年鉴社的品牌靠什么支撑,靠的是品牌产品,也就是品牌年鉴。当前,一些年鉴社之所以出现生存危机、发展困难的局面,究其原因,除年鉴官书所拉广告日益减少,发行量没有大的突破之影响外,还由于这些社至今还没有创立自己的新兴品牌并为广大读者所认可,这里所说的品牌,是指还没有直接或间接创立出一个适应大众参阅的年鉴,而官方年鉴无法适应市场竞争的需要,造成发行量减少、广告收入大不如前等一系列影响。

2. 品牌年鉴推动编辑出版单位的形象塑造

品牌年鉴一般都有特色清晰、长销不衰的特点。如《上海年鉴》的信息含量、装帧设计很有特色,加之策划得力,宣传得法,使得其销量每年均在6 000册以上;《大连百姓年鉴》定位百姓生活,从衣食住行、出行交通、旅游文化、政策法规、养生保健等贴近百姓生活的栏目入手,以低定价、小开本的又一特点确保其发行量超过8 000册。可见,品牌年鉴的特色往往从主题、内容、装帧设计甚至印刷等诸方面表现出来。这些特色实际上也是年鉴社特色、品牌的组成部分。通过这些特色,年鉴社在读者当中逐渐树立起自己的良好形象,增强了品牌年鉴在读者心目中的地位和可识别性,让读者成为年鉴社忠诚的"回头客",从而使读者睹社思书。可见,品牌年鉴与读者形象之间形成的是一种良性互动关系,最终受益者当然是年鉴社。从这个意义上讲,品牌的力量是无穷的。

3. 品牌年鉴帮助年鉴编辑出版单位创造经济效益

在年鉴社开拓市场的进程中,品牌年鉴是其推广营销的首要产品,品牌年鉴将直接带动整个年鉴社其它图书产品的销售,并在销售份额中占有较高的比例。品牌年鉴在年鉴社发展中所发挥的拉动作用是不容忽视的。同时,品牌年鉴都是年鉴社长盛不衰的重版、连续性出版图书。低成本、低费用、长销性是品牌年鉴的一个明显特色。现实当中很多年鉴社的大部分收益都来自其品牌或创新品牌年鉴。

4. 品牌年鉴的策划有利于年鉴社整合内部的各种资源,形成战略发展的向心力和凝聚力

品牌年鉴的确立使全社员工达成共识,使年鉴社的经营目标明确,使经营管理者找到了选题工作的重点与突破口。年鉴社整合编、印、发各个环节的资源,从人、财、物各个方面集中力量抓品牌年鉴的开发与培育。这对于年鉴社坚持正确的选题方面,以点带面推动全局工作,实现跨越式的发展是十分重要的。

封面是年鉴期刊个性的窗口

年鉴封面的设计是利用有限的尺寸来获取最佳的社会效果,起到窗口作用。如何通过个性化的封面设计来提升品味和扩大发行显得尤为重要。

1. 特色鲜明,是年鉴封面设计的前提

围绕年鉴区域特征,抓重大事件、典型成就,选取代表性的事物加以点缀,形象地层现区域内年度特有的时代风貌。《浦东年鉴》2003、2004卷就是一个很好的例子。两部年鉴都抓住了年鉴改版后的契机,设计简洁、大气,突出浦东成就、典型建筑、重大事件,使人眼前豁然一亮。《上海年鉴》和《上海经济年鉴》设计的则更有前瞻性,早在多年前就已明确了封面设计框架草案,大局控制、逐年微调,形成了一定的特色,使之连贯性一目了然。如此,抓住特点,突出亮点,无疑提高读者的购买欲。

2. 合理布局,是年鉴封面计的基本要求

年鉴封面设计必须整体构思,在有限的年鉴封面上将刊名、卷期、图案照片求得整齐、匀称、和谐,给人以美感。不同的色调搭配要与年度特征、照片明暗、字体形状互为合理搭配,必要的扭曲和夸张甚至也会带来意想不到的效果。

3. 借鉴比较,是年鉴封面设计的有效途径

互为比较,相互借鉴又不失为设计的参考书、灵感的纵火者,好的编辑善于借鉴、懂得"抄袭"。这是灵感枯竭后的思维补充良剂,是一种始作俑者的提醒,

他将给编辑以感性、悟性,使之灵感乍现,何乐不为。

4. 竞争创新,是年鉴封面设计的追求目标

年鉴封面设计的活力来自竞争创新,年鉴封面的设计发展离不开竞争创新。创新就是要依据丰富的资料,从感性认识到理性认识过程中实现能动飞跃。其具体到年鉴封面设计的立意创新,时代感和地方特色的紧密结合,赋予创造,带出清新,适应需要。

5. 封面要努力反映地域特色和民族特色

民族文化是不可小觑,这是一个可利用的极大的资源,亦是最好利用的文化资源,其底蕴深厚,反映全面,为年鉴封面设计带来灵感与火花。年鉴在国内分布广泛,省、市、县(州)均有年鉴的身影。60多个少数民族分布其中,不同的文化相互交织,演绎出多彩的跨时空文化。编辑在设计封面时,亦可将其考虑其中,要知,民族文化永不过时、永远是热点。

年鉴期刊广告也需要个性化

我国传媒广告业是一个市场发展潜力巨大并一直保持较高增长速度的行业。2002年,我国传媒广告收入总额达到903亿元人民币,较2001年增长13.6%,占GDP的比重为0.9%(摘自《传媒》2003年第6期,中国传媒广告业2002年回顾及2003年展望》,谭晓雨著)。电视、报纸、期刊、广播四大类别媒体单位与众多广告经营公司构成我国广告市场的主要运营主体,二者的市场份额也经历了一个媒体占较大优势到现在基本平分秋色的过程,广告经营公司收入份额的崛起反映了我国传媒广告行业的产业链在日渐完善,行业专业化程度也在增强。

期刊广告在四大媒体中所占比重逐年增强,至2003年6月底,中国有各类年鉴类期刊超过1 300种,每年出版近400万册,广告营业额达到4亿元。这是一个不小的成绩,但相比其国内庞大的期刊出版市场而言,其发行量和广告营业额所占的综合比重还不足1%。至于个性化相对于绝大多数年鉴而言,也就更无从谈起了。

1. 对年鉴进行评估

年鉴广告市场十分巨大,而且年年看好,不少省市的广告媒体纷纷代理起年鉴的广告业务,这种代理目前还仅仅局限于广告征集上,还没有对这一市场进行

全面客观的分析与预测，至于编辑、设计并不是以年鉴编纂单位的意志为转移。于是，年鉴编辑就需要进行评估：年鉴的订阅力如何？地理的覆盖面有多大？目标对象是谁？期刊的广告潜力如何？能给广告客户带来什么样的效益？在这种明确定位的前提下，合理选择广告企业，有针对性的将其分布于全书之中，即要分类目，甚至要考虑分栏目。提出整体要求，分类清晰，层次鲜明，体现个性化，为广告客户服务。

2. 广告投入与监测分析

先期投入不外乎硬件与软件，相对于众多的广告设计平台而言，也要充分考虑到与印刷企业的兼容性。设立专人设计，使个性化能有章有序、搭配涵盖，并以一人为主体，数人配合，使个性化不致于多性化。

至于监测分析，要做的工作就很多。首先，建立一个文档图片库，汇总各年度彩页，同行业、同企业不同年份广告进行分类，建立比较、分析前提。其次，对最终彩页制版进行监测，这种监测是双方性的，设计人员互通有无、相互依存、取长补短，最终形成满意作品。再次，汇总讲评，为下一年度做好准备，为广告征集者提供信息，征集者根据信息有的放矢，准确组织和更新材料。

总之，个性化的广告离不开个性化的征集者、设计者、决策者，合理的力量搭配与准确的资料汇总、分析和监测是其个性化的必要条件。年鉴编纂单位充分把握、正确引导，必将使广告设计走出一片新天地。

综上论述，年鉴期刊的个性化将会使年鉴编纂单位更适应市场、更有依存度和读者群。国内众多的年鉴，只要把握好各自地域特色，合理运用各方资源，充分挖掘多方潜力，形成独具个性的年鉴，定会使年鉴成为期刊出版中的一朵奇葩、一棵长青树。

（刊 2006 年《上海志鉴》第 2 期）

关于年鉴经济部类编纂的新思考

梁大庆

在地方综合年鉴中,经济部类的编纂是至关重要的,其内容占到整部年鉴的1/3以上。因而各年鉴编纂单位极其重视这部分资料的收集、加工、整理。

年鉴经济部类是一个地区上年度重大经济事件、活动的实事记录,是地区经济发展走势的记述,是地区社会经济实力或状况较集中的反映,因而被人们作为对未来经济活动,乃至未来经济发展规划或调整规划的基础信息和重要的情报资料,成为读者关注的焦点之一。由于我国经济体制的转变,年鉴编纂单位在经济部类的资料收集、框架变更、条目编辑中的困难日益明显。编辑人员掌握的信息十分有限,并有逐步缩量的趋势,而读者却又很难从年鉴经济部类中获得满意的经济信息,编者与读者、提供与需求之间的矛盾不断加深。如何重新审视读者与编者的关系,如何摆正年鉴在社会生活中的位置,成为编好年鉴经济部类,乃至整部年鉴的关键性问题。

我国由计划经济体制向市场经济体制的转轨已有多年,市场经济的一些基本观念已为大多数人所接受。年鉴经济部类的编纂应该围绕着市场经济运行的规律,尽可能全面反映地区经济在宏观与微观方面的特征,揭示地区上年度经济发展的内在联系。

年鉴经济部类编纂要改变原来的僵化的模式,首先必须改变原来计划经济体制中所形成的观念和思维模式,采用符合市场经济规律的思维方式;其次应该在信息的取舍、运用、加工方面形成一套相对独立的运行体系,突破原来的框框,以市场为导向,全方位地从社会上获取信息,做到信息来源社会化。在整个信息流程中,形成以上述两个中心为基准的整理、分析、加工方法。就具体操作而言,可以分为框架的设置;类目与栏目、条目的归属;信息采集;条目及其内容的编写等方面。

依据市场经济的运行体系设置框架

编好年鉴经济部类,框架设置是首要的问题。一个好的框架可以清晰地显现地区年度经济发展的脉络,同时也为读者的阅读和检索带来便利。年鉴经济部类框架在结构与设置上要充分体现市场经济运作中的逻辑性,遵循其内在的必然联系,还应该体现本地区的年度特色。框架设置应该做到"稳中求变",即相对稳定,而因地区年度的不同有所变化。就整个社会经济而言,存在着宏观经济与微观经济两大体系,微观的利益驱使与宏观的尽可能维持可持续发展之间的作用与反作用运动,客观上促使社会经济的发展。市场经济的运行过程还存在着生产、分配、交换(流通)、消费四个重要的环节。年鉴经济部类的框架应依社会经济及其运行体系来设置,按经济运行四个环节划分,再根据产业分类设定类目秩序,整个框架既要有宏观的部分,又要有微观的反映。在宏观部分,根据不同的调控、监管手段进行设置,在微观部分可以根据三大产业,即第一、第二、第三产业进行划分,至于在框架构成上是采用三、二、一、一、二、三还是二、三、一的排列模式,完全取决于地区经济的特点和重点。例如,上海的发展目标是将建成国内经济中心的国际化大都市,其第三产业和新兴制造业的发展成为地区经济的重点。对于上海的地方年鉴而言,第三产业和新兴制造业应该置于显著的位置。同样,作为经济开发前沿的上海浦东,还处在投资开发期,支柱产业和高新技术产业正在形成规模效应。与第二产业相比,浦东第三产业虽然经过几年的开发,但其布局与结构尚未形成一定的规模。因而《浦东年鉴》可以将第二产业放在显著的位置,同时关注年度招商引资的变化状况。由此可见,只有依据地区年度的经济发展特点,遵循市场经济规律,才能建立起好的框架。随着时间的推移,通过不断地调整完善,框架才能成为经济部类真正的灵魂。

依据市场经济的分类确定类目与栏目的归属

在年鉴经济部类框架的构成中,类目与栏目的归属问题应该引起重视。目前许多地方年鉴经济部类的类目与栏目的设置中显露出较深的计划经济的印痕。例如,在一些年鉴的"金融业"类目下仅设置了银行、信用社等栏目,而在经济学中,金融业包括银行、信用社等信用机构和证券交易、信托投资、外汇交易、保险等资金融通行业。有些年鉴直至2000年卷中,还将金融业与税务这两个分属宏观与微观两个体系的类目并于一处。再如,一些年鉴的工业类目下至今还存在着类似"部属企业""区县属企业"等栏目。这种计划经济体制下按行政隶属,归口管理的划分模式已不适应现实的状况,因为从市场经济角度来看,企业首先应以生产、提供的商品或服务作为分类的依据,其次根据不同的行业,区别大、中、小型的分类标准,已很少归口进行划分。又如,一些年鉴将"综合经济管理"与"财政税收"分列于宏观、微观两个系统;有的年鉴既设置了"工业"类目,又设置了"个体私营经济"类目。前者按产业立目,后者则按所有制立目。更有甚者,什么行业热门、什么行业就往前塞,形成一部年鉴中"工业"类目与"汽车制造业"类目平行。年鉴经济部类中的这种归属关系缺乏市场经济的学科依据,造成思维逻辑上的不合理性。因而要让年鉴更好地为现实服务,理清思路十分要紧。

信息采集的主动性

目前年鉴经济部类的组稿是被动式的和单一性的,造成有什么料做什么菜的结局。这种被动的和单一性的从政府部门收集资料的方式已不能适应时代对于年鉴的要求。随着体制的转变,政府的职能正在发生变化,社会结构重新组合;政企分开,使政府与企业之间的隶属关系淡化,乃至脱钩。政府与年鉴编纂部门之间在某些领域形成一个信息的真空地带。与此同时,社会生成的大量信息处于另一个运作圈,致使大量信息的浪费。如何充分发掘和利用这部分流失的信息,有些年鉴界同仁提出应该组成年鉴自己的记者队伍,或聘请一些媒体的记者作为特约记者等方法,有的年鉴在这方面已经开始了尝试。对于年鉴的采编人员来说,应该变被动收集为主动采集,要不断开拓,广开信息来源渠道,并从以下几个方面去做一些探索:(1)对政府部门不仅要保证原有信息渠道的畅通,还要挖掘新的经济信息来源。(2)通过电视、电台、报刊以及互联网收集有关信息,其中网络信息资源的共享性为年鉴经济类信息资料的采集提供了广阔的天地。(3)建立与保持同各行业协会、企业家协会等民间组织的关系,获取市场行情,了解、掌握行业最新动态。(4)建立与著名中介、咨询机构的联系,他们的一些调查分析报告,具有较广泛的社会基础。(5)关注读者在阅读以前年度年鉴后反馈的信息,虽然这部分信息不会直接影响年鉴的编纂,但它们很可能成为年鉴确定或调整结构的指南。目前,国内的其它大众传播媒体已采用这种方式扩大信息资料的来源,有些年鉴也开始有意识地收集这方面的信息。例如,浦东年鉴社就曾开展过多次读者的调查活动。

对于采集来的信息资料,可以通过计算机等现代化技术手段进行分类、整理、组合。在整理归类过程中,对已获取的信息进行深度开发、补充,使之形成一个体系完备的信息资源库。

条目信息的有效性与可读性

关于经济类条目的立条编写,笔者有以下几点思考:(1)地区年度内重大经济活动事件、变化状况,无论其属主流性信息还是非主流性信息,都应该单独立条,实事求是地记述。(2)关于实用性和指南性资料只要其具备年度特点、地方特色、具有普遍意义的条件,都可以立条。这类条目的编入可以真正拉近年鉴与读者的距离,更好地吸引读者。(3)一般经济类条目,应具备年度或行业特点,避免日常经营活动的记录,要有新闻性,有地区特色,如《哈尔滨年鉴》曾在一些重要产业类目下设置关于年度变化的专题分析条目;《浦东年鉴》也在"商业"类目下设立了如【商品市场隐性问题浮现】、【新的商业圈构成】的分析类条目。(4)除综述类(或概述类)条目以外,一般的记事条目应该是一个完整的信息体。年鉴的经济类条目中经常可以看到如【××集团公司】、【××银行】的条目。这样信息残缺的条目不仅不符合年鉴条目的规范,而且是一种无视读者的行为。有些年鉴界的同仁提出条目应该规定在12字或14字以内。这种看法从简约的角度是可取的,但年鉴条目是否可取,字数不是最主要的标准,而信息的完整性才是判断是否可取的主要标准。当然,我们在保证条目信息完整性的前提下应尽可能地简约,但是诸如在每个经济栏目下都是【结构】、【布局】、【产品】⋯⋯这样的条目是方志的概念,而非年鉴条目的规范。(5)在条目的编写中,应删除空话、套话,着重记录经济活动事实及其产生的结果,其间用词力求准确、精练。(6)经济类条目,尽可能避免数字文字化。地方综合年鉴应该有别于统计年鉴,条目、正文不是数据的罗列。重要的数据是经济类条目中不可缺少的要素,但数据的运用除了准确以外,还应该有说服力,体现市场经济的特点。现在许多年鉴经济类条目中的数据还停留在计划经济的定式中,如工业条目较多出现的是总产值、产量、增长率,而市场经济运作中存在的如资金周转率、成本利润率、投资收益、每股收益等数据却难得一见。因此,在条目及正文的编写中,更好地反映经济发展的轨迹与特征,才能为读者所接受。

编好年鉴经济部类,编者素质的提高、观念的更新是个很重要的因素。一个称职的年鉴编辑,不仅要有裁剪资料的能力,还必须具备一定的专业知识。经济部类编辑人员首先要加强经济学理论的学习与研究,这样才能在大堆的资料中寻找到符合年鉴条目要求的信息。其次,要了解现代读者的需求,才可以做到有的放矢地提供信息。再者,要善于深入实践,在市场中了解市场经济,掌握经济活动中最新的第一手资料。编辑人员还要有职业道德、有责任感,才能做到实事求是,使年鉴经济信息能准确地反映现实。

(刊 2001 年《年鉴信息与研究》)

年鉴意义初探

卢 岚

编纂年鉴是党中央、国务院及省委、省政府的重要决定。年鉴以一年为横断面,描绘某一地域范围内各行各业的新发展,新风貌,展示两个文明建设的新成就,是地方年度发展史。从年鉴的价值方面探讨年鉴的意义,可以让更多的人了解和重视年鉴。

年鉴可发挥决策参考和战略指南的作用,具有导向性

1. 领导者了解国情、社情需要年鉴。

一个国家、一个地区、一个部门领导工作的成败关系到全局的利益和事业的兴衰,而领导工作的关键是科学决策。决策是否科学取决于是否符合客观实际,也就是说取决于对国情、社情是否准确了解。年鉴里既有历史,又有现状;既有土地面积、物产资源等自然情况,又有经济发展、科学教育文化等社会情况;既有近年改革开放取得的成绩,典型人物,典型经验,也有当前存在的薄弱环节及新出现的问题。从这个意义上说,年鉴能为各级领导进行科学决策提供客观依据。是除方志以外的其他工具书难以取代的。

2. 年鉴帮助各级领导学习有关法律条文,掌握政策,制定方针。

　　作为领导者的一个基本职能,就是制定掌握、宣传,贯彻有关的方针政策。各种类型的年鉴中几乎都有"法规文献"这一栏目,既有国家级的行政法规,也有国务院各部委局的规章,还有地方各级政府的法规条例。从内容上看,涉及经济基础、上层建筑各个领域的方方面面;从时间上看,有长期的也有临时的,大都经过筛选和摘编。对各级领导和领导机关来说,有的需要大力宣传,坚决贯彻执行,也有的外地和邻近行业部门的文献法规可供参考借鉴,能达到启发思路、开阔眼界、取长补短、交流学习的作用。对制定修改完善自身政策、提高领导水平和领导艺术是大有好处的。

　　3. 年鉴编辑部是领导决策的参谋部和信息中枢。

　　现今的领导大都已对信息的重要性有所认识,很希望有一个自己能直接控制和统辖的信息机构,这个机构最好能形成网络,是由纵向横向、内向外向全方位组成的立体交叉机构,能够既广又快地提供各类所需信息。其实年鉴编辑部及其撰稿人队伍就是这样一个现成的机构,各类年鉴都是上百人合作的成果,都有一个纵横交错、上下联系、内外结合、反应灵敏的信息网。基本上做到了定人——年鉴撰稿人;定制——编辑部的组稿、审稿、编稿,出书等一整套科学管理制度;定点——年鉴编辑部与各部、委、办建立了双向联系。

年鉴具有媒介价值,可发挥横向联系和经济窗口的作用

　　1. 国内外经济交往、技术合作需要年鉴。

　　在过去长期封闭僵化的旧体制下,各地区横向联系很少。对各类统计数据、人名录、物产资源等资料强调保密,不敢编、不敢印。信息交流的渠道严重阻滞,虽有丰实的资源也得不到开发。自改革开放以来,这一局面有了根本改观,国内外加强经济技术协作,提倡横向联合,彼此都要了解对方的情况,而年鉴正适应了这一形势发展需要,发挥了重要作用。

　　十几年来,不论是我国派团出国访问,还是接待各国各行业来访的代表团,年鉴已成为一个十分重要的交流礼品。据了解,中国人民银行总行每年用于交流的《中国金融年鉴》就需要200册之多。此外像《中国农业年鉴》《中国出版年鉴》等国家级年鉴以及《广东年鉴》《哈尔滨年鉴》等地方年鉴都担负起促进对外开放的媒介作用,不少工商界、外交界、文化界人士都把中国各类年鉴作为了解

我国有关地区或部门的状况,加强经济技术文化合作交流的依据来使用。一个地区、一个部门、一个企业的知名度越高,越向社会开放,人家越愿意与你合作。谁也不会向一个不了解底细的地区和单位投资或盲目合作的,有些部门、地区或企业,利用年鉴扩大自己的影响,树立自身的形象,显然是明智之举。

2. 进口设备、引进技术、发展外贸和对外交流需要年鉴。

俗话说:"知己知彼,百战不殆。"我们在进行外贸谈判时,应对对方的情况有尽可能详细的了解,要了解世界最新科技动态和发展水平,还要了解行情,否则就会使国家遭受不应有的损失。而了解对方的一个途径就是查找最新的有关年鉴。比如,日本就有《成套设备出口年鉴》《日本宝石、贵金属市场年鉴》《家用电器电子商品年鉴》《粮食统计年鉴》《包装产品年鉴》等。如果对这些年鉴中的有关政策、法律条文、数据参数,技术规格标准以及定价等进行研究后,再进行外贸谈判,就会做到心中有数,取得主动有利的地位。

3. 海外华侨和港澳同胞需要年鉴。

旅居海外的华侨十分关心祖国的命运和家乡的状况,以往苦于没有传媒和载体,单靠书信仅是只言片语,难以了解全貌。报纸杂志的信息量也有限。如果能得到一部年鉴,局面就大为改观。例如,《广州年鉴》在办刊宗旨上就突出了为华侨和港澳同胞服务,提供家乡经济信息。通过《广州年鉴》,他们加深了对家乡的了解,每年到广州投资,引进外资和先进技术。广州市"三资"企业数及其投资额在全国各省、市中居于前列,获得可观的经济效益。

年鉴具有学术价值,可发挥科研参考和教育培训的作用

1. 广大科研人员在确定研究课题、收集资料、发表成果等环节上需要年鉴。

全面客观地介绍科研进展,特别是及时反映各学科的新理论、新方法、新材料、新观点,这是年鉴的一大特点。因此,它倍受理论工作者和科研人员的欢迎。我国数以百计的专业年鉴如《中国经济科学年鉴》《中国历史学年鉴》《中国新闻年鉴》等既有综述等三次文献,也有新书书目、专题论文索引等二次文献,还有有关专业研究机构、大专院校的研究动态、学术争论情况,列出不同观点的主要代表人物及论著的篇名出处,甚至还反映港台地区的学术动态和科研成果,这对于科研人员都是十分宝贵的,既可避免重复交叉,又扩大了参考范围,提供了资料线索,节省了大量时间和精力,有的科研人员还通过年鉴找到发表成果的出版社和刊物,深深感到年鉴是必备的工具书。

2. 不同层次的学生及教师需要年鉴。

作为知识高度集成的结晶体,年鉴集万卷于一册,缩一年为一本,称得上是"浓缩的图书馆"和"案头顾问"。在书籍报刊浩如烟海的今天,任何一个学者专家寻找和选择有关专业资料都是一件不容易的事情,而各类年鉴收录广泛,便于查阅,为学者、教师提供了极大的方便。沈阳市教育局每年订购500册《沈阳年鉴》发给中小学教师,让他们作为教学参考资料,把最新的成果最准确的数字充实到教学之中,很受教师欢迎。

大学生报考研究生,不少年鉴载有该学科各专业研究生入学试题,这对他们复习考试大有帮助。《中国哲学年鉴》《中国历史学年鉴》《中国金融年鉴》等因此受到在校大学生的欢迎。学历层次越高越懂得年鉴在撰写论文中的重要性。硕士和博士研究生更是经常引用年鉴的有关资料和数据进行论证。

年鉴具有实用价值,可发挥生活顾问和社会服务的作用

1. 广大读者的工作、学习、生活需要年鉴。

年鉴从它诞生那天起,就与人民的生产、生活息息相关,因此才得以流传和发展。例《香港年鉴》制定了让年鉴成为"工商必览、家庭必备、学生必读、社会必有"的办刊宗旨,在篇名栏目上也有体现。不仅有香港热带气旋警告信号、90年代香港经济展望、90年代美国在港投资及贸易展望、减税加税项目一览表,还有交通指南(包括海陆空各种交通工具时间表、价目表),街区地区,日用参考(市民生活备忘录、交通标志彩图、各种服务电话号码),居住须知(政府再居住计划,个人如何购置),邮电(邮局、邮资、邮件规格、注意事项),商旅指导,人名辞典,医疗一览,学校实录等。

目前,我国正在向社会主义市场经济转化,在观念形态、管理体制等方面都发生了巨大变化,新事物、新经验层出不穷。人们要适应这一飞速发展的形势,了解有关政策,学习先进经验,关心新的动向、掌握自己的命运,通过各种年鉴寻找有关信息和知识,是一个理想的途径。

2. 图书馆与信息咨询服务行业需要年鉴。

图书馆一项重要的业务工作就是解答读者提出的各类问题,开展咨询服务。80年代以来,以往查找困难的有关当代人物,近年来的法规文献、时政大事、各类统计数据,因为有了一大批年鉴,查找已不成问题。不少信息咨询单位也认识到年鉴的重要,如中国统计信息咨询服务中心的资料室馆藏文献的70%以上是各类统计年鉴。

年鉴具有历史价值,可发挥传播文化和积累史料的作用

1. 了解社会,研究历史需要年鉴。

年鉴是现实性极强的工具书,也是一种编年体的史册,正是由它的连续性和累积性决定的眼下的"今"就是明日的"昨",更是若干年后的"古"和"史"。年代久远,年鉴逐年记载下来的当年最新资料自然会变成珍贵的历史资料。

2. 进行爱国主义、集体主义、社会主义和乡土教育需要年鉴。

许多年鉴都设有"历史概述""经济发展史概述"等栏目,尤其是地方年鉴注重突出地方特色,洋溢着各自浓郁的乡土芬芳,这些都是进行热爱祖国、热爱家乡、宣传社会主义优越性和进行革命传统教育的好教材、好资料。比如介绍先辈的艰苦创业、先进人物的杰出事迹,以及壮丽的山川、富饶的物产,可以起到鼓舞斗志、培养良好的社会风气作用。

3. 后人要了解今日改革,今人要开创美好未来,均可利用年鉴。

年鉴通过逐年记载,代代相沿,为后人了解和研究今天各项事业的发展进程留下了宝贵的资料,人们称年鉴是"记录过去,借鉴现在,启迪未来"。就是说它不仅有存史借鉴作用,还揭示事物发展趋势,以利人们更好地开创未来。

(刊1997年《南通教育学院学报》第3期)

试论年鉴稿源开拓与组稿形式变革

张建明　杨　隽

想编好年鉴,首先要拥有丰富的第一手资料。要善于捕捉与发现本地、本部门、本单位一年来方方面面的新变化、新成果、新特点,及时做好有关资料的收集、整理工作(包括各种文字资料、图片、音像、报刊、网上信息等)。近几年,一些年鉴编纂单位在稿源开拓与组稿形式上摸索出一些新路子、新方法。一些成功做法在年鉴新一轮创新中引起同行重视,值得交流,让更多的人去实践,加以充实、完善。人们生活中许多必需品来自地下。地下之宝之所以被广泛利用,首先是勘明矿源,其次科学开采,然后加工提炼变成产品。年鉴稿源就好比矿产,需要年鉴工作者去探、采、炼。

稿源及组稿出现的新情况、新问题、新矛盾

1. 政区与地区的不统一

地方综合年鉴一般是该区域范围内总体情况的全面记载。内容的全面性和收录范围的地域性是综合年鉴最基本的特点。由于各地实行对外开放、对内改革,涌现了许多不属于行政管辖的事业、企业及机构。即使本来属于管辖范围的有的也不管、少管或者多头管理了。跨国、跨地区、跨行业的企业能不能在年鉴中得到准确记载成了难题。比如上海宝钢集团公司,其总部已迁浦东,在浦东的原上钢三厂是宝钢总公司下属的一个分公司。《浦东年鉴》不仅要记述这个分公司,还要记述整个集团公司的情况。

2. 政府职能转变与组稿方式的矛盾

从简政、勤政、廉政出发,通过放权、服务,提高政府的管理水平。这其中的政府职能转变,与年鉴常规组稿方式发生了矛盾。

长期以来,作为政府官书的年鉴,其组稿方式一直延袭"政府下达任务——部门提供稿件——编辑汇总修改——领导审核定稿"的模式,这已成为绝大多数地方年鉴的编辑模式。随着改革开放的逐步深化,地方政府的管理职能发生了很大的变化,主要表现为:

(1) 地方政府机构改革以后,部门减少,人员分流,微观管理职能明显弱化,宏观管理职能得到强化,无限政府正向有限政府转化。尤其是原有经济职能部门的管辖范围和管理方式有了很大变化,如主管工业的冶金、机械、纺织、建材等科局和主管商业物资流通的科局先后退出政府部门行列。社会经济呈现出行业结构多元化、分配方式多元化、社会阶层多元化和经济成分多元化的新格局。在这种情况下,政府部门已难掌握经济实体和重要经济活动的详细情况。

(2) 即使在政府某个主管部门所管辖的范围内,经济实体跨行业、跨部门经营现象普遍存在,统计内容和统计方法也同过去大不一样,如各行业的三产,国营、集体、个体商贸行业,在这种情况下单靠政府某个职能部门采编商贸业稿件资料的方法,显然已经过时。为此,年鉴工作者必须跳出原有编辑模式,深入社会,运用多种方法来征集全面广泛、真实实用的信息资料,使年鉴更好的为读者服务。

我国是一个转轨经济的国家,占主体地位的国有企业正在经历一场深刻的体制改革,年鉴系统可能也不例外。年鉴搞信息化或者用信息技术改造年鉴的整体运作管理,一定要让信息化与变革相适应。没有优良的体制,年鉴就无法竞争,有了优良的体制,但没有信息化改造,也解决不了与各编纂单位竞争的问题。但在实际的操作当中,最首当其冲的就是组稿问题,在当前各编纂单位大搞信息化建设的同时,各地年鉴的供稿单位也因在或建或不建立信息化体系以及组稿对象中政府与事业单位、事业单位与企业、企业与企业、政府与个人之间和年鉴组稿存在着一系列矛盾。这种矛盾在组稿中格外突出,给组稿工作带来了难度,分管编辑在与不同对象打交道的同时,也面临稿件途径、形式、质量的影响,面临地域、空间、时间的影响,难免顾此知彼,影响年鉴编纂进度。

3. 政治与经济的矛盾

年鉴稿源中,信息涵盖广,其中政治、经济是稿源反映的重点之一,如何合理把握政治与经济稿件的关系十分重要。不少年鉴一翻开就是政治部类,经济各部类其次,尽管作为官办年鉴对此不算为过,但也要看地域的实际情况和特点而定。为此,有不少沿海年鉴将经济开发区、招商引资等部类置前,而将政治部类置中或置后,笔者看来这更贴近实际,只要是反映地域特色、地方特点,百花齐放是可以的。

4. 行政与市场的矛盾

官方年鉴越来越面临市场化的冲击,重点体现在框架内容上跟不上时代的发展,组稿是改变这种不利因素的首要前提。操作中,可能面临这样那样的限制,不是组不到稿,是稿件如何在官方年鉴中令读者感兴趣,有看的欲望。做到这点不容易,关键是官方年鉴放置这样的信息合适否?不少年鉴为求生存,在办好综合年鉴的同时,出版生活、百姓年鉴,这种尝试是在市场催生出来的,多少带些无奈和徬徨。但这种矛盾将在相当一段时间内存在着。

目前,年鉴界许多有识之士已认识到我国年鉴出版产业规模小、市场份额明显少于其他图书,为应对国际化竞争的挑战,必须进行以提高市场集中度为目标的产业组织优化、升级,而推进年鉴出版产业的集团化建设是最有效的手段。希望版协年鉴研究会通过各种形式,支持引导年鉴的集约化出版、经营,从而优化资源配置,提高年鉴整体社会与经济效益。在当今大市场的环境下,资源配置将起基础作用,只有转变政府职能,加强市场机制在资源配置中的整合,才是真正提高年鉴出版产业市场集中度,实现产业组织结构优化和升级的关键。

稿源的质与量

组稿前,首先要在年鉴体例结构和框架上有一个整体的设计,准确把握年鉴的内涵及功能,特别要明确本年鉴的读者群。根据读者的期望和要求组稿。

1. 定位——年鉴特点

年鉴与学术专著不同,学术专著一般是同行间参考借鉴的,读者面窄,有一定的局限性。而年鉴是资料性工具书,自它诞生起,即被人们定位为大众读物,其中还有不少畅销书,没有必要让其贵族化、神秘化。即便是专业年鉴、知识性年鉴,也有其普及性的一面,理应拥有广大读者。而政府出版的年鉴,不应将其定位在仅仅政府官员、专家学者、企事业单位的高层人士,而应采取务实态度,努力扩大自己的市场份额,争取尽可能多的读者。年鉴要做到雅俗共赏。向平民靠拢,贴近生活。提高年鉴品位是当务之急,但不能人为的拔高,人为地把它抬高到不切实际的地步,高处不胜寒,叫人不敢亲近,对年鉴事业的发展绝没有任何好处;其次要统一年鉴品位与平民化的做法,世界上一些成功的年鉴,如《世界年鉴》就是一个很好的例子,他的雅俗共赏为其赢得了大量的读者,其成功的秘诀就是实事求是、贴近百姓、贴近生活,运用大量的有用好看的信息为读者服务,使其在读者心目中的形象是神圣而高雅的。[1]

2. 源的量——广度

年鉴稿源要有一定横向可比性,即所谓的广度。稿源的收录范围应是全面系统的、综合的,一年内发生的事情值得记的很多,但不可能事无巨细、全部照收,必须精选那些符合条目选题原则的具有"大""要""新""特""全"等特点的事来写。选题的视野要开阔,选材的范围要广泛,搜集材料要齐全,不要遗漏某一方面的内容。[2]

(1)在年鉴体例上不断创新。总的要求:门类齐全、分类科学、信息密集、排列有序、图文表一体化。涉及到总体框架结构、栏目设置与优化选题。即处理好年鉴的宏观、中观、微观的关系。

(2)不断关注新生事物。对政府出台的与人民生活密切相关的住房、医疗、就学、社会保险、再就业等方面的新规定、新制度,及政务公开、为民办实事等,都是年鉴值得挖掘的资源。对社会关注的热点、焦点问题如环境保护、外来人口等,需要关注。新词语、新方言也应注意收录。

(3)给新内容以准确定位,放在适当的层次上来写。如信息化建设,据国家统计局2000年12月1日报告,我国电子及通信产品制造业已经成长为工业第一支柱产业(第二位是电力产业)。而整个信息化建设几乎涵盖了社会生活各个领域,电子政务、网上教育、金卡工程、电子商务、智能化小区、电子通信、宽带网、电子及通信产品制造业、电子出版物等。针对这一情况,不少年鉴已开设信息化建设类目,设综述、信息产业、信息基础设施、信息化工程、信息应用与服务等栏目。

(4) 注意提高年鉴信息的实用性。年鉴的主要功能是要把信息正确、全面、完整地提供给读者。如教育,除了反映学校、教师、教育、勤工俭学化,还要为读者提供尽可能详细、周到的如学费、杂费、教育特色、名师介绍、食宿条件等信息。汽车工业,除了介绍汽车生产量外,它的型号、价格、耗油、色彩以及改装和二手车市场都可介绍给读者。房地产业,除可介绍户型、层次、价格、地段外,还可预测分析升值潜力等。

除了以上几点外,还应注重反映非国有经济在地方综合性年鉴中的地位与作用、年鉴彩色图片(广告)设计的创新、年鉴的外包装,甚至考虑出版简编本实用性年鉴。

3. 源的质——深度

年鉴稿源还要具备一定的纵向可比性,即所谓的深度。稿源好比矿,要去挖掘,不仅要知其然,更要知其所以然,还要采集相关可比较的材料。抓住地域特点、年度特色,反映连贯性纵深性。只有有了丰富的素材,编辑才有可能把年鉴精雕细刻成"精品"。2003版《浦东年鉴》在吸取1994—2002年9版年鉴的基础上,在挖掘信息深度上下功夫,类目数较前几卷提高了17%,栏目数提高了18%,条目数提高了40%以上。不少类目、栏目增设了对比性强的条目、图表,如"房地产业"类目中增设了"房产开发企业"栏目,除在栏目下有著名房产企业介绍外,还增设"2002年商品房预售排行榜(按金额、按面积)"二表,形象的再现了浦东房产业上一年度最优秀的楼盘、最好的房产开发企业的业绩。在"建筑业"类目中,增设"优秀建筑"栏目,除有针对性的介绍著名建筑外,还增设"2002年度浦东新区东方杯优质工程获奖工程"一表,对比性显然提高。[3]

组稿形式的创新

1. 行政手段的保留和完善

不管年鉴组稿形式如何创新,以依靠政府主管职能部门提供资料的形式在长期一段时间内仍将存在。对这些部门撰稿人员进行培训、指导,要求他们认真分析已经变化了的新情况,拿出征稿新办法。要扩大视野,拓宽思路,广泛收集与本系统本部门密切相关的信息资料,包括不属于本部门管辖,但同本部门相关的行业情况。如地方年鉴中的旅游服务业类目,一般由政府主管商贸的部门提供稿源,但现在社会上稍有经济实力的部门都在大搞旅游服务,个体旅行社更是遍地开花,那么商贸局(经贸局)的撰稿人员就不能仅局限于本系统的服务行业情况,而应力求收集和反映一个地方全行业的情况,否则所传递的信息就成为不完全信息,失去了参考价值。[4]

  国内大多数年鉴编纂单位在稿件的采集中一直固守于传统的行政组稿方式,这种方法有他的优点,对以大单位(处以上)为主的约稿,其稿件质量与速度明显高于快于社会约稿。但随着社会的进一步发展,各种新思想、新事物、新行动层出不穷,单靠政府掌握的信息量而言,已无法满足年鉴包容量大的需求。这时候,就需要我们的年鉴编纂者在对行政手段的保留和完善基础上广开组稿渠道,利用各种信息媒体进行采集。在这种情况下,年鉴的采编方式转型与信息化开发就被提到了议事日程上了。

  2. 年鉴信息化的开发

  年鉴信息化广义讲,其一是信息化的内容覆盖了年鉴各项经营活动的信息处理,其二是年鉴信息化建设不是孤立地搞单项计算机应用,而应该是综合起来总体设计。年鉴整个编纂和经营管理过程全面实现信息化应包括4个层次,即运作层、运作管理层、战术管理层和战略管理层。具体讲年鉴信息化应包括:市场营销信息化;办公管理自动化、信息化;事务处理自动化、信息化;编纂过程信息化;框架设计、资料收集与整理信息化。就信息化深度来讲有这样几个层次,在线事物处理(OLTP)、在线分析处理(OLAP)、决策支持系统(DSS)和战略信息系统(SIS)。

  年鉴信息化的范围如此之大,任何一个编纂单位都不可能一步到位、全面实施,各地编纂单位要根据自身的需求来规划年鉴信息化建设,并在总体规划下分步实施。

  目前,不少年鉴单位十分重视在编纂过程中的稿件组编信息化处理。我们不妨采用蛙跳方式,跃过某些阶段,充分利用现代信息技术,促进组稿、编纂工艺化,实现组稿、编纂粗放型向集约型转变。其信息化的目的和作用在于以下几点:

  (1) 利用国际先进信息技术,实现跨跃式装备。

  近年来,全球信息技术飞速发展而价格却连续下降,这使得我国年鉴编纂单位可能用较少的钱得到先进的信息技术和设备,从而在硬件上与国外处同一水平。

(2) 利用互联网,扩大组稿体系。

全球互联网迅速发展,使得我国各地年鉴可以通过网络分享网上的信息资源,进行网上资源采编。国际上一些著名图书出版或销售企业都拥有跨国以至遍布全球的营销体系,这是经过大量投入积累的,我国年鉴界在这方面存在着明显差距。而今,因特网帮助各年鉴单位打破了地理、时间的限制,创造了不出国门就能进行网上资料共享的机会,有助于年鉴组稿体系的建立与完善。

(3) 通过年鉴信息化,可以降低组稿中的不确定性和风险。

年鉴信息系统是开放的系统,与公共或社会信息服务系统互联。通过外部的战略性信息系统和服务,编纂单位可以做到:对国内外市场和技术的发展动态进行定期扫描和跟踪;及时发现新的机遇和潜在的风险,快速作出反应;迅速发现和掌握市场变化,对市场需求作出反应;及时掌握竞争对手(相关年鉴出版单位)的情况,避免重复组稿,确定市场定位;了解最新的应用成果,实现科技成果从大学和科研机构向年鉴方面的转化。信息系统有助于缩小年鉴与市场之间的距离,加速将科研成果转化为生产力。

(4) 年鉴信息化可促进年鉴组稿业务流程的优化。

年鉴在进行信息化建设时,其中的组稿流程不是用信息技术模拟现有业务流程,而是用信息技术改善现有流程,优化现有流程,甚至对现有编纂流程重建。年鉴信息化可加快编纂单位对业务流程优化的速度。

3. 加强社会调查

改变年鉴的采编方式是势在必行,编辑人员作社会调查是突破口。调查的重点是在改革转型中涌现出来的新兴产业、新兴行业和新型实体。这些新生事物具有较强的发展潜力和生命力。它们在诞生之初,仅是向工商部门登记领照,投营后向税务部门交纳税收。地方年鉴在反映这些事物时,一般都笼统地归入"个体、私营经济"类目,由工商行政管理部门及税务部门联合供稿。实际上工商税务部门只掌握一般面上情况和基本数据,很难掌握发生在这些行业中的"新、特、大、要"的典型事例和有价值的实用信息,因而"个体、私营经济"类目内容往往比较单薄,信息含量低,同实际情况差距较大。为此,年鉴编辑必须挤出时间,向工商、税务部门采访的同时,深入到乡镇街道、工商联、行业协会以及个体私营经济实体中开展调查,采集各种重要数据,捕捉具有价值的信息。实践证明,年鉴编辑部门只有通过深入细致的社会调查,才有可能采编到新兴行业大量生动丰富的信息资料,才能摆脱资料贫乏的窘境。[5]

4. 采访及基本功

采访是年鉴组稿中的一个重要手段,目前年鉴组稿将采访作为编纂年鉴方式的单位不多,采访是取得一手资料最可靠、最便捷的方式。此举,将变被动为主动,达到主动性与被动性的统一;将变静态为动态,达到静态编辑与动态编辑的统一。当然,采访也需要一定的基本功,如对将需要的稿件和采访对象有一个合理的定位,明确目标、目的;采访中的提问要讲究技巧,紧扣主题,听话听声,去伪存真;不仅耳听,更要眼观,注重现场采访。采访可以确保准确性、时效性和可读性。

5. 报刊广播电视媒体信息的利用

报刊广播电视媒体是年鉴稿源基础之一,全国、一省、一市、一区都有定时定量的信息出现,这些信息与各地年鉴稿源丝丝相扣,反映出各地各系统方方面面的社会主义市场经济建设中取得的成绩与不足,将资料汇总,不失为对年鉴稿的信息补充又一极好的方式。

利用这种信息,平时就要留心积累,做到大事、要事、新事不漏,要有一个完整的资料收集、整理、汇编流程,最好指定专人操作。在最后总编汇总当中,发现缺什么就从资料中补充什么,真正做到有备无患。

6. 通讯员队伍建设

各地年鉴都十分注重撰稿员队伍的建设,除了加强联系、工作指导外,还纷纷开设撰稿员培训班、撰稿员理论研讨班等等,这对于提高撰稿员素质十分有益。但有一些年鉴编纂单位,除加强撰稿员队伍建设外,还注重完善通讯员(联络员)队伍。这里讲的通讯员不一定就是撰稿员,而是指系统间联络各分系统的联络员,我们称之为通讯员。不少局一级系统下设处室较多,在组稿期间编辑不可能一一联系到,这就需要一个配合编辑的系统信息汇总员,即通讯员。通过通讯员汇总系统信息,减少了编辑工作量,为编辑采集其他信息腾出了时间,这对提高了年鉴出版整体进度是十分重要的一环。

同时,加大对专家、学者特别是对各种协会、各种媒体记者和撰稿员、咨询公司、中介机构的组稿力度,充分挖掘潜能,提高稿源质量,扩大信息来源。这一层面的组稿不同于对政府部门的组稿,其稿件信息量也将是十分宏大的,许多新经验、新问题往往在这一层面更能集中反映,加强这方便的组稿力度也就显得尤为重要。

  总之,稿源的开拓与组稿形式是年鉴走向市场的重要环节,前进道路困难再多,办法总比困难多,大胆实践者,坚韧不拔者,最终定会闯出一条新路。

参考文献

[1] 许家康.《年鉴的实用性、读者定位及创新方向》.《年鉴信息与研究》,2003年第1期.
[2] 傅万铭.《年鉴条目的选题与撰写》.《年鉴信息与研究》,2003年第3期.
[3] 叶宝根.《创新——年鉴出书、制作多媒体光盘、上互联网的认识与探索》.《年鉴信息与研究》,2003年第3期.
[4][5] 徐祖白.《地方年鉴采编和经营方式转型探析》.《中国地方志》,2003年第2期.

  (刊2004年《年鉴信息与研究》第2期,并获第4届全国年鉴优秀论著评比一等奖和上海市第二届地方志优秀成果评比论著类二等奖)

年鉴资料性的作用和影响

卢 岚

年鉴属于资料性的工具书。呈现在读者面前的都是经过整理加工的各类资料。其中既有宏观的全局资料，又有微观的典型资料；既有历史回溯资料，又有现实时事资料；既有原始文献资料，又有统计数字资料；容量大，范围广。那么，什么是典型的年鉴资料？这是年鉴编纂者应弄清的问题，这里谈几点看法。

年鉴资料选题选材的存查性

这是因为：1.年鉴是一年内信息、资料的积累、整理、综合和集中，它具有年度感。2.年鉴资料全面和系统地反映、记录事实的发展，每年有一个相对稳定的框架设计，成为编纂工作实施的蓝图，这个蓝图也体现了信息的总汇性。3.年鉴资料以年度为时间单位，对事物的发展进行点面结合的叙述，采取"条目化"的主题集中方式，是收集了许多分散的资料进行集中加工撰写而成，属于二次性信息。4.年鉴资料具有选择性。年鉴编纂者进行筛选，有的还要经过一段时间的观察、检验。要选择大量信息中的大事要事，或是有认识、教育、存史价值的信息来刊登，对于只在短时间内有使用价值的信息，一般不录用。5.年鉴资料具有检索性，它的编排要利于读者的检索,除目录外,它还编有索引。因此,年鉴的资料性不同于新闻性,它虽不忽视社会公众是否关注,但更注重信息资料的存查价值,年鉴以资料的社会历史意义即它的存查价值为选材的主要标准。因此年鉴的选题选材应当以新闻为线索,但并不盲目跟着新闻走。编纂者应自觉站在历史的角度,冷静思考,谨慎选择值得保存和人们也许会查找的材料进行编写。

年鉴资料形式的完整性

残缺不全的材料,有头无尾的事情,本末倒置的记述等,人们从中或者查不到完整确切的资料,或者查到了还需要考证,这不是典型的年鉴资料。年鉴资料的完整性表现在资料内容要素的全面,要按内容要素规范、完整全面记述,在广泛占有材料的基础上,以反映全面情况为主。内容要素要齐全,"全"即项目齐全,资料完备,从宏观上说,是指资料要总揽全貌,囊括全局。从微观上说,是指每一个条目的基本内容要素齐全,完整,能独立成篇,给人以全面、确切的信息依据。因此年鉴资料是全方位考虑的,条目反映范围应当包括条目对应范围的所有领域或所有单位,条目内容应能囊括具有同一性质的各个事件和有关因素。缺项则内容不全,事物面貌不清。例如概况条目要在宏观上反映行业的全面情况。

年鉴资料内容上的可靠性

年鉴资料要具有权威性,信息资料的价值在于真实准确。否则,不仅无助于认识事物,还会有负面影响。年鉴资料可靠性的真正基础在于它客观公正,准确无误地如实反映事物。年鉴一般只收上一年度的资料,这些资料均是事后的客观记录,而不是抢出来的新闻。大多数年鉴,均依靠社会力量撰稿,有许多稿件还由政府有关部门直接承担撰稿任务,或负责稿件的审核。这些部门,是相应领域的主管,掌握着大量的第一手资料,能够从材料基础上保证内容的可靠性,有了可靠的材料基础,成文时坚持实事求是的原则,秉笔直书,成稿后再对事物和数据作严格审核,反映的人、事、物等大都经过一些时间的沉淀,较为清晰易辨,年鉴的各项统计数据一般也不采用有关部门"快报数"而是采用经过核实和调整的"定案数",较为可靠,这样就全面、准确地反映了事物的本来面目。年鉴资料是事物自身信息的集合体,不能借题发挥,避免主观因素干扰,强调用事实说话,寓观点于述事之中,排除作者主观的推测、判断、褒贬、评论,偶尔见到一些判断性语句,通常也是通过事实表述的。年鉴资料正确地反映客观事物,忠实地记录历史,不夸大、不缩小,也不回避缺点和问题。编纂者必须坚持唯物主义,发扬求实精神,深入调查研究,不仅要做到记述的单个事情的真实,人名、地名、时间、数据、指标的真实、准确,而且要注意从总体上、本质上以及发展趋势上去把握事物的真实性。

年鉴资料文字的简明性

年鉴资料主要是供人们检索,而不是供人欣赏。检索的对象一般是有一定知名度的事件、事物、单位、地名和人名,查索的目的主要是为了引用、借鉴,或者是释疑解难,回答问题。按照这一基本功能的要求,年鉴文稿采用简明的记叙体和说明体,注重让事实说话,一般是"述而不作",寓观点于材料之中,不溢美,不隐恶,避免议论、描写和抒情,不使用形容词、不着意修饰,并努力榨干"水分",剔除"冗余信息",使信息资料高度密集。其特点:一是客观地反映事物,作者只能原原本本地陈述事物,观点则隐藏在事实之中,用事实说话,不能倾注任何主观见解;二是用实录的方法,直陈其事,直截了当地将事物最主要、最基本的面貌展现给读者;三是平铺直叙,不宜于做穿插描写或写对话;四是只能写一些广大读者需要了解的知识、信息、资料,而没有必要详细地介绍本部门某些业务方面的具体经验和做法、努力方向等等。年鉴资料文风用语要简洁。要删去所有不含信息量的语言,如议论、抒情、感想以及重复、空话、套话、大话。年鉴资料内容既是包罗万象的,就更需要以最简炼的文字,最精炼的篇幅,使读者获得最多、最新的知识、信息和资料。

综上所述,年鉴资料性的主要内涵包括:选题选材以社会意义和存查价值为标准,并具有内容完整、材料可靠、言简意赅的特点。了解这些,对编写好年鉴具有重要意义。

(刊 1997 年《镇江学刊》第 3 期)

初探年鉴的非主流性信息

梁大庆

在年鉴组稿、编纂过程中会涉及各种信息,其中包括主流性信息和非主流性信息。所谓年鉴主流性信息是指含有反映某一地区社会或某一领域发展本质特征内容的消息或符号。非主流性信息是指含有与年鉴主流性信息有关,跟该地区社会或某领域发展本质特征不一致内容的消息或符号。这里所以选择"主流性"和"非主流性"这两个中性词,是因为年鉴的非主流性信息的外延不一定是"反面的"或"负面的",故不能简单地用"正面"或"反面"予以区分。必须明确的是,无论是年鉴的主流性信息或非主流性信息都是具有一定使用价值的信息,都是对某一地区或某一领域上一年度的重大事件、新的经验、教训和知识的反映,不是那些记录日常工作、常规项目的无用信息。"新的"和"有价值的"是信息的主要特点。

年鉴的主流性信息记录和反映某一地区发展的主流、方向,在年鉴中处于主导(或主要)的地位,而年鉴的非主流性信息则处于被主导(或次要)的地位。一些具有重要使用价值的非主流性信息在年鉴的编纂过程中常常被人们忽视,造成重要信息的遗漏。年鉴的主体,即编者在注重主流性信息的收集、编辑的同时,应关注非主流性信息的收录,较客观地反映地区、行业一年的全貌,更好地发挥年鉴"鉴"的功能和作用,以满足读者的需求。

(一)

目前,年鉴界对于非主流信息是否应该收录,如何反映,以及这些非主流性信息在年鉴出版发行之后的影响和作用等问题存在着不同的看法,形成年鉴收集、选择、编辑中的一个误区,大量有用的信息流失、浪费。其主要表现:

1. 年鉴中除了主流性信息外,充塞着大量的无用信息,而非主流性信息在多数年鉴中是个空白。当然近些年这种状况已有所改观,但这类信息主要集中在政法、司法部类的案例之中,在其它如经济管理、工业、生态环境等部类仍然是极为少见。

2. 在年鉴的撰稿、编辑过程中,对于非主流性信息采取回避、遮掩的态度和方式,甚至将其中的信息要素改得面目全非。

3. 一些不影响全局,具有借鉴意义的非主流性信息,在已收录送审之后,被以种种理由删除或被要求修改。比如,前些年国内多个省市盲目建设冰箱、彩电、VCD生产线,产品大量积压,一些实力匮乏的企业倒闭,致使大量资源的浪费和资产的流失。这样重要的经济信息又有几个省市的年鉴予以单独立条。以示借鉴呢?

(二)

年鉴作为信息传播的媒体,对某一地区或某一领域一年中的大事、要事、新事的忠实记录是其编纂的原则,重要信息的遗漏是年鉴编纂中的大忌。多年来,国内年鉴对非主流性信息忽略的问题,似乎没有引起足够的重视。尽管一些年鉴理论文章和专著对年鉴信息的科学性、真实性、客观性作过一些论述,但涉及非主流方面的问题,只是点到为止,不予深入展开。可是,在年鉴编纂的现实操作中,有关非主流性信息如何收集、反映的问题,已时时刻刻向我们提出了挑战,有时已经到了无法回避的程度。

在这样的情形之下,关注年鉴非主流性信息的收录已成为一种必要。首先,非主流性信息与主流性信息一样,其存在是社会发展过程客观现实所呈现的。例如,随着浦东改革开放的不断深入,这里传统的"轻纺工业规模逐渐收缩,部分企业效益滑坡",从业人员减少,下岗工人增加,企业转产,产业结构调整已迫在眉睫。如果将这样重要的信息遗漏或遮掩,就笔者而言是一种不负责任的做法。处在社会转型的今天,社会结构中的规划、组织体系等基本要素不十分协调,社会各部分彼此间发展的不平衡,社会机制的某些方面不能适应社会发展和人们的需求,体现出一定的惰性,本身是很正常的。更何况其间还掺杂一定的人为因素。这样的问题是发展中的问题,并不影响社会发展的主流,不能说就凭上述列举中的信息。这些新的信息没有反映,没有引起足够的重视,积累到一定程度,在特定的条件下,倒是会给今后的发展带来不良的影响,造成一定的损失。其次,年鉴关注非主流性信息收录的必要性,是年鉴的性质所要求的。作为资料性工具书,要求年鉴从多个层面,不同侧面收集一年中地区或行业的新的信息资料,反映社会发展的主流,揭示现实中存在的问题,以更好地为现实服务。年鉴非主流信息的或缺,势必造成某些侧面信息的流失,影响年鉴信息的完整性、多面性。例如,《广西年鉴》1995卷252页的条目【工程建设重大事故】内容中,汇总反映上一年度广西工程建设中发生的重大事故的数量、损失、伤亡情况,列出部分典型案例,并分析原因。这就从一个侧面反映了广西在注重建设的同时存在的问题,以引起人们的重视。再者,年鉴非主流性信息收录的必要性,是由年鉴作为信息载体,作为文化商品的特性所决定的,是其所具有的使用价值所决定的,是读者对信息的需求所决定的,年鉴已成为人们获取信息的重要渠道之一。人们购置年鉴首先是对其使用价值的需求。年鉴的使用价值就体现在那些有用的、有借鉴意义的信息之中。从某种意义上说,年鉴的非主流性信息在很大程度上承担和发挥了年鉴可借鉴的责任和作用。

(三)

年鉴信息收录中"大而全"的思想是要不得的,但从多个层面、不同的侧面收录一年中新鲜的、具有借鉴意义的信息是必不可少的。年鉴中具有借鉴意义的信息的密集程度,是衡量一部年鉴质量优劣的一个重要标志,反映了年鉴编者自身素质和业务水平的高下。年鉴非主流信息收集、编辑中也的确存在着一定的难度。从客观上看,信息的来源、信息内容的可靠性、真实性,如何核实是难点,来自方方面面的压力也成为不可忽略的因素。要解决这些问题还应该从主观入手。其中一个关键在于"领导"。由于我们现行体制和出版审阅制度,编者要向主审、领导解释年鉴的性质、功能和作用的定位,要说明这类信息的收录的目的,以及重要性和必要性,并提供收录有关这类信息的标准和依据,消除领导的顾虑。领导的顾虑不排除,思想未搞通,其它的努力都有可能化为泡影。就年鉴编辑人员而言,只有加强政治理论学习,不断提高自己的政治觉悟和理论水平,增强自己的政治敏锐感和辨别能力,把握时代的脉搏,才能对来稿中涉及非主流性信息的取舍做出正确的选择,才能对资料进行除粗取精,才能对这类信息发表以后的影响和作用有一个较为明确的预测和估计,才能避免在政治上犯错误。例如,《镇江年鉴》1998卷133页"政法"部类下的【市面粉厂被依法宣告破产】条目内容中有这样一段文字"……4月24日,市中级法院主持召开第一次债权人会议,通过分配方案,明确市面粉厂破产财产中除去拖欠职工工资、劳动保险费、职工集资等,可供清偿破产债权数额所占比例9.99%。……",在条目上又运用了"依法"这个关键性的词。这体现了编者较高的政治素质和较强的法制意识。年鉴编辑工作者应以动态式的眼光观察事物,不断更新观念,给自己"充电",防止观念滞后与时代脱离;应该尽其所能扩大信息源,形成多层面、多侧面的信息网络,同时还应该具备在庞杂的资料中捕捉有用信息,特别是有借鉴意义的信息的能力。要使捕捉到的信息立得起,站得住,要求编者不仅要深入研究年鉴理论和编辑业务,还要扩大自己的知识面,尤其是综合性年鉴的编辑人员,丰富而多方面的知识,良好的文字功底,对于捕捉、表述这类信息是至关重要的。

在有关年鉴的非主流性信息的选择、编辑方面,很难提供一个统一的标准。主要根据当地政治、经济、文化发展的特点来寻找,从一年中的重点和热点中捕捉。笔者所在的浦东处在中国改革开放的前沿,产业结构的调整、新兴产业的发展是这里的重点,经济的外向型是浦东的特点,而城市化的进程,土地的开发利用,以及生态环境的保护成为这里的热点。例如,条目【对亚洲加工贸易出口下降】和【香港投资比重下降】正是在浦东经济外向型特点的前提下确立起来的。

对非主流性信息收录,笔者以为应该保持清醒的头脑、审慎的态度,但也不必顾虑重重。总的说来,在选择非主流性信息时,笔者注重"新""特""实""时"。"新"是指上一年度发生的新事件、新的信息。"特"是指所选择的信息具有典型性,具有年度特点,是人们关心的热点,是检索率高的信息。"实"是注重收录信息内容的可靠性、真实性。"时"是指时效性,有时代感的,不是陈年旧账,是能为现实服务的。具体地说,涉及以下内容的信息不能收录:(1)违背政治原则和方向的,有损国家、民族尊严和形象的信息;(2)违反出版法律法规的信息;(3)影响民族团结、宗教关系的信息;(4)事实不清或有出入的,信息要素不全的信息;(5)发表后存在着消极影响和负面效应的信息。

至于非主流性信息的编辑、加工,是将原始资料变成有用信息过程中的重要环节。具体的做法是,先对来稿的事实进行核实,补充材料,挤去水分,剔除其中带揭露性、描写性的内容,消除其可能引起的负面效应的内容。根据案例情况,适当增加背景资料、事件造成的影响、处理的结果等相关性信息。对于司法案例条目的编辑,则要回避其中犯罪经过和侦察过程的描述内容,必须加入案件处理结果,对没有侦破处理结果的案例,应谨慎从事。在叙述中注意符合法律程序和司法用辞的规范性。在表现的形式上,可以将同类或从不同方面获取的同一事件的不同侧面的信息予以归并,使条目呈现多层次、多侧面的完整性,防止交叉重复。一些重要的事件,可采取单独立条的方法。可将一些案例类的条目归结排列在部类或栏目的后面。这样既便于读者检索,又使整书的框架结构显得条块分明、秩序井然。

另外,在此笔者需要特别提出的是,在年鉴编纂过程中,应在总量上注意非主流性信息和主流性信息的比例。尽管年鉴要注意非主流性信息的收录,但不能由此颠倒了非主流性信息与主流性信息的关系。非主流性信息毕竟是次要的,不能因为要收录非主流性信息,而从量上和质上压倒主流性信息。这样的做法会影响人们对这一地区年度发展的本质和主流的把握,迷惑人的视线。

(刊 1999 年《年鉴信息与研究》)

小议年鉴概况栏目

吴昊蕻

概况几乎是所有年鉴必不可少的栏目（有些年鉴以类目形式予以表现），有的放在特载、专文之后，有的放在首栏，起着开宗明义、提纲挈领、囊括全局、概述全貌的重要作用。概况栏目有的取名为"综述""概貌"，也有的取名为"概述""总述"，例如"浦东概况""青岛综述""杭州总述""广州概貌"。

概况是年鉴独特的栏目形式，在年鉴中具有重要的地位和作用，表现在提供独特的基本资料，提供综合性、概括性资料，提供重要资料，提供宏观资料四个方面。

概况栏目是要进行分解的，其子系统的构成方式如何，是年鉴总体框架设计中的一个重要细节，设计是否科学得体，直接影响年鉴的整体质量，是务必引起重视的。综观全国各类年鉴，概况栏目的分解一般有以下几个模式：

1. 并列式。即概况的子系统是由并列关系的细目组成。一般百科性、专业性年鉴的概况多采用这种方法。如果更进一层看，在年鉴的类目中也会发现有众多此类情况出现。《浦东年鉴》1999"农村经济"类目中，并未设综合概况，而是将概况（或综述）放在了"农村经济"下的栏目中反映出来，即分别在村镇建设、乡镇企业、种植业、畜牧业、水产业、蔬菜生产中各设概况(或综述)加以表现。

2. 要目式。即概况的子系统是由该地区或该领域的各个不同的重要方面构成。一般地方性年鉴均采用此法。《浦东年鉴》的概况横向分为"地理环境""气象""人口""国民经济和社会发展""行政区划调整""边界勘定"等6个部分。要目式分解法较为机动灵活,便于调整,颇能体现地区特点,突出重点而被地方年鉴所广泛采用。

3. 分层式。即概况的子系统由两个以上的层次构成,分层排列。如《中国城市经济社会年鉴》的概况先分解三大块:中国城市概况、中国城市研究概况和城市简介,分别概述,然后在三大块下又分为更小的子系统分别概述。这种分层式方法分解概况栏目的特点是层次清楚、资料系统全面。

4. 交错式。即概况的子系统由两个以上的横向分解系统构成,所反映的内容相互交错。例如(浦东年鉴)1999卷工业类目中按分类法将工业分为汽车制造业、电子通信设备制造业、医药生化制造业、石油化工、船舶制造业、冶金机械制造业、家用电器制造业、轻纺工业,在工业类目下设概况(综述),在各栏目中设分概况(分综述)。既可以从整个浦东新区工业类目中了解宏观情况,也可以从工业各栏目中了解微观情况。可见,交错式的方法分解概况栏目的优势是读者可以从不同角度、以不同的统计口径查阅到所需要的资料。

正确运用好这几种模式,多种方法结合使用,将会在年鉴的编纂中起到较好的效果。

(刊2000年《上海志鉴》第5期)

优化年鉴条目选题　深化年鉴地情反映

吴才珺　金达辉

条目是年鉴的主体,年鉴条目选题的内容更是提高年鉴质量的关键,所以年鉴条目选题是关系到年鉴生命力的重要课题,需要我们年鉴工作者认真加以研究。下面就如何优化区县综合年鉴条目的选题,结合参与年鉴编辑工作的实践,谈几点粗浅的认识。

稳定概况条目,增加有效信息含量

概况条目在年鉴中承担记载社会领域全面情况的任务,置于分目之首,是一个部门、行业基本面貌的概括和综合,是年度内各项工作成果的量化反映,资料性特别突出,往往是一些读者最为关注的内容,人们查考和利用也最为频繁,因此概况条目应当成为年鉴首选的条目。稳定概况条目,增加有效信息含量,使之在任何时候都成为年鉴不可或缺的重点选题类型之一。概况条目主要特点是既有全面性,又要有概括性,这里有两点需要把握和处理好:一是不要因为强调概况条目的全面性而事无巨细地不加选择地吸收,概况变成工作总结,经验介绍,评论文章,从而造成概况条目拖沓冗长,与分目中的具体条目内容的大量交叉重复,年鉴越编越厚;二是也不要只强调概况的概括性,概况变成高度的抽象概括,只是三言两语,造成具体的、鲜活的资料偏少,主要数据不全面,难以反映单位的全貌,致使查考和利用价值下降。

控制党政机关、群团组织选题内容的过快增长

近几年,年鉴条目的选题开始向党政机关、群众团体和社会团体倾斜,党委、人大、政府、政协、民主党派、群众团体、社会团体条目选题内容越来越多,基本占到年鉴篇幅的四分之一,有的甚至接近三分之一,而且条目选题表现为"三多":一是会议类条目选题多;二是教育、学习类条目选题多;三是调研、考察类条目选题多,这些条目的选题只是例行工作,缺乏全局指导意义,造成"官书"的味道越来越浓。那么选择什么样的题目进入年鉴的选题呢？笔者认为要突出党政机关的主要工作职能和工作职责,把重大决策、重要活动、重要法规和重要政策性文件纳入到年鉴条目的选题范围,这既符合当前党务、政务公开的要求,增加党政机关办事的透明度,又能提高对各行各业、百姓工作和生活的指导和引导。在突出工作职能选题的同时,尽量控制以下四种类型条目选题的过快增长。

一是尽量压缩会议类条目选题。当然,党委、政府的重大决策很多是通过召开会议做出决定并进行贯彻和落实的,人大及其常委会、政协也是以召开会议为主要运行方式,所以党委常委会议、政府常务会议、党代会、人代会、政协代表会不能不写,也不可不写,但议而不决的会议、无实质内容和成果的会议、日常工作例会、党委和政府所属部门的工作会议要尽量少选或不选。

二是适当减少学习教育类条目选题。这类条目也主要集中在党委、政协、宣传、组织、纪检监察栏目中,其他栏目也在不同程度上存在,尤其是宣传工作、纪检监察栏目这类条目选题更为突出一些。政治学习、廉政教育等应当说非常重要,尤其是在当前腐败问题和党风政风问题还比较突出的形势下,防微杜渐,加强教育学习是保持领导干部的政治方向和拒腐防变的重要措施,但条目的选题仅仅集中在政治学习、廉政教育方面还远远不够,还要在预防腐败的制度措施和查处案件方面多增加选题。

三是严格控制调研、考察类条目选题。毛主席曾经说过"没有调查就没有发言权"。深入基层,调查研究是了解基层,取得第一手材料,做出决策的重要手段,本来无可厚非,但问题关键在于我们把哪一级别的领导的调研、考察作为条目选题。笔者认为作为区县年鉴应把本区县党委、人大、政府、政协正职领导的调研、考察作为年鉴选题更为合适,而且要重点突出省部级领导的调研、考察活动。当然在确定选题的情况下,还要看调研、考察有无实际内容,是否解决重大问题。有的调研、考察类条目只是领导名单的罗列,调研、考察地点的堆砌,而没有实际内容,调研、考察变成旅游、参观,这样的调研、考察还是不选为宜。

四是大力削减民主党派、群众团体和社会团体的选题内容。近几年来,这部分条目选题在区县综合年鉴中不断增加,但条目内容大都也都是召开会议、参观、考察、学习,开展一些小活动,比较空洞,资料缺乏时代特征,没有多少可资借鉴之处,特别是社会团体,如各类学会、协会一年之内没有几次活动,还有一些单位有名无实,并大都附设在党委和政府有关部门之下,条目选题内容上存在着交叉现象,这类选题必须进行大力削减,或进行适当归并。

增加体现时代特征的新选题

当今,以经济建设为中心,不断深化改革,扩大开放,是各级党政机关永恒追求的主题。落实科学发展观、构建社会主义和谐社会是在新形势下,党中央和国务院提出的又一个战略举措。这类条目的选题是区县综合年鉴当前和今后一个时期年鉴选题的重要内容,是必须收录的核心。这类选题大多是当前各级党委和政府的工作重心,有的选题既是工作难点,还是热点,更是亮点,也是彰显年鉴时代特征的重要标志性条目,需从以下几方面加以优化:

一是要重点突出经济建设类条目选题。经济建设是各级党委和政府的中心工作,是构建社会主义和谐社会的物质基础,是提高人民群众生活水平的重要保障。近几年来,由于区县综合年鉴选题的"求全",造成经济建设类条目选题在年鉴总体条目选题中数量有所下降,年鉴的时代特征大打折扣,因此今后区县综合年鉴要重点突出这类条目的选题,这也是扩大区县综合年鉴读者群的重要举措。由于上海发展战略的东移,洋山国际深水港、浦东国际航空港和上海临港新城建设不断加快,从而带动道路桥梁的修筑、港口的建设、航道的开挖、城乡基础设施的兴建、大型工业项目的引进,这些内容就应当成为年鉴条目最好的选题。由于大项目的落户,配套公用事业的发展和建设,南汇的动拆迁总量已经排在全市前列,农民安置基地多达35个,是上海市政府实施"两个1 000万"住宅工程的主要实施区域,总建筑面积近700万平方米,进而房地产业也成为年鉴条目的重点选题。因此,在工业、商业、工业开发区、城乡建设、房地产业和交通运输业等栏目中要突出经济建设类条目选题。

二是要高度关注政治体制和经济体制改革类条目选题。当今时代是一个改革的时代,不断深化政治体制和经济体制改革是时代赋予我们的光荣而艰巨的使命,各级党政机关、各个部门、企事业单位都在积极探索,寻找适合自己发展的新办法、新举措、新机制,党务公开、政务公开、干部制度、劳动用工制度、分配制度、社会保障制度、管理制度、经营思想、经营理念、营销战略都在发生着巨大变革,这些改革成果和成功经验应当说对其他行业具有很好的借鉴意义,年鉴条目选题要注意选择和吸纳这部分内容,以凸显年鉴时代特征。

三是要充分重视有关民生方面的选题。建设社会主义新农村,构建社会主义和谐社会是今后相当长时期内的工作重点,社会要和谐,民生问题就要得到切实的关注,各级党委和政府在这方面已经投入大量人力、物力和财力,如由于"两港一城"建设的深入开展,农村的动拆迁工作大量增加,由此而引起的失地农民的补偿问题、社会保障问题、再就业问题,困难群体和弱势群体的生活保障问题、子女的就学就医问题,外来打工者权益保障问题,在解决这些社会难点问题和热点问题时,各级党委和政府都形成了一些行之有效的好做法,并结合当地实际情况出台了一些政策性文件,这方面的选题要引起我们年鉴工作者的充分重视。

四是要合理安排有关民营经济的选题。民营经济是当前最具发展活力的行业,是正在发展和壮大的领域,包括民营工业、民营建筑业、民营商业和个体私营经济等等。近几年来,各地民营经济发展迅速,其产值、利税和吸纳的就业人数已经排在其他行业的前列,但在区县综合年鉴条目的选题中内容不多,没有引起足够的重视。2006年,南汇区民营企业产值260多亿元,吸纳的就业人数多达6.1万人,但缺乏对民营经济的总体把握,对民营经济的行业结构、产业布局、产品种类、发展方向还把握得不十分清楚,所以民营经济只作为工业栏目中的一个分目,并只有一个概况条目。民营经济已经成长壮大起来,对当地经济的贡献率在不断增长,但在年鉴条目的选题中却没有给予相应的地位,所以今后作为年鉴编辑和供稿部门要下工夫多方搜集有关民营经济的选题,以增强时代气息。

适当选择反映问题,汲取教训的条目

当前,我们年鉴选题的内容大都是地方工作成绩的记述,只反映成绩,不反映问题;只报喜,不报忧,这是普遍存在的现象。年鉴的重要功能之一就是资治,理论上讲应当选择反映重大问题的条目,但在实际操作中这样的内容少之又少,或者说很难见到,只能是纸上谈兵而已,这也是一种偏差。今后区县综合年鉴要在重大决策的失误、社会治安存在的隐患、安全生产事故的发生等诸多方面挖掘条目选题,当然选择这类条目要注意从积极的借鉴作用方面入手,主要是总结经验,汲取教训,避免产生消极的社会影响。

年鉴的存史价值与修志资料的积累

马振雄

年鉴,不管现在学术界对其如何定义,其作为一个地区的年度地情书,应该没有多大的争议。作为一个地区的地情书,其全面反映一个地区年度内政治、经济、文化和社会各方面的发展、变化是应有之义。而这些变化、发展的史实却恰恰可以为我们以后的修志积累宝贵的资料。笔者在近年编纂年鉴和修志的实践中体会到:我们现在编纂年鉴应该为以后的修志积累资料,也就是说,编纂年鉴必须注重年鉴的存史价值。

年鉴作为地情书,决定其编纂内容必须注重其存史价值

年鉴作为地情书,必须全面记述本地区年度内社会各方面的变化、发展,缺一均为此部年鉴的缺憾。作为地情书,其读者应该是社会各方人士。但实践证明,年鉴的读者主要是各级党委和政府的领导。随着社会主义市场经济体制的逐步建立,年鉴的读者群也在逐步扩大,包括区域内的企业经营者、中外各方的投资者,以及关心这一地区发展的各方人士。

这一读者群,其需要的是这个地区的地情资料。多部年鉴的资料汇集,其年度间的比较,可以为各级领导的管理提供经验、教训,也为区域内的企业经营者、中外各方的投资者提供投资决策的依据。如果年鉴的内容缺少史料价值,其资料不全,或者缺少可比性,那么,就不可能为行政管理者、企业经营者提供有价值的咨询。

应该说,创新使各地区的年鉴越编越有可读性,也使各地区编的年鉴更有地域特色,更能反映这一地区的地情。但是,也有不少年鉴在"让年鉴走进平常百姓家"的思想指导下,过多考虑了读者对社会生活各方面咨询的需求,过多考虑了年鉴的可读性,而忽视了年鉴真正的读者群,忽视了年鉴资料取舍的存史价值。

我们的社会管理者了解过去,是为了总结过去的经验、教训,以更好地解决现在的问题,筹划未来的发展。企业经营者了解过去、现在的地情,是为了掌握市场的发展机遇,为分析、预测市场前景,为今后的发展、投资方向寻找决策依据。如果我们编纂年鉴不重视这些有存史价值资料的收集、整理、分析,也就不可能为我们真正的读者群提供需要的资料,年鉴的实用价值就无从谈起。长此以往,我们也就可能失去这些应有的读者群。而年鉴对有存史价值资料的收集、整理、分析,必然成为志书编纂的宝贵资料。

年鉴新闻价值的滞后,决定其编纂内容必须注重存史价值

现代社会的发展、高科技手段在各媒体的运用,使社会信息的传递发生了飞跃。人们可以在当天的报纸、广播、电视和网络于最短的时间内了解国内外政治、经济、文化和社会发展各方面的新信息。

年鉴作为年度的地情书,出版时间最早也在翌年的6～7月,其新闻价值的滞后不言而喻。与现代媒体传递的内容相比较,年鉴收集的内容应该更注重资料的存史价值,而且,还应该注重资料系统性、可比较性,也就是应该对资料进行必要的整理、归类、提炼、分析,如此才能为社会管理者、企业经营者提供需要的信息。

如果年鉴登载了大量的过时"新闻",读者必然不屑一顾;而登载社会生活各方面的咨询资料,那么读者满可以在网络上找到更新、更全面的社会生活咨询信息。可见,年鉴可以发展的空间、年鉴的使用价值只能是其资料的存史价值,其资料的可比较价值和社会管理者、企业经营者需要信息的可使用价值。

年鉴编纂内容收集、整理必须注重存史价值

年鉴的读者群、年鉴在诸多媒体中的定位决定其编纂内容收集、整理必须注

重存史价值。由此,年鉴编纂人员必须从以下三方面作必要的努力:

1. 年鉴的框架设计必须涵盖社会各个领域

年鉴的框架设定固然与志书有异。但是,其涵盖的社会面应该与志书相同,应该包括这个地区政治、经济、文化和社会发展的方方面面。不管其栏目、分目设计有多少差异,政治、经济栏目的前置、后移,分目提升为栏目,重大变化作卷首等等,万变不离其宗,涵盖整个社会面是每部年鉴追求的最终目标。年鉴的存史价值也就是通过这一手段来实现。

2. 记事要全,要素不漏,重要内容要细

作为地情书,年度内这一地区发生的大事、要事、新事、特事不能遗漏。社会各方面的变化,必须在此部地情书中有全面的记录。地方党委、政府的重大决策,经济运行的数据、社会各项事业的发展质量都应在收录之列,还应该包括对经济运行数据的综合分析、对社会各项事业发展的调研材料等。

记事各要素不能有任何遗漏,如果记事要素有一遗漏,就会给读者带来材料使用的困难,也会留下历史的缺憾。年鉴本来就强调条目内容的动态性,动态事物的记录要素须全,内容须细,如此读者在本部年鉴中就可以了解事物的本末,不用再去找其他资料。这也是年鉴存史价值的真正体现。

3. 尽可能地收集图、表、照片,且须保证数据的准确性

编纂年鉴须尽可能地收集图、表、照片,这是提高年鉴内在质量的重要手段。

表——是地区年度各项事业发展、变化的综合反映,准确的数据是年鉴读者群所需要的资料,无此就没有年鉴的质量,也不会有读者群。

图——即是地区各项事业发展、变化的综合分析,此文献尤重于数据及表,能给读者提供更直观的材料。

照片——是地区年度各项事业发展、变化的直观记录,地区年度间的重大事件、重大市政项目、重要活动等照片均有很直观的资料价值。收录较高质量的图、表、照片,是我们每一位年鉴编纂者所追求的目标。其具有较强的、现实的使用价值,更具有珍贵的存史价值。

综上所述,年鉴的编纂必须注重其内容的存史价值。如此,才能提高年鉴的内在质量,使年鉴拥有更多的读者群,也使年鉴能为今后的修志积累更多、更详尽的、有价值的历史资料。

论年鉴编纂的现代化

杨 隽

年鉴同其他事物一样，必然向现代化迈进，这是大势所趋。也是在当今条件下，提高年鉴质量，增强其实用性的必由之路。

随着网络的迅速发展，类似信息技术的应用对年鉴的影响力已日趋加大。很容易想象一个实现现代化管理的年鉴编纂机构在市场竞争中所占有的优势。这样的机构对市场的变化可以进行实时监控。开放的社会和年鉴内部的现代化应用可以及时提供与年鉴生存、发展有关的所有情况。

信息技术等现代化手段的应用给年鉴发展带来若干优势，但真正将这些现代化技术与年鉴发展很好地结合在一起的年鉴编纂机构并不很多。类似这样的资料编纂机构大多在欧美日等西方先进国家。为什么我国在这方面的起步显得如此艰难？究其原因和对策，应从以下几方面加以研究与探索。

年鉴现代化技术应用困难的原因

1. 管理模式没有进行适应市场经济的改造

年鉴的管理模式尤其是内地的年鉴机构，多年来所采用的管理模式是按计划经济的需求构建的。这样的管理模式偏重于编纂、人员、后勤的管理。在市场经济条件下,这样的管理模式得到了一定的改变,但并没有按信息经济的要求做彻底的改造。年鉴的内部控制信息依然缺乏及时准确性。如管理部门无法在最短的时间内得到准确的编辑进度资料和原始资料;财务部门无法进行及时的经济效益分析信息;出版发行部缺乏市场成本变化及供应情况的信息,也没有设置客户跟踪、用户需求信息系统,编辑作业的统计信息与质量反馈信息依然不能及时反映到管理层,再加上撰稿员与编纂部门分处各地,使得信息传递、交流的迟缓性更加严重。

2. 管理层的知识结构与市场经济不相适应

在信息化社会,年鉴编纂机构面对的是一个多元化、复杂化的市场。就调查所了解到的情况看,我国大多数年鉴的管理层中很少有懂营销管理、信息技术、出版现代化的人员参与到年鉴的决策管理层。年鉴管理层中大多是由搞行政管理出身的干部加专业编纂人员组成,也有少数由懂出版的其他人员组成。这样的人员所具备的知识结构要适应市场经济的需求,显然是有困难的。

3. 上级部门未给予足够的重视也是影响年鉴实行现代化改革的一大因素

应用高科技的现代化管理理念及方式方法对年鉴来说相当于对编辑力量、管理技术改造的重新投入,也是利用高科技手段提高年鉴出版编辑管理水平的过程。在此过程中若有关上级部门不给予政策、资金的支持,年鉴的创新与发展积极性将受到影响。

因此,在信息化浪潮席卷全球的情况下,我们必须对以上问题给予足够的重视,首先要从观念上尽快更新,特别是年鉴决策层的管理人员。在市场经济条件下,年鉴处于竞争激烈、信息变化多端的境地,如果不采用现代化的管理模式,建立一支高素质的人才队伍,年鉴的发展壮大将无从谈起。

年鉴编纂现代化的前提

1. 引进现代科学理论

年鉴与其他图书相比既有共性,也有差异,其独特就在于它不是某一学科、某一专业的书而是贯穿年度、涵盖百科、包容百业的"地方百科全书"。编修这样的书,不仅仅运用年鉴学或少数几门学科的知识是远远不够的,而要广泛引进和运用多种现代科学的理论知识和方法。

年鉴学作为社会科学的一部分,与其他学科有密切的关系。系统科学的创立，进一步补充和丰富了唯物辩证法的普遍联系原则，另一方面，系统思想也补充了唯物辩证法的一些范畴，系统科学推动了人们思维方式的新发展。在年鉴编纂中，我们要运用系统科学理论，注意年鉴的整体性，使用材料的有机关联性，结构的动态性和层次性，从而体现年鉴的整体效应，强化年鉴的功能。一部年鉴应有一个有机关系的系统。要确立年鉴的系统，不仅要研究各种事物间的相互关系、相互影响，而且也要研究他们的相互作用，努力表现事物发展的规律。要通过类目、栏目、条目间的逻辑关系及对材料的概括归纳与分析综合，使年鉴内容主旨鲜明，成为一个系统分明、结构合理的信息载体。

2. 坚持实事求是的态度

引进现代化的科学技术，对其结构的科学合理与否要看是否符合本地实际运作的需要，要看是否在效率上、效益上超过原先运行机制，成本、人员、运作模式是否能协调统一，等等。对此，重要的一点就是要坚持实事求是的态度。要具体问题具体分析，一切从实际出发，因事制宜，因地制宜，而不是生搬硬套，削足适履。

3. 运用辩证思维方法

虽然建立一个年鉴现代化运营操作结构从属于形式方面，但根据结构而展开的体系框架将对编纂、经营过程起到表达作用，同时还体现整个现代化系统的基本精神、实质、原则与方法，同样亦对一个系统的操作流程具有限定和规范作用。因此，在建立一个现代化的操作体系的同时，对于促进年鉴顺利、健康、有序的发展要有一个科学合理规划与前瞻。要充分运用辩证思维的方法看待现代化运营机制的引进与运营，从真正意义上对初级思维阶段的组、编、审稿上升为年鉴的整体编纂与经营的现代化管理思路。

年鉴现代化的管理模式的建立与实施

建立现代化的管理模式是年鉴当前发展的当务之急。那么什么是现代化的管理模式呢？理论上讲，就是按照现代企业制度，应用信息技术建立年鉴的现代化管理信息系统，能够对市场、编纂、经营管理做出科学判断的快速反应系统。建立系统之前，首先根据年鉴的规模与产品，确定年鉴的发展目标。在目标确定之后，制定一个既先进又实际，兼顾现实和年鉴发展的系统。这样的系统目标是：能够准确及时地向最高领导提供决策信息；能够促进各部门间工作流程规范化、系统化,各部门的工作成果能以数据方式储存;部门之间、上下级之间至内外部能实现信息交流、信息资源共享;系统易于使用、易于管理、维护,人员须经过培训。具体的做法应该包括以下几个方面。

首先,系统在技术上应采用高性能的服务器和安全可靠、功能完善的操作系统。应充分利用互联网技术,创造一个群体工作的环境,使年鉴机构内部,不论是主编还是部门编辑,都可以建立起交互方式的联系,内部信息能够得到及时、准确、快速的传递并使信息资源达到充分有效的共享,从而使信息在传递过程中最大限度的避免时间延误所造成的各种损失。

其次,在采用现代化管理模式的同时,按系统所需知识结构调整人员的组成,使年鉴人员组成适合现代化管理、生产、经营的要求,这也是应用现代化信息技术是否成功的关键所在。信息系统的建立将影响年鉴组成人员的认识和运作方式,影响人力、物资资源,因此要达到系统顺利建立的目的,必须对年鉴内部机构进行相应的改造,这也是一个提高年鉴人员素质,使年鉴内部管理达到一个更高境界的过程。在此过程中,最好采用阶段性实施的方法,使建立系统所产生的负面影响降到最低。也可有较充裕的时间对人员进行调整、培训等工作。

再次,现代化信息技术的应用使年鉴管理中的部门交叉情况以最有效的途径得以剥离。为使市场对年鉴带来的影响有更明确的认识,采取合理的解决措施,在建立信息系统时可以将这些费用的使用单列为一个临时子系统。这样做的好处既可使问题明朗化,缩短解决问题的期限,同时也使年鉴编纂出版现状一目了然,对年鉴发展起到监控作用。

有了明确的管理模式,年鉴现代化才能得以实施。年鉴编纂部门应充分利用现代化科技手段,建立适应本地区、本部门实际情况的现代化硬件及软件设施,大力培训经营管理与编纂人员,把握时间与空间的效益的有机结合,建立内网(内部局域网)与外网(网站),丰富信息,扩大交流,并建立流程规范的网上三审三校制,从而为年鉴适应市场打下良好的基础。

一些先行一部的年鉴编纂部门深刻体会到现代化科学技术对年鉴的编纂、经营与发展有着十分巨大的推进作用,他们在年鉴的编纂与经营中率先实现了编辑的无纸化、信息采编网络化、网上售书的便捷化、经营管理的科学化、学习交流的快速化;也有一些编纂部门正处在起步阶段,但也尝到了编辑现代化的甜头,如稿件的撰写、存储、编审、录入和排版效率大为提高,计算机辅助编制索引、目录的方便快捷，表格、图片运用计算机处理后的高清晰、高质量，数据资料的计算机管理等等，这一切，无疑加大了他们进一步扩大年鉴现代化的决心和信心。

国际管理学界极力推崇企业过程重组（Business Processing Reconstruction），就是因为信息技术的应用可以在很大程度上提高企业管理水平。在应用信息技术的过程中，使企业完成向更高层次的重组过程。年鉴界不妨拿来参考一下，看看他们在重组过程中，信息的共享和扩散速度加快的原因，内部作业系统将得到改善的途径。对瞬息万变的出版市场，年鉴应该对竞争对手实行分析和跟踪，定位年鉴市场，大力拓展发展渠道。与此同时，促进年鉴内各部门加快理清职能，明确管理原则，如此，年鉴工作流程才会更加有序。

应用现代化信息技术提高年鉴管理水平是最有效的途径，也是高科技发展所形成的大势所趋。我国的年鉴界要想在市场经济的激烈竞争中发展壮大，必须尽快将现代化技术科学有效地用于年鉴运作之中。

（刊 2015 年《浦东史志》第 2 期）

年鉴编纂断想

张泽贤

年鉴编纂是门"艺术",上下左右,内外表里,前后纵横,都需顾及。因此,那些出类拔萃的年鉴,它的编辑无疑是处理"艺术"的高手。他们出口便成章,成章便有道,值得学习借鉴。我辈只能循其路而探之,碰到问题,有些想法,不陋浅见,公诸于世。属一家之言,难免有偏颇,只好见仁见智,以期抛砖引玉。

1. 版本规范是"年鉴生命"。这里所说是"版本规范",非"体例规范",因对后者,行内人都很清楚,不用赘言。而对"版本规范",知者却少。作为一本经国家新闻出版总署批准的正规出版物,势必有其自身的版本规范要求,封面封底,环衬扉页,正文页眉、勒口书脊、字体分栏、图片插照以及文字差错率、版权页等,都有着不可自行其是的自身规范要求,是不能"乱来"的。比如在年鉴的封二封三或环衬上印制宣传彩页(广告),那是要被视为"不规范版本"的,正规出版物的正文字体,一般用的都是5号宋体,如有谁来个"新发明",用的是5号黑体,那就是一片漆黑,既难看又无规范;文字差错率的规定更死,超过了1/10 000,就要被无情地排斥在年鉴的各类评比行列之外……凡此种种,在各式各样的年鉴版本中还是能经常找到这些不规范的毛病,实在值得年鉴编纂者反思，并就此记住一句话：版本规范是年鉴编纂的"生命"，要像爱护眼睛一样，爱护年鉴的版本规范！

2. "豪华精装"与编纂成本。如今的年鉴，很少讲编纂成本。版本越做越豪华，纸张越用越厚实，图片越印越精致，编纂人员越用也越多，年鉴信息的采用却是越来越单薄，反差极大……在提倡创建节约型社会之时，这种种无疑是成本的一大浪费。有些地区经济较为落后，出版的年鉴并不亚于发达地区；发达地区则更向"国际接轨"，想尽方法弄得"弹眼落睛"。却不料，豪华不一定就有好的阅读效果，纵观世界上一些发达国家的年鉴，往往是求其内质而舍其豪华，大多是些不起眼的平装本，唯封面设计很精致。一看内容，却又让人会为它的信息密集而吃惊。中国的年鉴，大多还在走着"舍内求外"的花俏之路，而且越走越"宽广"，好像还没有停下来的意思。如今是印得越多，积得也越多，最终只能成为一堆废纸。对此，褒贬不一，但不管怎样，年鉴编纂的成本过于浪费已成定局。如今，众人皆谈"年鉴创新"，那么有哪家年鉴敢于先站出来，认真做它一本具有中国特色的"平装本"年鉴？并在内容上来个"大减肥"，去掉那些可有可无的"信息"，这应该说是个创举，但是要有胆量，难道中国的年鉴界不该大大提倡这种"节约型创新"吗？

3. "组编分离"的尝试。编纂一本年鉴，不论是中央级还是地区级的年鉴，不论是专业性还是行业性的年鉴，采集年鉴信息是其首位工作，用句俗话说就是"组稿第一"。编辑人员手上无组来的稿件，等于是在做"无米之炊"，如出现这种情况，年鉴是无法编的。如今，几乎所有的年鉴编辑部或年鉴社，仍在沿用多年的旧方法：编辑人员按政府条块，委办局，街道镇等"机构与行政区划"组稿，好处是有"权威性"和"全面性"，方方面面，角角落落都能顾及到。弊端是鲜活的"鱼"少，腌的咸的比较多。而且每年在不停地轮换着撰稿者，像"走马灯"，让编辑部大伤脑筋。供稿单位的发稿，往往"拖泥带水"，直到年鉴要送印刷厂发排了，仍未"滴"干净。再说，编辑人员往往又是身兼数职，忙了这头顾不上那头，组稿无时间，编纂赶时间，质量势必下降。看来，一个编辑既要组稿，又要编稿，在年鉴出版时间规定"死"的前提下，虽不能讲在干傻事，但总是件吃力不讨好、不讲编纂成本的事情。要解决这个问题，唯有"组编分离"，即由专人组稿，专人编辑。组稿者不编辑，编辑者逐步过渡到不组稿，从而从根本上理顺组稿与编稿的关系。浦东年鉴社在编纂"英文版年鉴"和"生活版年鉴"中，初步尝试了"分离"

法,效果较为明显。这也证明:此法可行,事在人为。

4. 信息来源多渠道。年鉴界前辈尚丁先生曾有句名言:"年鉴是信息产业。"这一框定,意义深远,值得年鉴同仁认真体悟。有的人不一定认同"产业",但作为"信息总汇",这应该是公认的。既然是"总汇",那么仅靠政府部门和行政条块区划提供的"信息",早已显得十分单薄和干瘪,根本无法涵盖处于"转型期"的整个政治、经济、社会、文化生活的所有新事物。如今,在人们的生活中,信息"铺天盖地"而来,真有点无法招架。同时也给年鉴的编纂提出了一个扩大信息采集渠道的"严峻"要求,否则还谈什么"信息产业"?还谈什么"信息总汇"?为此,年鉴编辑必须学会从各种形态的媒体中寻找所需信息,如报纸、电视、网络等,并加以去伪存真,去粗存精,最终成为"沉淀"于年鉴的信息。用这些信息写成的年鉴条目,往往"鲜蹦活跳",既有信息含量,又有一定的可读性——也许,这就是未来中国年鉴的一种"模式"。

5. 编纂程序与电脑化。年鉴的编纂,早已跟着报纸期刊,告别了"铅与火"的时代,代之以神奇的电脑与网络。于是,"老革命"也便碰到了新问题。这个问题,对全国年鉴界是否普遍,没有调查,没有发言权。但就近看一下上海这个与国际接轨的大都市,还有不少年鉴的编纂仍在沿用陈旧的方法,编辑在纸上"工作",专请电脑操作工"服从命令听指挥"地修改与调整,整个过程费时费力,效果还不佳,出版的时间也一拖再拖。这就是无法回避的现实,于是,年鉴编辑要学会熟练操作电脑及运用网络的技能,也便成了年鉴编纂岗位的新要求。在新闻媒体,这早已不成问题,而在年鉴界却是一个需迫在眉睫解决的新问题。否则,编年鉴的人就可能被电脑无情地淘汰。说得明了点:就是电脑的编纂程序会"认不得"你这个大编辑。程序往往是残酷的,这是不容争辩的事实,编辑人员唯有自觉"充电",尽快"挤"进这个行列,尽快让自己"电脑化",否则电脑就是"死神"!目前,浦东年鉴社是人手一台电脑,绝大多数人员能熟练掌握电脑操作,处理来稿,发稿审稿,均以盘片作为传递载体,以后将过渡到利用编辑部的内网传递,最终达到真正的年鉴编纂无纸化。

6. 年鉴框架的"与时俱进"。我们可以在此作个大胆"预言":未来中国的年鉴,其创新力度,主要在它的框架"革命"。理由是,目前被称作"千人一面"的年鉴框架设计,将被凶猛而飞速发展的现实"打"得支离破碎。已有迹象表明,现实正在提出要构建一个新的年鉴框架体系的要求。从《浦东年鉴》的发展历史看,框架的主要构件是"类目",它的数量从最初10多个到现在的近50个,就像是一棵大树支撑着满身的枝叶,丰富而饱满。而其特色,就是被誉为有"浦东特色"的"开发开放"。浦东在全国本身就是开发开放的"龙头",如果浦东的年鉴没有体现这个特色,那就是失职。之后,全国不少年鉴步其后尘,也把"开发开放"放在年鉴的最前面,这是一个好现象,因为它突破了陈旧的思维定势,真实地展现了中国的现实。但是,这个现实正在不断变化,且朝着各个方向,呈辐射状。年鉴的编辑人员越来越感到自己有"失职"的危脸。现实的步履跑得太快,使文字的沉淀,使编纂人员的知识与思想已经"踏不准"现实的"节拍"。以前那种基本用"计划经济"模式设计的年鉴框架,在面对丰富而又相互交叉的现实发展时已经不知所措。比如,浦东新区最近成立了6个"功能区",从管理区域看,功能区包括开发区、镇、街道等,这在全国又是先行先试的举措,一旦得到国务院正式批准,无疑将会对《浦东年鉴》的框架来个"大冲击"。看起来是个"冲击",但是大好事,因为它将促使《浦东年鉴》永远踏着"与时俱进"的步伐朝前迈进。

7. 把综述概述"填满"。根据年鉴编纂体例的三级编目,《浦东年鉴》把它分为"类目、分目、条目",有的年鉴则把类目称为栏目,反正都有着阶梯式的逻辑层次,类目似树干,分目似支干,条目似枝叶。类目下有若干分目,分目下又有若干条目,《浦东年鉴》的条目数达1 800多条,达到较大的涵盖面。在类目下的"领头者"是"综述",对类目内容"综而述之"。在分目下的"领头者"是"概述",对分目内容"概而述之"。而在年鉴的编纂中,最难写的就是"综述"和"概述",那是考验年鉴编辑综合素质是否高,思路是否清晰的"试金石"。有不少年鉴缺乏的恰恰就是这两项,有的索性空着,读者从这种现象中只能看到:这家年鉴的主编缺乏的正是"概括能力"。《浦东年鉴》曾经历过这一"痛苦"阶段,之后痛下决心,以先"填满"为宗旨,好让三级编目不再"缺胳膊少腿"。只有在"填满"的基础上慢慢去"磨",才可能使年鉴的综述、概述渐渐像个"模样"。因为,世上任何事物,都是逐渐从残缺到完美的,要想跨越其过程,一步登天,除非从此不再编年鉴。

8. 相关链接与补白。《浦东年鉴》自2004年开始,在安排"类目"页时,采取了单页码的(页码都是单数)处理办法,版本术语称为"辑封"。在此页中,刊登经设计的"辑封"页,安排类目名和与类目相关的图片,既起到美观作用,也使年鉴的版本更趋规范。在规范的同时,确实也给编纂带来了"自讨苦吃",原本可以顺页排下去的办法自我废止,必然在每个类目最后留下篇幅不等的空白。以往未采取新法时,留有的空白不多,用一般的技术处理办法,能把空白处理掉,处理不掉的就用小知识"补白",但是"补白"的内容与类目内容各异,似贴上的一张"狗皮膏药"。如今为了达到规范,出现了较大篇幅的空白,这又成了好事,可以刊登与类目内容相同或相似的"相关链接"。"相关链接"是从报纸杂志上学来的,报纸杂志又是从网络的相关知识点击中学来的。《浦东年鉴》的"相关链接"有着自己的特色,"相关链接"的内容与浦东新区"两会"的内容衔接起来,很好地延伸了年鉴的内容,同时也增加了"新鲜感"。此举已坚持了两年,能否一直坚持下去,特别是一直坚持年鉴版本的规范性,就要看"后来者"有没有可持续发展的理念与决心了。

9. 索引的多样性。在年鉴的定义中,有一个非常重要的关键词,它就是:"资料性工具书"。年鉴的工具性,充分体现在它的索引中。而年鉴的索引,又是当今年鉴同行不太重视的一个项目。翻开有的年鉴,根本就找不到索引,即使有索引,也只是目录的缩写"翻版"。因此,如何做好年鉴索引,是年鉴界同仁要共同致力的主攻目标。《浦东年鉴》曾经采取分管编辑自做分管的那部分类目的索引,结果是以主题词做标准,做得好的有之,做得乱的也有之,甚至把索引词做得带有副词和形容词,从而把索引最基本的要求:"检索方便"给彻底忘了。最后,只好由专人重做,费时费力,成本不小。专人做索引,在电脑上操作极为方便,既准确又快速,增加工效起码10倍。虽然,目前《浦东年鉴》的条目索引仍不太理想,距离"全方位""多角度"制作索引的要求还相距甚远。但是,在索引的"多样性"方面进行了有益的尝试,除了维持条目索引、图片索引、表格索引、相关链接索引外,还增设了一个"分类索引",目前设有"专用名词"和"人物姓名"两个小项。以后准备逐渐增加诸如"事件索引""会议索引"等,目的是要以多角度、多渠道来增强年鉴的检索功能,从而突出年鉴的资料工具性。

10. 校对"惯性"与程序。校对,是年鉴编纂中一个至关重要的环节,也是保证年鉴最终质量的重要程序。如果出版后的年鉴,只要随便一翻就能找出差错,那么这本年鉴就算是白编了,花了那么多钱,那么多精力与人力,最终是"满目疮痍",实在是看得难过。事到如今,何必不在当初认真把好"校对关"呢?问题没错,但谁又料到会有"漏网之鱼"呢?看来其中必有原因。其原因也许只有一个:编辑是干不了或不适应"校对"这个活的!编辑的"活"是编,校对的"活"是校。编辑从编稿到改稿,到最终定稿,早已形成一种编稿式的"校对惯性",稿子已看得滚瓜烂熟,一目十行,以"编"的心态进行校对,那是永远也无法从自己编的稿子里找出差错的。有的编辑甚至还会不顾主编已经审定的情况,仍一直"编"下去,永远也定不了稿。这也说明,在年鉴界还要补学一点文字编辑的"方圆规矩":编辑该做什么,不该做什么。在这样的情况下,没有差错才怪了。《浦东年鉴》曾经经历过这个"模糊"阶段,还好及时调整:只安排责任编辑进行一校(自校),且允许一校可以作大的补充与调整,但必须是最后的定稿,从此不得再改动,除非得到主编的同意。二校时,编辑不再介入,文字稿聘请专业校对进行,同时交市方志办审读,交区保密办保密审查,主编再做最终润色,最后还要用"黑马软件"过一遍,从而把差错率降低到最低限度。可见,减少年鉴的文字差错,既要按程序办事,又要果断地切断编辑固有的"校对惯性",否则就可能后悔一年又一年。

11. 审稿与发稿笺。在文字编纂程序中,最重要的一环是"审稿",也就是所谓的"把关"。文字工作如不"把关",就如同产品没有了"质量检验",最终的产品就可能是"次品"或"废品"。产品废了,可一扔了之,而以文字为载体的精神产品,一旦差错连篇,特别是出现政治和常识差错,那就会贻害国家和人民。《浦东年鉴》对年鉴审稿一直很重视,在"阶梯式"编纂程序的每一环节上都设有"审稿"责任人:责任编辑初审,副主编一审,主编二审,三审交《浦东年鉴》的分管领导和相关的部门审核,下一级都对上一级负责。审稿程序虽然相对严密,但必须使它"物化",要有一个能够鉴证审稿结果的"载体",否则"口说无凭",有了程序,也会乱套。《浦东年鉴》采用的是"年鉴编纂发稿笺"这一载体,每经过一次审核,都要留下审核者的签名或意见,从而明确了相对应的岗位与责任。以后一旦发现差错,也能找到相对应的"责任链",为日后的考核也提供了较为准确的依据。"发稿笺"虽是一张小纸,但作用很大:强制性确定岗位责任,最大限度杜绝差错,它无疑是年鉴质量的"保护神"!

12. 喜忧并存与对历史负责。"对历史负责"这句话,说来容易,做起来很难。那么,什么叫"对历史负责"?也许可用一句话概括:"既报喜又报忧。""报喜"极易,莺歌燕舞,皆大欢喜。厚厚一本"功劳簿",算是一年没白干,对得起党,也对得起人民。但是,世上任何事物都是"一分为二"的,前有后,左有右,喜所对应的必然是忧。"忧"其实并不可怕,可怕的是无视"忧"的存在,去掩盖"忧"、去淡化"忧"。如今,在新闻媒体中,如实反映"忧"的情况比比皆是,好像读者也没有因为身边出现那么多的"忧"而对前途灰心丧气,相反感到肩上的担子更重了,奋发有为的精神更足了……而年鉴,作为最终信息沉淀的"总汇",其中居然缺了那么一只"角",这只"角",就是事物在发展过程中,无法避免的"事故、失误和问题"等。有不少年鉴虽在以不同的"写作技巧"来"报忧",采取的方法是把"失误当教训"写,这样虽很不够,但总比没有为历史留下一笔为好。如果,年鉴版本能够存世百年,到2105年,那时的研究者在阅读之余,也许就会提出一个类似"考古"的问题:"21世纪初的中国,正处在经济社会转型期,难道只有喜而无忧吗?"听到这个假设,真不知,如今在领导或编纂年鉴的人,是否会感到脸红耳臊、无地自容?

13. 年鉴编纂"小而全"。如今的新闻媒体和出版社,早已意识到把自己弄得像只麻雀,"五脏齐全",既是编辑部,又是印刷厂,又是发行部门,反正那是自讨苦吃,既浪费成本,又分散主业的攻坚力。对自身的发展没有一点好处。然而,中国不同类型的年鉴编辑部或年鉴社,好像仍没有"觉悟",仍循着别人早已抛弃或正在抛弃的路行走,还在既搞编纂业务,又搞征集宣传彩页,还要设置专人去从事很难弄的发行工作。一个编辑部,本身就没有几号人,每个人都还有主业要做,却还要分散精力去搞自己不懂或只懂点皮毛的工作,这样真的很累,也很痛苦!这正是"小而全"在害人。如今的社会,专业分工越来越精细,不少十分专业的工作,早已由内行的中介公司在完成,比如搞出版的,它早已把排版、版式设计、印刷等业务交由专业公司完成,新闻媒体也早已把广告和发行委托专业公司去做,自己的精力主要放在主业上,从而使事业得以保持发展的势头。中国的年鉴界,是否也应从中有所借鉴,从可持续发展的角度去思考问题,能够尽快从"小而全"的"桎梏"中解放出来?但"解放"出来的单个年鉴社是很难"抵御"各种风险的,势必要走"联合"的道路,成立地区性的"年鉴集团",这也许就是未来年鉴体制改革的一个方向。

14. 创新的"曲解"。前几年,中国年鉴界提出:年鉴要走创新之路。这是明智之举,因任何事物的发展都离不开创新,特别是年鉴,一直沿袭着传统的编纂体例与模式,长期以来形成了"千人一面"的痼疾。由于事业的"先天不足",整体发展又受到诸多因素的影响与制约,则更需寻求一种创新的"突破口",否则年鉴事业很难与时俱进。可以坦率地说,直到如今,这一"突破口"好像仍未真正找到,更多的"创新",还只是停留在"形态"的变样,很少触及年鉴内在本质的改变。

比如,最典型的就是对创新的某种"曲解",各地几乎都"普遍开花"地出版实用性的生活年鉴,或类似生活年鉴的手册与概览,企图把"生活"从综合年鉴中分离出来,单独成册,并且抱着良好的愿望,想就此"飞入寻常百姓家"。看来,这种实践的最后结果并不理想,要每年出版似乎也不现实;而且这类实用性年鉴不少涉及地址、电话等内容,因被介绍的主体在经常变化,故很难成为年鉴资料最终的准确信息,这样的"实用性"年鉴不可能"长命",花了人力与财力,去编它干什么?浦东年鉴社也在尝试突破纯"手册类"生活年鉴的实用性,改变年鉴固有模式的形态与内容,连续两年编纂了《浦东生活年鉴时尚版》和《浦东生活年鉴旅游版》,虽有一些可取之处,但仍存在着"难以为继"的窘态,这只能说明还没有真正摸到年鉴创新之"脉",还只是在外围游移。其实,以笔者陋见:未来中国年鉴的创新,主要体现在年鉴的框架上,框架的改变,将会改变年鉴的整体面貌。因此,中国的年鉴界有必要未雨绸缪!

(刊 2005 年《年鉴信息与研究》第 5 期)

史林稽古

《曹植集校注》献疑

陈长华

赵幼文先生的《曹植集校注》(以下简称《校注》)在清代丁晏《曹集铨评》(以下简称《铨评》)的基础上,汇校各本,详加注释,为现代读者阅读曹集提供了一个较好的本子。但《曹植集》的整理绝非易事,《校注》也远未达到尽善尽美的地步。关于这一点,江殷先生《〈曹植集校注〉得失评》(载《文学遗产》1987 年第 4 期)和熊清元先生《〈曹植集校注〉商兑》(载《古籍整理研究学刊》1997 年第 1 期)已有论述,但其中可商榷之处仍复不少。本文不揣浅陋,试就《校注》中存在的部分问题略陈浅见,以就教于方家。

承前人之误而漏校例

1. 骐骥

《鞞舞歌大魏篇》:"白虎戏西除,舍利从辟邪。骐骥蹑足舞,凤皇拊翼歌。"(《校注》329 页,下引曹文并据该书)

按:《校注》此处无校。"骐骥",《乐府诗集》卷 53 如此,张燮本、张溥本、《铨评》、《校注》同,而《宋书乐志四》则作"骐驎"。我们知道此处白虎、舍利、辟邪、凤皇皆为祥瑞之物,故"蹑足舞"者亦不当例外。骐骥在古籍中都是指良马,不作祥瑞之物,作祥瑞之物的是骐骥("骐骥"为"麒麟"之异体)。可见此处当从《宋书》作"骐骥"。

2. 亡赵

《汉二祖优劣论》:"亡赵幽囚,祸殃骨肉。"(103 页)

《校注》:"幽囚,《汉书高五王传》:"太后召赵王友……赵王至,置邸不见,令卫围守之,弗与食,其群臣或窃馈,辄捕论之。赵王饿……丁丑,赵王幽死,以民礼葬之长安民冢次。"(106 页)

按:《校注》此处有注而无校,但"亡赵幽囚"语不可通。"亡赵",《类聚》卷 12 以及曹集各本皆如此。而《长短经》卷 2 引作"赵王"(36 页,《丛书集成初编》本),是。"赵王"正是《汉书》的赵王刘友。此处"王",当先音讹作"亡",后又倒而为"亡赵"。

承前人之误而误校例

1. 纤削

《宝刀赋》:"故其利:陆断犀革,水断龙角;轻击浮截,刃不纤削。"(160 页)

《校注》:"《铨评》:'纤,《艺文》作瀸。削,程作流,从张本。'案削疑为掣字之省。"

《周礼考工记》郑注:"'掣纤,杀小貌也。'角、掣,觉韵字。刃不纤削,犹言刃不少损也。"(162 页)

按:"纤削"不词。郑注所谓"杀小貌",乃细长之义,与宝刀之刃何涉?《校注》引之殊为未当。"纤削",《艺文类聚》(以下简称《类聚》)卷 60、《北堂书抄》(以下简称《书抄》)卷 123、《太平御览》(以下简称《御览》)卷 346、四库本、张燮本、张溥本并作"瀸流";《初学记》卷 22、宋本、《四部丛刊》本、郭本、汪本作"纤流";薛本前一字作"纤",后一字则作墨钉,殆校刻者无法取舍,遂阙疑焉(该书于疑问不决之处多如此处理)。作"纤削"者则未见。丁晏谓"从张本",其所谓"张本"乃是指张溥本,似乎张溥本作"纤削",而张溥本实作"瀸流"。《说文水部》:"瀸,渍也。""刃不瀸流",盖谓宝刀之刃锋利无比,从水中划过,如入无物,不为水所渍湿。曹植《七启》:"随波截鸿,水不渐刃。"(8 页)"水不渐刃"义同"刃不瀸流",可资比勘。"瀸"与"纤"音同形近(《经典释文》卷 29《尔雅音义上》:"瀸,息廉反,又子廉反。"音"息廉反"的"瀸"与"纤"音同),当可通用。曹植《谏伐辽东表》："退则有归途不通,道路灡洳。"(509页)《四部丛刊》本、汪士贤本"灡洳"作"纖好"("好"为"洳"字之讹),可证。"流"与前句"水断龙舟"之"舟"为韵(《类聚》、《书抄》、《御览》、《初学记》、四库本、张燮本并作"舟",余本讹作"角"。《校注》校作"角",误)。各本作"灡流"或"纖流",本不误,而丁氏误校,《校注》沿误,又曲为之解,遂使此句不可通矣。

2. 甄

"封鄄城王谢表",《校注》云："《铨评》:'张鄄误甄,依《艺文》五十一改。'"(246页)

按：此处"甄"并非误字,而是"鄄"字异体。《集韵线韵》："鄄,《说文》:'卫地。今济阴鄄城。'或作甄。"(1182页,北京市中国书店1983年影印扬州使院本)《史记齐太公世家》："七年,诸侯会桓公子甄。"(1487页,中华书局1982年标点本)《左传庄公十四年》作"鄄"(1771C)。《铨评》、《校注》以"甄"为误字,非。

本有异文可据而失察例

1. 官鸟号名

《少昊赞》："官鸟号名,殊职别系。"(73页)

《校注》："疑此处当作鸟号名官。意谓以鸟名作官吏之职称。"(73页)

按：此处《类聚》卷11及曹集各本原文如此。《校注》据文意校作"鸟号名官",是。但作"鸟号名官"并非没有文献根据。《御览》卷79引此句作"官鸟号名官殊职别系"(371页),前一"官"字显系涉后"官"字而衍。此处衍文至迟宋代已经产生,《类聚》等书的校刻者当是发现此处有问题,却又误删后一"官"字(甚或宋人刻《类聚》以前已经误删),遂使此处不复可通。幸而《御览》保存了古本原貌,使今人校改曹集有了文献依据。《校注》失察,故只能据文意而校之。

2. 雷忭

《大魏篇》："乐人舞鼙鼓,百官雷忭赞若惊。"(329页)

《校注》："雷忭,疑当作雷抃。"(331页)

按：作"抃"是。"忭",《宋书乐志四》、《乐府诗集》卷53、张燮本、张溥本、《考异》并作"抃"。此篇丁晏当据张溥本录入《铨评》(丁氏以休阳程氏本为底本,程本所无者,则据张本录入),而张本实作"抃",丁氏误录。《校注》本可据众本校丁氏之误,竟亦失察,故只能以疑词校之。

3. 精神

《黄初六年令》:"固精神可以动天地金石,何况于人乎?"(338页)

《校注》:"《文选幽通赋》:'非精诚其焉通兮。'曹大家曰:'非精诚所感,谁能若斯。'此作精神,疑非。"(340页)

按:《词林》卷695"神"作"诚",《铨评》误录,《校注》失察,亦只能以疑词校之。

有脱文而漏补例

1.《庆文帝受禅表》:"陛下以圣德龙飞,顺天革命,允答神符,诞作民主。乃祖先后,积德累仁,世济其美,以暨于先王。勤恤民隐,劬劳勤力,以除其害,经营四方,不遑启处。是用隆兹福庆,光启于魏。陛下承统,缵戎前绪,克广德音,绥静内外。"(212页)

按:《类聚》卷13"勤恤民隐"前有"王"字,是。此处"勤恤民隐"至"光启于魏",所述乃为"先王"曹操事迹,而非曹丕事迹。曹集各本此处脱"王",遂使前后文意不能贯通。

2.《汉二祖优劣论》:"凡此诸事,岂非高祖寡计浅虑以致口!"(103页)

《校注》云:"致口,严可均《全三国文》致下有脱文。案疑脱之乎二字,否则语意不具。"(107页)

按:此处《类聚》卷12以及曹集各本皆如此,而唐赵蕤《长短经》卷2引此"致"下有"斯哉"二字(36页),正可补此处之脱遗。

3.《毁鄴城故殿令》:"高祖之魂不能口未央,孝明之神不能救德阳。"(248页)

按:此处《粤雅堂丛书》本《文馆词林》"能"下缺一字,《考异》、《铨评》、《校注》因之亦缺。《适园丛书》本《文馆词林》"能"下有"令"字,但作"令"文不可通。日藏弘仁本《文馆词林》(以下简称《词林》)卷695"能"下则作"全"字,是。"全"俗书与"令"形近,《适园丛书》本遂讹为"令"。

有佚文而失辑例

1.《初学记》卷27引曹植《社颂》:"灵稼阿那,一禾千茎。"又:"秀吐穟万亩

齐平,荫盖陇百秽不生。"(661页,中华书局1962年校点本)

按:这四句《全三国文》卷17、《考异》卷7据《初学记》辑入《社颂》文下。《铨评》辑有前两句,而《校注》则连前两句亦遗漏。

2.《文选》卷19束皙《补亡诗六首》之二李善注引曹植《魏德论》:"位冠万国,不惰厥恪。"(906页)

按:《铨评》、《校注》中《魏德论》无此二句,唯《考异》卷10据《文选》李注辑入,今当补入《魏德论》下。

3.《文选》卷59沈约《齐故安陆昭王碑文》李善注引曹植《上文帝诔表》:"阶青云而诞德。"(2562页)

按:现存曹集各本中《文帝诔》前都只有序而无表,可见该表久已亡佚,目前所能见到的,就只有《文选》李注所引这一句。此遗句《全三国文》卷15、《考异》卷9、《铨评》卷末"遗句"皆已辑入,而《校注》失收。

4.贾思勰《齐民要术》卷10引曹植《宜男花颂》云:"世人有女求男,取此草食之尤良。"(《四部丛刊》本该卷40页)

按:旧本曹集各本《宜男花颂》皆无此二句,唯《考异》卷7据《齐民要术》辑入,并认为这两句应当是序文。

有衍文未删而标点错误例

1.《令禽恶鸟论》:"乃顾谓曰:'伯奇,劳乎!是吾子,栖吾舆;非吾子,飞勿居。'"(305页)

《校注》:"伯奇,《铨评》:'程、张脱奇,依《御览》补。'劳乎,犹今语辛苦吗?"(307页)

按:"伯奇,劳乎"这样的句式,于文献无征。此处"奇"字,《类聚》卷24、《古今事文类聚后集》卷47以及曹集各本皆无。据文意,此处乃是尹吉甫对伯劳鸟所说的话,所以才会有"是吾子,栖吾舆;非吾子,飞勿居"这样的话。删掉"奇"字,此处标点当是:"乃顾谓曰:'伯劳乎,是吾子,栖吾舆,非吾子,飞勿居。'"则前后文意豁然贯通。可见《御览》"奇"字当是涉上文"伯奇"而衍。《铨评》误增,《校注》不察,误点而又误释。

2.《黄初五年令》:"大嚼者咋断其舌;右手执斧,左手执钺,伤夷一身之中,尚有不可信,况于人乎!"(320页)

按：此句《校注》如此标点，然"右手执斧，左手执钺，伤夷一身之中"实不可解。张溥本"执钺"作"亲钺"，"亲（親）"显然是"执（執）"字之误；《类聚》卷54及其他曹集各本皆如此。查《词林》卷695，则此处无"执钺"二字，《词林》是矣。去掉"执钺"二字，则此句当点作："大嚼者咋断其舌；右手执斧，左手伤夷：一身之中尚有不可信，况于人乎！"如此一来，此句也就豁然贯通了。

3.《黄初五年令》："自世间人从，或受宠而背恩，或无故而入叛。违顾左右，旷然无信。"(320页)

《校注》于"入叛"注："入叛，《释名释言语》：'入，内也。'入叛即内叛"。于"违顾"注："违，案《尚书尧典》：'静言庸违。'《论衡恢国篇》引违字作回，是违与回通，则违顾犹言回顾。"(321页)

按："入"确有"内（纳）"意，"违"也确可通"回"，但《校注》言"入叛"义同纳叛，"违顾"义同回顾，无文献用例，实不可从。其实此处"入叛"之"入"，《类聚》卷54、《词林》卷695引并无。若去掉"入"字，此句标点如下："自世间人从，或受宠而背恩，或无故而叛违，顾左右旷然无信。"全句便怡然顺适，略无滞碍。"叛违"义略同现代的"叛变"，古籍中亦有文献用例。如《诗经大雅瞻卬》："天何以刺？何神不富？舍尔介狄，维予胥忌。"郑玄笺云："王之为政，既无过恶，天何以责王，见变异乎？神何以不福王，而有灾害也？王不念此而改修德，乃舍女被甲夷狄来侵犯中国者，反与我相怨。谓其疾怨群臣叛违也。"(578B)其中"叛违"一词与此处义同。可见曹文"入叛"之"入"为衍文当无疑义。《考异》卷8已指出"入"为衍文，而《铨评》漏校，《校注》承其误，又曲为之解，遂使此句不复可通。

不明特定句式而误校例

1. 有邈其灵

《制命宗圣侯孔羡奉家祀碑》："嘉彼玄圣，有邈其灵，遭世霪乱，莫显其荣。"(229页)

《校注》："邈，《铨评》：'张作赫。'案《诗经生民篇》：'以赫厥灵。'毛传：'赫，显也。'作邈字疑非。"(234页)

按：《隶释》卷19《魏修孔子庙碑》作"邈"(191A，中华书局1985年影印洪氏晦木斋本)，是。类似语例在中古汉语中经见。如《蔡中郎集》卷4《胡公碑》："赋政于外，有邈其踪。进作卿士，粤登上公。"(《四部丛刊》本该卷5页)《类聚》卷

15 晋庾阐《二妃像赞》："二妃玄达,含灵体妙。协德坤元,配虞齐耀。明两既丽,重光作照。有邈其徽(按:徽原讹微,据严可均《全晋文》卷38改),神风遐劭。"(281页)又卷36晋夏侯湛《鲁仲连赞》："峨峨先生,有邈其节。流仁忧乱,抗道自絜。"(649页)并其例。"有邈其灵",即"其灵邈矣",乃倒装句式。"有"在这里作形容词词头,无意义。全句谓孔子离现在已经很久远了,加上遭世黑暗纷乱,其荣名因之而不显扬。若依《校注》作"赫",训"显",则与其后"莫显其荣"相矛盾,显非。《校注》误校,当与不明此种特定句式有关。

2. 爵必无私

《文帝诔》："爵必无私,戮违无轻。"(342页)

《校注》："爵必,《铨评》:'《艺文》必作功,私作重。'案宋刊本《曹子建文集》、《魏志文帝纪》裴注引作'爵功无私',当是也。与下句'戮违无轻'相俪成文。私从《艺文》作重,或失曹植原意。"(349页)

按:"必"字显误,《校注》是。然窃谓《类聚》作重,未必"失曹植原意"。古汉语中有一种特殊的句式,叫做"互文"。关于"互文",前贤及当代学人论述已多,而尤以李显根先生《试论中国古典诗文中的"互文"手法》(载《浙江学刊》2001年第5期)一文所论最为精当,这里不烦引述其对"互文"的定义:"'互文'就是在结构相同或相似的前后词组或上下句中,对举的词前后各省略一个,解释时省略的词要相互补充乃为原意。"据此,"爵功无重,戮违无轻"可谓一个典型的"互文"句式:上下句结构相同,"重"、"轻"对举,上句省略"轻",下句省略"重",解释时"重"、"轻"相互补充方得原意。鉴于此,该句的意思也就昭然若揭了,无非是"无论功之轻重(即大小),有功必赏;无论罪之轻重(亦即大小),有罪必罚"而已。曹植《谏取诸国士息表》:"臣闻古者圣君与日月齐其明,四时等其信,是以戮凶无重,赏善无轻。"(463页)"戮凶无重,赏善无轻",意即"无论罪之大小,有罪必罚;无论善之大小,有善必赏",与此处"爵功无重,戮违无轻"义同,亦为"互文"句式。以曹证曹,益知此处作"重"是。《校注》取舍失当,显然跟不明此处乃为"互文"句式有关。

语例不足而轻下断语例

1. 不纲

《文帝诔》："季嗣不纲,网漏于秦。"(341页)

《校注》:"季嗣谓周赧王。纲,《铨评》:'《韵补》一作维。'案宋刊本《曹子建文集》、《魏志文帝纪》裴注引亦俱维。《周礼节服氏》郑司农注:'维,持之也。'则作维字是。"(346页)

按:四库本、张燮本、张溥本并作"纲"。"纲""维"义同,皆可指国家法度。类似的同义异文在古籍中常见。《校注》谓"纲"当作"维",却无任何语例支持,不能不令人生疑。《文选》卷50班固《史述赞三首述高纪第一》:"皇矣汉祖,纂尧之绪,实天生德,聪明神武。秦人不纲,网漏于楚,爰兹发迹,断蛇奋旅。"李善注:"言秦人不能整其纲维,令网目漏也。于楚,谓陈涉反而不能诛,故高祖因而起。"(2226页)可见作"不纲"于古有征。又唐赵蕤《长短经》卷6:"臣闻昔汉氏不纲,网漏凶狡:袁本初虎视河朔,刘景升鹊起荆州……。"(163页)语境相同,亦作"不纲"。而在相同语境下作"不维"的例子则未见。《校注》在无任何语例支持的情况下是"维"而非"纲",是不够谨慎的。

2. 令亲疏

《赠白马王彪》:"苍蝇间白黑,谗巧令亲疏。"(297页)

《校注》:"《铨评》:'令《志注》作反。'案疑作反字是。《诗经猗嗟篇》:'四矢反兮',反《韩诗》作变,是反变义同。反亲疏谓变亲为疏也。"(同上)

按:《文选》卷24、宋本、四库本、《四部丛刊》本、郭本、薛本、汪本并作"令";张燮本、张溥本正文作"反",小字注云:"今本作令";唯《三国志魏志》卷19裴注、《三国志文类》卷58作"反"。"反""变"意义上确有相通之处,如《列子仲尼》:"回能仁而不能反。"注云:"反,变也。"(206B,《二十二子》本,上海古籍出版社1986年影印)可证。但此处作"令"本自可通。《晋书王济传》:"帝因召济,切让之,既而曰:'知愧不?'济答曰:'尺布斗粟之谣,常为陛下耻之。他人能令亲疏,臣不能使亲亲,以此愧陛下耳。'"(1206页,中华书局1974年标点本)语例相同,可资比勘。倘若作"反"反而显得滞碍难通。此处"反"当为"令"字之讹。

另按:《经典释文》卷5《毛诗音义上》"反兮"下注:"如字,复也。《韩诗》作变,变易。"(《四部丛刊》本该卷29页)可见此处"反"(训"复")、"变"(训"变易")义别,非同义异文。《校注》以之作为"反""变"义同的例证,非。

3. 精魄飞散

《谢初封安乡侯表》:"臣自知罪深责重,受恩无量,精魄飞散,忘躯殒命。"(237页)

《校注》："精魄，《铨评》：'魄，《艺文》五十一作魂。'案宋刊本《曹子建文集》亦作魂。魄不得云飞散，故当作魂为是。"(238页)

按：此处"魂""魄"乃同义异文，现代汉语中仍有"魂飞魄散"一词，岂可谓"魄不得云飞散"？在中古汉语中，"魄"而言"飞散"者亦非无据。《三国志·魏志·管宁传》载宁上疏曰："受诏之日，精魄飞散，靡所投死。"(357页，中华书局1982年标点本)唐李白《上安州李长史书》："入门鞠躬，精魄飞散。"(599页，上海书店1988年影印世界书局《李太白全集》本)并其例。他如《蔡中郎集》卷8《让高阳侯印绶符策》："臣稽首受诏，怔营喜惧，精魄播超，恍惚如梦，不敢自信。"(《四部丛刊》本该卷8页)《三国志魏志公孙渊传》裴注引《魏书》："奉被今年七月己卯诏书，伏读恳切，精魄散越，不知身命所当投措！"(258页)其中"播超""散越"义同"飞散"。《校注》硬是要在同义异文中分出个是非，又无任何语例支持，错误也就在所难免了。

当断而不断例

1.《禹妻赞》："禹妻涂山，土功是急。"

《校注》："《铨评》：'妻，《艺文》十五作娶。'"(258页)

按：《尚书益稷》："禹曰：'……予创若时，娶于涂山，辛壬癸甲。启呱呱而泣，予弗子，惟荒度土功。'"伪孔传："涂山，国名。"(143页)此当为曹植所本。古籍中有关禹的此类记述还很多，如《史记夏本纪》："予娶涂山，辛壬癸甲，生启予不子，以故能成水土功。"(80页)《水经注淮水》引《吕氏春秋》："禹娶涂山氏女，不以私害公，自辛至甲四日，复往治水。"(《四部丛刊》本该卷12页)《御览》卷43引汉应劭《汉地理志》："禹娶涂山，涂山有禹墟。"(207页)。可见作"妻"字非("妻"当是涉篇题而误)。《校注》按而不断，失之过于谨慎。

2.《黄初五年令》："谚曰：'谷千驽不如养一骥。'又曰：'谷驽养虎，大无益也。'"(320页)

《校注》云："谷驽，《铨评》：'《词林》下有马。'大，《铨评》：'《词林》作庸夫。'"(321页)

按：据《词林》卷695所引，此句乃是"谷驽马，养庸夫，无益也。"正与前后文意密合无间。"庸"、"虎"二字俗体形近，"庸"遂讹为"虎"。后人为了使句子"通顺"，又删去"马"字，改"夫"为"大"。殊不知养虎乃是遗患，岂止是"无益"？《考

197

异》卷8此处已据《词林》校正。《铨评》案而不断,是因为丁氏怀疑《词林》乃后人伪托之书(《铨评》于《黄初六年令》题下注云:"《词林》乃蕃舶之书,疑出后人依托增缀。"),故在《词林》的利用上显得比较保守。《校注》引用了《铨评》的题下注,而没有加以辨析,可见《校注》对《词林》持相同态度。我们现在已经可以断定,现存《词林》残卷乃古写本,绝非后人伪托之书。因此,我们对于其可靠性是不必存疑的。

3.《令禽恶鸟论》:"鸟鸣之恶自取憎,人言之恶自取灭,不有能累于当世也。"(306页)

《校注》云:"有能,案宋刊本《曹子建文集》有能二字乙。"(308页)

按:《类聚》卷24"有能"亦作"能有",是。"有"与下字"累"结合,构成"有+动词"式复合词。"有"在这里是动词词头,本身无意义,如现代汉语中仍有"有劳"、"有待"等用法。在魏晋时代,"有累"义略同现代的拖累。如曹植《七启》:"予亮愿焉,然方于大道有累,如何?"(11页)又如《嵇中散集》卷4《答难养生论》:"久愠闲居谓之无欢,深恨无肴谓之自愁,以酒色为供养,谓长生为无聊。然则子之所以为欢者,必结驷连骑,食方丈于前也。夫俟此而后为足,谓之天理自然者,皆役身以物,丧志于欲,原性命之情,有累于所论矣。"(《四部丛刊》本该卷10页)并其例。可见此处"有累"二字不可颠倒。《铨评》此处漏校,《考异》则已据《类聚》校正。

不明词义而误释例

1. 研几

《文帝诔》:"研几六典,学不过庭。"(342页)

《校注》:"研,几也,见《易系辞》。研、几义同。"(348页)

按:《周易系辞上》:"夫易,圣人之所以极深而研几也。唯深也,故能通天下之志;唯几也,故能成天下之务。"孔颖达疏:"'夫易,圣人之所以极深而研几也'者,言易道弘大,故圣人用之,所以穷极幽深而研核几微也。……'唯几也,故能成天下之务'者,圣人用易道以研几,故圣人知事之几微。"(81B)据孔疏可知"研几"乃"研核几微",二字怎能"义同"?《校注》虽然找到了曹植此句之所本,却没有细审孔疏之义,主观臆断,遂有此误。"研几六典",即研六典之几也。《文选》卷56潘岳《杨仲武诔》:"钩深探赜,味道研机。"(2446页)"机"乃"几"后起字。

"研机(几)"与"味道"相对,亦可证"几"乃名词,而非动词。

2. 胡宁

《文帝诔》:"嗟嗟皇穹,胡宁忍务。"(343 页)

《校注》:"务,《铨评》:'《艺文》作予。'案《诗经四月篇》:'胡宁忍予。'郑笺:'宁犹曾也。'即今怎字。"(353 页)

按:《校注》校"务作"予",是。"其引郑笺释"宁"字亦无误。问题在于其对"宁犹曾也"这句话的理解。"曾"确可作"怎"解(章炳麟《新方言》卷1《释词》:"《方言》:'曾、訾,何也。'今通语曰曾,俗作怎。"),但此处之"曾"绝非"即今怎字"。杨伯峻《古汉语虚词》"宁"字条云:"'宁'作副词,'乃'也。'乃'字意义很多,'宁'作'乃'用,多作'竟'解。"又引《文心雕龙征圣篇》:"天道难闻,犹或钻仰;文章可见,胡宁勿思?""宁"字释"竟"(108、109 页,中华书局 1981 年版)。细玩文意,"胡宁忍予"之"宁"同"胡宁勿思"之"宁",只能作"竟"解。

附记:本文所参考曹植集旧本,有宋刻本《曹子建文集》十卷(简称宋本)、四库本《曹子建集》十卷(简称四库本)、《四部丛刊》本《曹子建集》十卷(简称《四部丛刊》本)、明郭云鹏本《曹子建集》十卷(简称郭本)、汪士贤《汉魏六朝二十一名家集》本《曹子建集》十卷(简称汪本)、张燮《七十二家集》本《陈思王集》十卷(简称张燮本)、张溥《汉魏六朝百三家集》本《陈思王集》二卷(简称张溥本)、薛应旂《六朝诗集》本《陈思王集》四卷(简称薛本)、清朱绪曾《曹集考异》(简称《考异》)、丁晏《曹集铨评》(简称《铨评》),共十种。

参考文献

[1]《十三经注疏》.上海古籍出版社影印阮刻本,1997.
[2]《文选》.李善注.上海古籍出版社,1986.
[3]《文馆词林》.罗国威校证.中华书局,2001.
[4]《艺文类聚》.汪绍楹校本.上海古籍出版社,1999.
[5]《太平御览》.中华书局影印宋刊本.1960.

梁元帝《职贡图》名称考

陈长华

1992年，王素先生在《文物》(1992年第2期)上发表了一篇名为《梁元帝〈职贡图〉新探——兼说滑及高昌国史的几个问题》的文章，提出了一个新的观点，即梁元帝的《蕃客入朝图》《职贡图》以及《贡职图》，系一图的三个不同阶段图，"《蕃客入朝图》是最早的底图，《职贡图》是稍后的增补图，《贡职图》是最后的完成图"。

王素先生的理由大抵是如下两点：

一、从文献著录看，《梁书》《南史》均载记《贡职图》，元帝自著之《金楼子》中亦载有《贡职图》，而无《蕃客入朝图》《职贡图》。而后世诸书中如《唐书》等又载有《职贡图》，并且《金楼子》及它书中还有《职贡图序》。可见三图不同。

二、从创作时间和绘入图画的国家数量综合看，也得出这一结论。下文涉及。

笔者以为，王先生的推断有道理，但根据现有资料，笔者倾向于认为，史籍中所载的《蕃客入朝图》、《职贡图》以及《贡职图》，本系一图，即《职贡图》，只是称呼不一而已。此图或许曾经梁元帝数次修补，但亦绝不可将之截然分开：底图名为《蕃客入朝图》，修补后叫《职贡图》，最后完成图名之《贡职图》。

《金楼子·著书篇》中收录了元帝为其自作的《贡职图》的一篇序言,其名曰"职贡图序",分歧即由此产生。殊不知《永乐大典》中《金楼子》本无书序,现今各本《金楼子》中所收录的书序,除两条以外,皆是《四库全书》编修馆臣从他书中辑入的。馆臣曰:"《大典》又别载《金楼子·著书篇》五条,其二条与《艺文类聚》所载梁元帝《孝子传序》、《怀旧志序》相出入,而首尾残缺,文亦互异。知原书俱载序论,非仅目录。今遍考诸书,凡可补者,悉附于后,庶存其大略云。"[1]《永乐大典》既然只别载《孝子传序》和《怀旧志序》,则可知《职贡图序》亦乃馆臣从他书辑入,则其非为原序,可定矣。既非原序,与原序相出入则亦在所难免。《艺文类聚》卷55载有梁元帝《职贡图序》,与《金楼子》中《职贡图序》全文一致,馆臣当是据此补入。

古人作图,或无名或有名,有图序者则更少。有则即使附于图中,亦不是非要冠之以"××图序"不可,亦如古人诗词之序,直接附于诗、词名后,并无"单名"别出。据此则笔者以为元帝所作即为一图,原名《贡职图》,而《职贡图》之名,乃系后人对其异称或误称而已。如《艺文类聚》转载其序时,误为之标名为《职贡图序》,若据此异文而认定元帝之图并非一图,则未免引发错误。而《蕃客入朝图》亦即《贡职图》之别名,兹论述如下:

一、"职贡""贡职"二义并无区别。

大抵古代藩属或外国对于朝廷的按时贡纳叫职贡,也叫贡职,兹举数例:

《左传·襄公二十九年》:"鲁之于晋也,职贡不乏,玩好时至。"

玄奘《大唐西域记·磔迦国》:"摩揭陀国婆罗阿迭多王崇教佛法,爱育黎元,以大族王淫刑虐政,自守疆场,不供职贡。"

《谷梁传·庄公三十年》:"贡职不至,山戎为之伐矣。"

曾巩《本朝政要策·攉易》:"宋兴,既收南越之地,而交址奉贡职,海外之国,亦通关市。"

可见职贡、贡职所指一致,言说者无心,或言职贡,或言贡职。另外,二词极易混淆,后代或传抄或刻版时致误,也有可能。"蕃客入朝"所指也即职贡一事,后人也将之混称。这些都是造成此图名称混用的主要原因。

二、史籍中所载同一幅图,或谓《职贡图》,或谓《贡职图》。其实即是《贡职图》而已。

最明显的莫过于梁元帝自著的《金楼子》,其书卷五《著书篇》中载有目录曰:

"《贡职图》一帙一卷"，前文已述四库馆臣从《艺文类聚》补入一序，名曰《职贡图序》。然而序的末句曰："名为《贡职图》云尔。"（《金楼子》四库本、知不足斋本、《艺文类聚》《梁文纪》《汉魏六朝百三家集》所引皆同）。可见，此图原名本为《贡职图》。吴骞《附校》以为"'名为《贡职图》云而'，当作'职贡图'，以与前合（即与《职贡图序》之名合。笔者注）"，后来《龙溪精舍丛书》《百子全书》收入《金楼子》时就据此校改了。此皆以讹传讹。

另外，虽然《旧唐书》《新唐书》《通志》载记梁元帝著述均为《职贡图》一卷，至于《梁书》《南史》《宋史》均着录为《贡职图》一卷。事有蹊跷，书不两出，即列《职贡图》者不列《贡职图》，反之亦然。此皆称法不一之故。而王素先生则据此认为，既然《梁书》《南史》《金楼子》等均只记《贡职图》，而不记《职贡图》，那就说明《贡职图》是最后的完成图，而《职贡图》只是先前的增补图，因为"作为正史及作者自己开列著作目录，可以只举最后的完成图，而不举以前的底图和增补图。"此话不合逻辑，因为《旧唐书》《新唐书》《通志》记载的就是《职贡图》，而并不是记载它的所谓完成图——《贡职图》。所以，笔者以为最大的可能就是，此图原名《贡职图》，而后世称法不一，作史时因引书不同而造成一图两名，实属正常现象。

三、《职贡图》完成时间粗看应为梁元帝任荆州刺史日，《金楼子》自序云："皇帝君临天下四十载，垂衣裳而赖兆民，坐崖廊而彰万国……臣以不佞，推毂上游，夷歌成章，胡人遥集，款开蹶角，沿溯荆门，瞻其容貌，讯其风俗，如有来朝京辇不涉汉南，别加访采，以广闻见，名为《贡职图》云尔。"《历代名画记》卷7亦载："任荆州刺史日画《蕃客入朝图》，帝极称善，又画《职贡图》并序，善画外国来献之事。"然而梁武帝于天监元年（502）即位，其四十年大庆，按虚数算是大同六年，按实数算是大同七年（541），而此二年萧绎均不在荆州任上（萧绎大同五年从荆州回都任安右将军、护军将军、领石头戍军事，大同六年（540）出任江州刺史，直到太清元年（547）又调任荆州刺史[2]），据此王先生又下断言，《职贡图》是梁元帝在京任职时以在蕃时所作的《蕃客入朝图》为底本补充创作的。至于所谓最后完成的《贡职图》，它的创作时间应该更晚。因为"王应麟《玉海》卷56梁《职贡图》条引北宋李公麟帖记梁元帝《职贡图》中有渴盘陀国，明宋濂《宋学士集》卷12题梁元帝画《职贡图》条及清吴升《大观录》记梁元帝《职贡图》分别有渴盘驼国和揭盘陀国。此三国均即《梁书·诸夷传》和《南史·夷貊传》中'渴盘陁国'。《梁书·武帝下》和《南史·梁元纪中》作'渴盘陁国'，均记中大同元年（546）八月甲午始遣使献方物。该国朝贡时间比《职贡图》完成时间晚六年。"

　　《历代名画记》虽载有《蕃客入朝图》,又言梁元帝又作《职贡图》,似是将二图截然区别开,此话亦可商榷。关于《蕃客入朝图》宋·李廌《画品》、周密《云烟过眼录》均著录,宋阙名《赵兰坡所藏书画目录》亦著录,并注云:"即《名画记》所载《职贡图》"。还有,李廌《德隅斋画品》"蕃客入朝图"条云:"梁元帝任荆州刺史日所画粉本,鲁国而上三十有五国,皆写其使者……"另外此画"纸缝有褚长文审定印章,长文鉴画有名于古,定然知此不凡也。"此画虽为粉本,既经名家审定为梁元帝《蕃客入朝图》,又画有鲁国等三十五国,与后世流传的王先生认为应是在《蕃客入朝图》和《职贡图》基础上最后补备的《贡职图》所画的国家一样之多,可见《蕃客入朝图》极可能即为《职贡图》。王先生自己也说:"传统认为,《职贡图》登记三十五国,数目很确定",但他又说:"只是不应系在《职贡图》下,系在《蕃客入朝图》下更误。这只能是《贡职图》登记的国家数目。"此话已经辩驳了一半,现在再来看看《职贡图》一共登记了多少个国家。《佩文斋书画谱》卷十一引《玉海》曰:"梁元帝镇荆州作《职贡图》首虏而终蜓凡三十余国。"宋·楼钥《攻愧集》卷七十五"跋傅钦甫所藏《职贡图》"亦记有渴盘陀国。也就是说,《职贡图》登记的国家和数目与《贡职图》基本一样,这似乎是共识。那么王先生是怎样看待这一问题的呢?他说:"以上所记《职贡图》(指《玉海》、李公麟、宋濂、吴升所记之《职贡图》)实际都是《贡职图》。"这似乎是强词夺理。的确,元帝在蕃时渴盘陀国尚未朝贡,《职贡图序》中所言亦有矛盾之处。然而我们可以作如下解释:即梁元帝在蕃时的确画有《蕃客入超图》(或名之《职贡图》、《贡职图》),梁武帝登基四十年大庆时,元帝正好在都,为媚上邀功献图并补作一序,图先序后,序中言在蕃时作此画亦不为过,当然后来有他国来贡,元帝稍作添补,亦在情理之中。然而它们实为一图,即使是最后完成的图(王所谓《贡职图》),如上所述,也有人名之《蕃客入朝图》或《职贡图》,王先生硬将此图区分为《蕃客入朝图》《职贡图》《贡职图》,实为不妥。

　　造成名称不一的原因,以上已提及,大抵是后人叫法不一,加上抄刻致误,以致相歧。再举二例聊作补充。

　　前引李廌《德隅斋画品》有"蕃客入朝图条",《佩文斋书画谱》全文引用此条内容,却冠之以"梁元帝职贡图"之名。

　　《玉海》卷一百五十二又有"梁职贡图条"云:"《唐志·地理类》梁元帝《职贡

图》一卷。注云：《南史》云《贡职图》，《梁书》云画《蕃客入朝图》（今本《梁书》无，笔者按）。

前人于此心有疑窦耶？心照不宣耶？不得而知。

《贡职图》之所以后来讹为《职贡图》，笔者以为还有一个原因，就是唐初阎立本曾作《职贡图》于史有名，影响极大，又与元帝所制之图题材一致，因此后人受阎图之影响，而称法淆乱。

参考文献

[1]《四库全书总目》.中华书局出版社，1965：1009.
[2] 见《梁书·元帝纪》.

浦东地区族谱家谱选介

梁大庆

族谱、家谱和方志一样是华夏民族一种独有的文化形式。族谱、家谱是以血缘或者姓氏为中枢,记载一个姓氏或者家族宗族氏系和祖先的谱籍。族谱、家谱,承载着义无反顾的民族凝聚力,不管家族大小,不管迁徙到何方,不管在世界的哪个角落,族谱、家谱却将人们和家族联系在一起,那种血缘和亲情永远伴随着人们。从族谱、家谱中人们可以看到一个家族的迁徙、繁衍、发展、荣耀,乃至败落的轨迹,也可以感受到不同历史条件和时代背景下不同的人文情怀。

浦东自成陆以后,经历数百年人口迁徙往来。据20世纪80年代统计,浦东地区人口在两万以上的姓氏,有陈、黄、陆、徐、王、朱、张、顾、周、沈等。无数家族在这片土地上演绎多少人间悲喜。而先民们在耕作、繁衍的同时,为光大自己宗族的精神,潜心修撰族谱、家谱,为后人,尤其是家族成员留下先民、宗族、家庭奋斗的足迹。但由于种种原因,许多族谱、家谱在历史的长河中不幸散失。然而,在那些留存的族谱、家谱中,我们依然可以看到有些家庭、宗族在此生根繁荣,有些却走向了衰败,依然可以感受到家族那种浓浓的血脉之情,依然可以玩味当地纯正的民俗文化,还可以从一个侧面了解浦东变革与发展的过程。而今又有许多原本他乡的姓氏族人来到这片土地上，和这里原有的居民一起创业、发展。在现代社会格局中，作为新一代的浦东人，他们的发展又会是怎样？他们会给后人记载下新的族谱或家谱吗？族谱、家谱，作为华夏民族特有的文化形式，会得到传承、发扬吗？在此，且将我们所见到的族谱、家谱介绍给大家，让我们共同分享先人留给我们的一切。

《忠诚赵氏支谱》

《忠诚赵氏支谱》由浦东周浦镇北市赵锡宝编辑，棣华堂刊布，民国十一年(1922)7月出版，上海彩文协记印刷公司印刷。全书分上下卷一册，宣纸线装铅印本。

浦东赵氏族谱始创于清乾隆五十五年(1790)，由浦东高行镇的八世赵文鸣、九世赵秉源所编，但未刊刻发行；嘉庆六年(1801)九世赵秉润作考订增补后刊行布族；嘉庆十一年(1806)、十六年(1811)和道光三年(1823)又三次增辑重印；道光二十四年(1844)十一世赵光耀又作一次增补；后七十多年间未作修编，直至民国十一年(1922)，周浦一支编修刊印《忠诚赵氏支谱》。

该谱前有乾隆五十五年(1790)赵秉源序、嘉庆六年(1801)赵秉润序、道光三年(1823)赵秉润序、咸丰九年(1859)赵序和民国十一年(1922)赵锡宝序。谱后赵锡宝又作有后序。全书104页，其中有人物小影4页、墨迹4页、篆刻印存1页、遗像5页、墓图4页。书版高18.5厘米，宽12.2厘米，双线框，单鱼尾，版心间有"周浦支编辑，棣华堂珍藏"字样。半页13行，满行36字。支谱列有凡例八条，对修谱的体例和收录的内容作了规定。上卷以记述性文字为主，主要有序、凡例、家训、戒则、祠规、封诰、旌节、旌寿、史传、碑文等；下卷以谱系图像为主，主要有支谱世系考、宗支图、小影、墨迹、志乘、遗像、墓图、纪述等。支谱从重修到印行共费时九年，印刷仅百余部。其后序云："收银一百五十元，刊印支谱百部，连玻璃版石印、铅印装订及玻璃版单行片用连史夹贡纸，共计工料银二百五十一元八角。"玻璃版石印主要是指谱中照片及手迹的影印。

该谱记录浦东赵氏一支从始迁祖至第十五世的繁衍情况，九世秉淳公一支迁居周浦镇北街。一世至八世大多居住于浦东高行地区，始迁祖赵紃，居上海县黄浦东二十二保五十图赵家滩。五世祖赵元礼由西沟赵家滩迁居高行镇西南三里许二十二保十七图。高行赵氏一族在清代出了两位进士、五位举人，五位举人为八世赵文哲；九世赵秉源、赵秉冲、赵秉淳；十一世赵继勋。秉源为赵文哲之兄文鸣之次子；秉冲为文哲之次子（张氏生）；秉源为文哲之三子（万氏生），继勋是文哲长子秉渊的孙子。两位进士为赵文哲孙赵荣、赵文哲重孙赵柄。文哲一家父子七人中举人、进士，在浦东大家族中所少见。赵文哲先为内阁中书军机处行走，后升户部河南司主事，后随军在木果木殉难，恤赠光禄寺少卿，国史馆列传，谱中录有列传全文。赵秉冲由内阁中书升户部主事、兵部员外郎、迁湖广道监察御史，户科给事中、光禄少卿、鸿胪寺少卿，后升内阁侍读学士在南书房翰林院一体行走，又转任太仆寺少卿、大理寺少卿，升光禄寺正卿、太常寺正卿，通政使司通政使、兵部右侍郎、户部左侍郎兼管钱法堂事务，嘉庆十九年（1814），58岁时殁，授荣禄大夫，国史馆列传，谱中录有列传全文。

该谱对赵文哲、赵秉冲记载比较详细，并收录了同治《上海县志》中的传记。赵文哲的长子秉渊历任内阁中书军机处行走、兵部职方司主事、眉州知州、重庆知府、成都知府、理川东兵备道等职。赵秉淳历任湖北监利县知县、恩施县知县、郧西县知县，湖北乡试同考官等职。谱中还有皇帝给赵家的三道诰命圣旨和一道敕命圣旨。南汇吴省钦撰写的《赠奉政大夫光禄寺少卿前户部河南司主事赵公神道碑文》也收在谱中。

家谱除记录一姓氏族人的谱系和人物传记外，家族的伦理、家族的规则也在修谱之例。《忠诚赵氏支谱》所载的"家训"在今天看来仍有借鉴作用。如对"父母宜孝顺，兄弟宜友爱，夫妇宜和顺，妯娌宜亲爱，宗族宜亲敬，乡邻宜和睦，姻亲宜周顾，师友宜敬信，子弟宜读书"等。而"戒则"对今天也有教育意义，如"戒懒惰不勤，戒奢侈不俭，戒酗酒不正，戒赌博不廉，戒斗殴不让，戒詈骂不恕，戒奸险不良，戒争讼不义，戒贪饕不仁，戒内外不严"。这些优秀的家族伦理道德几百年来一直告诫和规范着族人们的言行。

《忠诚赵氏支谱》由于印数仅百部，故流传较少，原本已较难看到。清代的几个刊本，现未见。现所见的民国版本是一份珍贵的地方文献资料。

《黄氏雪谷公支谱》

（民国）黄士焕修，该谱始修于民国十年（1921），至民国十二年（1923）春告成并刊刻，由华德印务局印刷，江夏雪社发行。铅印仿线装本，书口上印谱名及卷数，中间印卷目及页数，书口下印有"华德印务局校印"字样。书版高20.2厘米，宽13.5厘米,半页12行,行36字。上、下两卷,上卷124版248页,下卷86版172页,另有谱系图和墓图若干张。

全书十卷,上册四卷,下册六卷,其卷目为:卷一,世系(在下册图像后);卷二,世纪表;卷三,特别支系(在下册卷八后);卷四,特别支世纪表(在下册卷八后);卷五,世传(一),雪谷公以上;卷六,世传(二),大房、二房、三房;卷七,世传(三),四房、五房;卷八,诔词、祝文、寿序、祭文、传略、新祠堂记、墓记;卷九,志乘辑录;卷十,旧谱杂序、雪社社章、纪年表、正伪表。

该谱大量的篇幅为世表和世系。有传记55篇,其中黄中松文瑞先生小传由沈德潜撰,由名家撰写的还有钱大昕写的《载南公墓表》。族中名人有黄炎培的《从嫂张氏小传》、黄协埙的《新建宗祠记》。该书前有二十六世孙黄士焕和二十七世孙黄炎培所写序文。另有编修例言八则,这实际上是八则凡例,通过凡例便可知该谱之编法:

一、是谱照崇明宗谱法以元一公为一世。二、是谱纂修接老二房亨公支直下雪谷公支,故曰雪系支谱。三、世系表长房自右起。四、世纪表无论成人幼殇均依房次叙列,唯下殇而无名者不列。五、世纪表书事业自管者营某业,佐人营业者业某,不久于一业曰曾营、曰曾业,为不正当之者视无业。六、世纪表书子女,凡有继室者必书所出,二妻一氏者,于元配书某氏,于继室书某继氏。七、表志中书月日,概用旧历,纪元从民国。八、世纪表书生卒以古人书法以年月日,不以时。

该谱在编修体例上有所创新,其世纪表设计适应时代发展,记载的主要内容有世次、名号、年岁、职业、妻妾、子女、住址、坟墓,家族中每一成员的基本情况用表格叙述得很清晰。

黄家这一支族人早在明代就修有族谱,从卷十中收录的十篇旧谱杂序可以看出黄家修谱的演变过程。这十篇杂序是:崇祯十五年(1642)黄元儒的《居贞公改谱中同名说》,康熙二十三年(1684)黄锡谷的《修宗谱叙》和《书谱小记》,乾隆四年(1739)黄秉侃的《直夫公修谱序》,嘉庆七年(1802)黄元吉的《应岳堂支谱辑序》,道光十六年(1836)黄延珍的《应岳堂支谱修序》,咸丰四年(1854)黄钰的《古存公支谱初辑序》和《世祠》,咸丰四年黄良弼的《岫云公以下支谱初辑序》。

同治三年(1864)黄树杰的《重修江夏家谱序》。

该谱还辑录了《上海县志》和《川沙厅志》中有关黄锡周、黄云师、黄煜、黄烈、黄曾佑、黄豫源、黄溶源、黄祚、黄益源、黄梓、黄彬、黄晋等的传记。

雪谷公这一支黄氏族人,为加强同组同宗成员的经常联系及相互扶持,于民国十一年(1922)2月建立一个名为"雪社"的团体。从谱中所录的《雪社简章》来看,这是一个具有现代性质的社会团体,其时雪社有14岁以上社员142人。

黄姓在浦东众多姓氏之中列为八大姓之一,居住地以高桥、高行和高东地区为多。早在南宋时,高桥地区就有黄姓族人居住。黄炎培在《雪谷公支谱初辑序》中讲述了黄家迁居浦东的历程:

> 吾家就谱考之,当是春申君后。按今所存家谱为清同治六年丁卯崇明明娘庵氏所辑,以宗侍卫元一公为始祖。"元一公生五子,长留句容,次徙湖广,三迁淮安,四由姑苏徙吴江路至崇明西沙黄家村,五随兄而东居嘉定清溪镇。传十一世至细一公。"此皆谱中语。而谱首迺畲氏序又称"谱载宋淳熙己酉春申君之五十二世孙细一公创建法昌寺于清溪旁,设家庙供春申君为始祖"云云,此殆据其所见之旧谱。果尔,则细一公为春申君五十二世孙,元一公先细一公十一世,即春申君先元一公四十一世,其自元一公以下固班班可考也。相传黄浦为春申君所开,以通吴水利者故亦称春申江。吾子孙沿浦东西而居,历二千年未之夷,且加繁焉。远念先泽之留传如此其长且久,近观夫浚浦以托迹者,其人包负尤且大之责亦重矣哉。会叔伯文创议合十九世祖雪谷公后组为雪社,并调查自十九世以来名字、年龄、职业、住所等编以付刊,而叔祖季纯慨任刊资。余方服社会役,长日卒卒,未克随诸伯叔兄弟后有所尽力,辄写吾家与斯土之关系于其编以自勉,且勉吾后焉。中华民国十二年一月二十日。

《钟氏族谱》

此谱由钟氏第十八世孙钟愈和十九世孙钟人杰重修。民国年间由天津华新印刷局印。

该谱八册。第一册,前有八世孙彀元撰的弁言、十世孙钟玫的续修族谱序、十一世孙钟其秀的三修族谱序、乾隆二十六年(1761)十三世孙钟文栋的续辑家乘事略、嘉庆四年(1799)十四世孙钟渊本的续修族谱记。道光十年(1830)十四世孙钟曾洪的重修家乘略记等六篇序言。后为凡例、续辑凡例、宗规引、钟氏家乘宗规家训引、钟氏族谱家训共三十八则。

第二册为总支图(谱系图)。第三册为文籍,主要有人物小传、始置祠屋述、墓志铭、重修宗祠记、鹤汀弟古钱谱序、钟愈盘山海险记、创建家祠及重修家祠记、诗歌等内容,其中有曹锡宝、曹泰、沈德潜等人的诗文。

第四册仍为文籍,有钟冀云撰的《望锦楼记》《戴溪诗稿自序》;乾隆二十二年(1757)沪城唐应麟撰的《戴溪先生诗集序》、钟文标撰的《戴溪先生诗集后序》;有戴溪公传略、《红叶山房诗稿序》及墓志铭等。

第五至第八册为各分支谱系,共分九支:北街,一世至二十世;舍头,七世至二十世;唐家桥,八世至二十一世;东桥,九世至十九世;高桥镇。十七世至二十三世;小宅,十二世至十七世;浦西江湾,十二世至二十世;苏州市下街,十一世至二十一世;黄渡,十七世至十八世。这九个分支中有六个分支的钟氏族人生活在今天的高桥地区。在浦东高桥地区至今有钟家弄、钟宅、北街、东桥等地名。而东桥分支的十六世孙钟惠山所建造的钟家祠堂就在钟家弄,至今保存完整,祠堂五开间四进深,占地面积2 400平方米,建筑面积1 400平方米,共花银元10万两。钟惠山在上海市区开设有"钟惠记营造厂"。

关于该谱重修者十八世孙钟愈的情况,《钟氏族谱》第六册第七十三记载为:

愈,四品街,浙江候补知县,奏调直隶。号敬安,又号景韩。历供教养局总办、红十字会总医官、防疫局总医官、禁烟局检验医官、洋务局委员、外交部办事员、调署蓟州知州。宝康公次子,娶徐氏,秋江公女。生一子一女,长正雷,十一岁殇;一女磁民,十五岁殇。公生于光绪元年二月二十八日亥时。徐氏生于光绪元年十一月十二日丑时,殁于光绪二十六年闰八月十三日戌时。续娶陈氏,生于光绪二年九月初十日巳时,殁于光绪二十九年闰五月初六日酉时。又娶麦氏生于同治甲戌年十一月二十七日寅时。生三子一女,长正德,次正明,三正熙;女辛荷,又名缦丽,适法国工程师洛图泰君。

谱族中最有史料价值是第三册、第四册的文籍部分,是研究高桥地区人文历史所不可缺少的文献。如《鹤汀弟古钱谱序》讲述了钟氏族中鹤汀嗜古藏古钱一谱的文雅之事。先录序于后：

余弟鹤汀自幼读书，即有嗜古癖，尝谓余曰："纵观全史垂四千年，其间废兴得失之故，诚可披览而知。而古迹之有象可寻者势不能罗列目前，殊为恨事。夫禹鼎汤盘，文琴武剑，煌煌法物，原非下士所敢窥。至若泉货之流行，遍当时，传后世，亦一代规制所存，苟能用意蒐罗，未始非稽古之一助，弟将有事于此焉。"余应之曰："子意诚善，然此事厥有四难，代远则难识真，地广则难求遍，类琐则难情难久，值贵则愿难偿：坐是四者，必至有初鲜终。正恐徒务古钱之名，而未易收古钱之实也。吾弟勉之，异日得难厥成焉，则幸矣。"鹤汀唯唯而退。自是以来，随时随处留心什袭，每过名都大邑，一有所见辄低徊留之不能去，苟为世所罕见，虽重价购之不惜也。间或于苍苔碧藓中爬剔一二，必竟日摩挲如获至宝。以故远近闻风者，莫不挟所有以求售。而戚好中偶一持赠，尤若锡以百朋焉。积日累月，经今二十载，而谱以成。庶几哉，历代至钱于斯略备矣乎。盖尝于晦明风雨，启箧而观，见夫质有重轻，文有微显，形有精粗，色有浅深，而且刀者、布者，篆体、隶体、草体者，龙文、马文、龟文者，八铢、五铢、四铢、三铢者，光怪陆离，目不给赏。洵乎艺苑之奇珍，文人之雅玩也。而鹤汀能别类分门、绘图立说，精详考释，不失累黍，诚为功于泉货，为克收古钱之实际者欤。顾鹤汀自视欿然，常虞挂漏，不敢遽以示人。而怀古之徒，见所未见，争先睹之以为快者，踵日相接焉。余因劝其付之剞劂氏，以公同好。后有续获正可以次补之。昔人云：有志者，事竟成。吾于弟见之矣。爰忆曩时辩论以附诸简端。

乾隆己卯十月朔，兄模书于兰芬书屋。

《钱氏族谱》

《钱氏族谱》两册。影印本。成书时间不详。此书为双黑线框，19×13.2厘米，线装。半页10行，每行20字。全书为手书，楷体，字迹工整隽秀。

在此族谱前，分别有：钱氏命名法、钱氏族谱书法、钱氏家乘凡例、钱氏族谱原序(朱云龙撰)、序(顾临洲撰)、重辑族谱序(康熙二十九年[1690]春撰)、钱氏族谱序、钱氏续修家谱序(顾鸣鹭撰)、"钱氏家训"。族谱的第一册,是钱氏家族中一些重要人物的传记,如:始祖水庵公传、西堂公传、东川公记、近仁公记、后溪公传、继成公传、英穀公传。此后,专辟钱氏家族一些妇人的传记:始祖妣赵太孺人传、秦孺人传、费孺人传、夏孺人传、冲宇公元配赵孺人传、圣修公元配唐孺人传等。在这些传记中,虽说钱氏始祖水庵为明初定居浦东,但有确切记载的最早的年号,已是明嘉靖三十九年(1560),最后记录生卒的年号为清嘉庆二十一年(1816)丙子。

传记所书,大多赞美、褒扬之辞。书前特有《凡例》一篇,却很重要,说明记载和检索的方式,如:

> 首列寅生朱先生原序者。以见斯谱之复作。实始于六世孙蓝田公与孟卿公。而孝思之不可殁也。
> 次列临洲顾先生序及七世孙香陛公序。八世孙层九公序者。纪两次重修之年月日也。
> 列世系图者。使一族之人开卷见之皆知。凡吾钱氏同原共本而为一人之身也。
> 列命名之法使后人遵而行之。一定不易。不致世次之或紊也。
> 列世次而书法各异者。微寓劝惩之意。以勉吾族人也。附书法于前。
> 世次失考。而果系吾族。仍载之遗谱者。惜之也。
> 始祖以下凡族人之有可取者。皆为之立传者。所以使先人之嘉言善行。子孙见之可法可师也。
> 附读谱教条与记功过簿者。所以勉其为善而戒其为恶也。
> 附生卒葬埋嫁娶簿者。一岁一登。异日修谱以便稽查。不致遗忘也。

在族谱中,还有家训一篇。其实在家谱、族谱中存有家训并不为奇,只是其内容值得回味。"钱氏家训"分为"勉为善""戒为恶"两篇,其中除了孝义行善以外,还有如"朋友宜慎。凡直谅多闻之士。谓之益友。友之则善。相劝过相规吾身。便不到得坠堕。……","戒不任朋友。狎近小人。疎远君子。专尚变诈。全无忠信。""戒不事诗书。妄议圣贤。专趋财利。行同狗彘。"这是对族人的告诫,同时也反映出当时沪上崇尚的民风。

从族谱前的多篇序,以及"始祖水麓公传"中,可以得知,"……钱氏发于古越至武肃王而最著。后蔓延于春申。……",而浦东高行镇钱氏家族因于明初遭兵革之灾,避难迁至柳溪,是为敦仁里。自钱氏水麓迁来浦东,至族谱记载已有十二世。

《李氏家乘志略》

《李氏家乘志略》,李曾耀编纂。据《家乘》序记载,此谱成于民国十四年(1925)。线装,19.3×12.7厘米,内页为双黑线框,半页9行,每行24字。此家谱为影印本。

打开《李氏家乘志略》,前为16面图片插页,其中大部是家族祖宗的画像、照片。但有一些书画作品,颇夺眼球。如李氏六世李筠嘉所书隶书"吾园"两字的拓片,七世黄氏所画的"兰",孙坤画的李氏"吾园图",都颇有功力。此后是《家乘》的序言。在序中,编者李曾耀讲述此次编纂家谱之缘由,资料搜集之经历等情况。家谱中还有李氏家族字辈列表(附注:曾字与炳字同辈):景、天、永、如、廷、光、仁、锺、浩、树、炳、培、铭、汝、材、煜、增、锦、洪、栋、焕、尧。据《李氏家乘志略》记载,一世祖为明末处士李景春,居南邑沙图村。二世李天培迁至上海县东四牌坊。三世李永锡又居于南邑张江栅,有子如渭、如滨、如渊、如源四人。四世如滨,字临川,国学生。"驰赠朝议大夫。光禄寺典簿。加六级。"迁居上海,兄弟如渭、如渊、如源居张江。从此三支居乡一支居申。

李氏六世筠嘉,字修林,号笋香,晚号近翁。"……例贡生。敕授徵侍郎候补。光禄寺典簿。加六级。例晋朝议大夫。……"。李修林襁褓失怙,天资聪颖,博习诗书,善写擘窠大字。其藏书有8 000余种,计卷数万集。九世即为李问渔。溯之祖脉,实为四世如渭之后。如渭有子廷模,廷模得子名光煦,光煦之子仁筠,仁筠之后为锺俊。李问渔为锺俊之子,名浩秋,字问渔。家谱记载"……浩秋。字问渔。天主教神父。著作颇多。一生历史详载徐汇报。……"。不过,在他处所见李问渔生平有些出入:李问渔,原名浩然。《李氏家乘》中还记录了《圣心报》刊载李问渔逝世消息,作为史料可留存:

李司铎。讳秋。字问渔。号大木斋主。江苏南汇人。生于道光二十年七月二十七日。圣名老楞佐。同治元年五月初二日弃家修道进耶稣会。继攻格致超性等学。八年夏。晋升铎德。传教于苏省之松江。青浦。南汇。上海。皖省之英山。建平。宁国等处。光绪五年首创益文录。后改格致汇报等。……光绪十二年始创圣心报至今二十五年有余。兼管两报事务。目不停阅览。手不停披写。著作等身。不知劳瘁。一千九百十一年七月夏历五月十二日申时。天主召其灵魂升天。计公享寿七十有二。在耶稣会中五十年。

在《家乘》中，还载有李氏九世浩春继氏方湘帆的遗言和先世轶事。内容涉及家族信仰、地产、人事等，让人颇感兴趣：

"……我族素奉天主教。其原始已不可考。迨康熙雍正间。因时局关系四世二房如滨公因居在申。改奉佛教。其大房如渭公。三房如渊公。四房如源公原居张江栅。至今仍奉天主教。……"

"……我族宗祠原在泥城外。嗣因归入租界工部局。划为马路而拆去。迄今未曾建筑（民国三年。白克路地产出售曾提出建筑祠堂费洋八百元。存浩梁处。）

上海辟租界后。西人在沪北泥城桥外圈地筑跑马厅。我家田被圈者四十余亩。以每亩银二十五两作价。梅伯公不允。遂被羁县署。不得已乃允之。惟其田单至今在浩梁处。

邑庙湖心亭向为李氏产。不知何以入他姓手。

吾族本居张江栅。惟临川公一支迁申。故歇浦左右时有族人往来。乃自建码头于浦西大东门外。称李家码头。即今之大码头也。……"

"……笋香公有女许闸北瞿氏。时城厢内外田亩纵横。道路多泥径。天雨则泞滑难行。因用小石条铺地。自城至闸北。每步一石。以便运送妆奁。时人即称之为石路。今仍其名。而筑以水泥。平坦如砥。已成闹市之通衢。非复昔日之石路矣。"

黄浦江的形成

龙鸿彬

黄浦江就其形成的历史来说,也许还很短。至少,她与代表华夏文明及文明发源地的长江与黄河相比,黄浦江还只能算是"小弟弟"。然而,尽管如此,她毕竟是上海的母亲河。从明初范家浜的开浚到黄浦江水系基本形成,算来也有600余年的历史。六百年间黄浦江从一个不知名的小渔港发展到目前的远东第一大港。从历史的角度来讲,这种发展是飞快的。而从黄浦江自身来讲,这种发展又是不平凡的。

"黄浦"一名之出处

对"黄浦"之名出于何时何处,近年来史学界多有考证。在北宋郏宣、郏侨的《水利书》中及南宋以前的方志中均未见有"黄浦"名称的记载。历史上最早出现"黄浦"一名是在南宋乾道七年(1171)丘崈的水利条奏中:"华亭县东北有北俞塘、黄浦塘、盘龙塘通接吴淞大江,皆泄里河山涝。"(见《宋会要·食货》八之二九)那时所称的"黄浦"塘,只不过是一条自今闸港向北流经今十六铺以东同原来的上海浦相接的一条小河,为吴淞江的一条支流。

关于"黄浦"的名称还可见于南宋淳祐十年(1250)高子凤为西林(今浦东三林塘西)南积善教寺所作的《碑

记》:"西林去邑(指华亭)不十里,东越黄浦,又东而汇北,……西林居其中,所谓江浦之聚也。"

"黄浦"名称之考略

至于这一河流为何以"黄浦"命名,史学界也众说纷纭,莫说一是。"黄浦"的名称虽始见于南宋时的记载。但在北宋时这条水道当已存在,当然就其规模来讲还没有如今之宏大,更谈不上地位之"显赫";究竟何以命名为"黄浦",如今尚存几种观点:

一种观点认为"黄浦"命名可能与横潦泾有关(在清代诸多志书中称黄浦江之首为横潦泾),所称横潦泾是以淀山湖及浙西平原之水为源,经今闵行以东,从闸港经下沙至新场以东出海的一段河道。这种称法一直沿续到明清。由此可推,可能"横"为"黄"谐音,故有"黄浦"的称法。至于,横潦泾名称始于何时,因何而来,也许同吴越时期的潦浅军有关联。

关于"黄浦"一称的由来,在现今还有一种说法非常流行,但不乏有附会之嫌。传说史称"战国四公子"之一的春申君黄歇为了水运的便利,曾着力疏通与吴淞江相通的一条河流(今黄浦江上游),从而使楚人得以通过由长江而支衍出来的大河与吴淞江相沟连。于是,这条大河便被冠以春申君的名字黄歇而称为"黄浦"(歇浦、申浦、春申浦)。当然,这种说法尽管有史家却无典籍记载,难免有穿凿或文饰的可能性;然而在学者史家尚无确凿的考证之下,今人仍以春申江、黄浦江为楚国春申君命名之说法为信的比较多。对此观点抱质疑态度的学者则表示:今黄浦江中上游乃系天然河道,并非人工开凿,且在唐代以前并无"黄浦"之名。

"黄浦江"与"东江"

黄浦江源出太湖东南的淀山湖,经拦路港至闸港折向北流,与吴淞江汇合于长江而入海,全长约114公里,流域面积约23 800平方公里;黄浦江江面宽阔,两岸间距离自上游闸港附近的300余米伸展至下游的800多米。而在南宋时"黄浦"乃指今闸港以北的今黄浦段,为吴淞江一支流,北流至今十六浦以东,与上海浦相接(已湮没,在今陆家嘴地区附近);那时所谓的"黄浦",其地位、规模、功能当然不能与今之"黄浦"同日而语。

至于东江,乃是太湖下游入海的三江之一,为"黄浦"之前身。最早提到三江的是《禹贡》,其中说:"三江既入,震泽底定"。其他的如《周记》《国语》《战国策》等书也均有"三江"的记载。古太湖之水就是通过这三条水道流入大海的。北为娄江,即今浏河的前身,它自太湖经苏州、昆山、太仓直至浏河口入海;南称东江,即黄浦前身,从太湖东流,汇浙西诸水,经嘉兴、松江、上海入海;中为松江,即后称吴淞江,亦称苏州河,由太湖经苏州、昆山至上海入海。

关于"三江"的大致分布情况,在北魏郦道元的《水经注》中亦有描述:"……东则松江出焉,上承太湖,更迳笠泽,在吴南松江左右也……松江自湖东北流经七十里,江水奇分,谓之三江口……庾仲初《杨都赋》注曰:今太湖东注为松江,下七十里,有水口分流,东北入海为娄江,东南入海为东江,与松江而三也。"

"黄浦江"水系的形成

黄浦江与东江渊源颇深,因而研究黄浦江的历史,还先得从东江说起:在唐代以前,东江是自东南流入杭州湾的,上游为白蚬湖、中游为淀泖湖群,下游则分散成许多分支,最西一条是从今平望经嘉兴至海盐出海,也就是郦道元著《水经注》中所指的谷水,这条河道可能受潮汐倒灌影响而地势淤高,在唐时已开始淤浅直至河道湮没,其东一条是从淀山湖向南经平望以东的当湖至南浦口(今乍浦南)入海。再东一条是从三泖湖群、南流经芦沥浦入海,此即东江主流之所在;再向东即从淀泖下游经柘湖,由小官浦(今张泾塘)入海。这些河道(包括东江的其它几条小河道)因受东江出口处发育湾口沙洲和筑捍海塘的影响而致使入海江口受阻塞,待至南宋乾道八年兴筑海塘岸将仅留的一个出口新泾塘,也在向里二十里处的运港筑了堰坝,至此东江入杭州湾的出口基本上都捺断了。在北宋熙宁年间苏、秀大水之时,王安石的《送人宰吴江诗》说:"当知耕牧地,往往荚浦青,三江断其二,泽水何由宁。"可能即指当时娄江、东江均已堵塞或湮废了。东江故道被阻断后,淀山湖及浙西平原的水流自秀州塘、横潦泾逶迤而东流,至闸港分流,主流由闸港折回北流、注入吴淞江,另一部分则继续向东由新场入海,至此黄浦江水系的雏形始逐渐形成。

黄浦在宋、元时期并未称"江"。南宋中期以后由于海塘各口阻断,吴淞江下游又日告淤浅,淀山湖及浙西平原诸水大部汇归黄浦,它的河面日渐加宽,在元时黄浦的宽度旧志称:"不过尽一矢之力"(约合 70 米左右),实际可能更宽些,元初张之翰诗句云:"黄浦春风正怒号,扁舟一叶渡惊涛"。看来此时的黄浦已有相当的宽度。至明初,从闸港、新场入海的水道受到淤塞后,浙西之水全注于今黄浦,江身较前更为深阔,故明永乐初户部尚书夏元吉称之为"大黄浦,乃通吴淞要道也"。

明代朱彝尊亦有诗云:"极浦连天阙,惊涛壮海门。……疏凿千年久,舟航万里奔……。"可见此时黄浦已初具规模,渐成气候,为形成今日浦江之关键期。

永乐二年(1404)通吴淞要道的大黄浦已是"下流雍塞,难即疏竣"(指今外白渡桥至嘉兴路桥一段的今虹口港),于是就疏浚黄浦江下游:"傍有范家浜……上接黄浦,以达泖湖之水。"这里要说明的是,原来的黄浦是由外白渡桥附近向北流至今嘉兴路桥附近而入吴淞旧江的(在现今虬江路一线),由于这段河道已雍塞难治,自吴淞江下游一段也已淤积成陆,因此就采取了开竣范家浜的措施。夏原吉在疏凿范家浜的同时,又疏竣了"大黄浦",使黄浦与范家浜相接,黄浦江的水流遂改由范家浜东流至今复兴岛附近,折向西北流至今吴淞口入长江,从而形成了今天径直达海的黄浦江。黄浦与海洋沟通之后,水面广阔愈深,水量充沛,成为太湖的主要泄水流道。至此黄浦江河道形成,与今况基本相同。

黄浦江与上海这座大都市息息相关,研究它的历史,对于上海的明天有着极其重要的意义。特别是处在进行中国特色的社会主义伟大建设进程中,上海正在以它所独具的魅力和风格,展现在世人眼前。"让上海了解世界,让世界了解上海"。黄浦江将在这伟大的历史进程中扮演更重的角色。

参考文献

[1] 王文楚.《古代交通地理丛考》.
[2] 褚绍唐.《上海历史地理》.
[3] 《乾隆娄县志》卷四.
[4] 《光绪娄县志》卷四.
[5] 《同治上海县志》卷三.
[6] 《乾隆上海县志》卷三.
[7] 《黄浦区志》.
[8] 《闵行区志》.

浦东地名文化

吴才珺

可以说,整个大浦东都是从大海里生长出来的。6 000多年前,海岸线还在浦西的冈身地带(外冈、徐泾、马桥、邬桥、漕泾一线),上海市区的位置还是一片汪洋大海。1 300多年前,海岸线向东推移到了月浦、江湾、北蔡、周浦、下沙、航头一线,唐开元元年(713)重新修筑了古捍海塘。又过了500多年,即宋代淳祐年间(1241—1252),海岸线又向东推移到了宝山、顾路、川沙、六团、祝桥、惠南、大团一线,并不断向外涨滩。这里的地名也随着行政区划的调整不断有所改变。

2009年4月24日,国务院批准撤销南汇区,将南汇行政区域划入浦东新区,南汇区从此也成为历史,不复存在。然而,曾在南汇生活工作的人们,对南汇永远有一种特殊的情感,希望妥善地留存"南汇"这个地名。上海市和浦东新区领导也十分重视民意,经过多方听取意见,反复论证,最终把南汇这个历史地名保留在了临港新城这块开发开放的热土上,现在的地名载体是"南汇新城镇"。那么地名是什么?地名中包含什么历史文化呢?

地名是人类活动的产物

古老的地名犹如历史化石,记录着这一地区自然、政治、经济、文化、社会的发展脉络，昭示着祖辈生存环境和与众不同的特点。浦东陆地是从大海里生长出来的，千百年来，在长江水和海浪的作用下，泥沙沉积，滩涂外扩，从古捍海塘到钦公塘，又到世纪塘，至今还在不断向外延伸。与此相对应的地名也是在不断增加和变化，具有生长性和稳定性。人们从一方地名的产生、形成和变迁，就可追寻到该地沧桑巨变的足迹。

成陆之初，浦东地区侧重制盐，煮盐要先垒灶，于是出现了三灶、四灶、五灶、六灶等地名。出海捕捞，由滩地下海，便叫出了小泐港、黄沙港、庙港、芦潮港。抗倭防盗，构筑烽火台，便出现了一墩、二墩、三墩、四墩。由此可见，地名的背后，是故事，是历史，是文化。

历史是不能割断的。整理地名就是梳理历史，把值得继承的历史文化留下来，传下去。地名文化是该地文化资源的重要组成部分。一位专家说："地名不是一个简单的标识代号，而是特定历史条件下产生的一种文化，一种以地缘文化为形式的融汇了亲缘、物缘、业缘、神缘诸文化元素的历史文化，包含了渊源于政治、经济及社会生活诸方面的历史内容，是多元历史文化的一个结点。"如今，浦东迈入新的历史阶段，绘就了新的宏伟蓝图，南汇地区又将旧貌换新颜，土地成片开发，动拆迁有序推进，城乡巨变令人鼓舞。在大开发中，我们要珍惜已有的宝贵资源，像保护有形文物一样保护地名这种非物质文化遗产，不至于一些富有继承价值的地名因无实体可载而消亡、湮灭。

爱国者无不爱家乡。游子忘不了故乡的一草一木，忘不了养育自己的亲人、小时候的玩伴和一起玩耍的地方。地名是增进人们地缘亲和力的纽带。寻根问祖，人之常情。海内外浦东人关心浦东、关注浦东，情有独钟，为浦东开发开放献计献策。即使不是出生在浦东的新浦东人，从知我居区、知我浦东，进而爱我居区、爱我浦东，献身浦东建设，以根在浦东为幸福，以扎根浦东为荣耀。

地名是地理实体的名称，只有人类活动参与和涉及的地方才会产生地名，因此，地名更是人类赋予地理实体的名称。地名与人类的活动相关，于是，人类活动频繁、经济发展较快的地区，这里的地名总量也越多，密度也越高；地名也不是一成不变的，随着环境变化、经济发展、政区调整，地名也会发生相应的变化，所以，地名又是一种历史档案，承载着记录一地文脉、历史、沿革的作用，人们可以通过地名的发声、含义、变化了解这一地区的地理、历史、经济、文化的变化、发展和进步。

南汇濒海，是候鸟迁徙必经之地。旧志记载："鹤坡塘，一名鹤窠村，相传陆逊养鹤处。旁有鹤坡塘。鹤沙,即今下沙。相传产鹤,故名。"南汇的"下沙",当地土音仍念作"鹤沙",也许"下沙"确实是以鹤的栖息地得名的。至迟在唐代,古人利用南汇靠海的特点,在近海熬波煮盐。宋元时期,下沙盐场的盐产量占两浙总场的四分之一还多。元朝任下沙场盐司的陈椿著有《熬波图》,是仅剩的海盐生产专著,书中称"立团定界址,分团围短墙"。"团"相当于一个煮盐单位,四周以墙相围,而一个"团"内又有数目不等的煮盐使用的灶;到了明朝,又将下沙盐场下辖的盐场由南向北划分为九个"团",于是,"团"又成了盐区的行政单位名称。今天,浦东新区近海处仍保留了不少含有"团"和"灶"的地名,这就是昔日熬波煮盐留下的痕迹。

元代上海建县,南汇地区是上海县的一部分;清雍正四年(1726)正式划上海县长人乡之东部置南汇县,这是南汇有独立建置之始,到2009年撤销南汇区并入浦东新区计280余年。在相当长的历史时期里,南汇的大部分地区属于农村,与农耕社会相对应的河渠、护塘、村宅、祠堂、豪门、望族而得名的地名占了很高的比例,而当南汇并入浦东新区后,城市化的进程进一步加快,许多形成于农耕社会的地名在城市建设中逐步被湮没,具有城市特征的道路、街道、桥梁、住宅小区、企事业单位之类的地名会大量出现,如何应对那些可能消失的具有历史文化意义的地名,就成了迫切需要解决的课题。

历史地名已经被联合国科教文组织确定为非物质文化遗产。在中国,历史地名的保护和利用也备受关注和重视,并对城市化过程中可能消失的历史地名制定了相应的法规和采取了相应的措施。为此,两区合并前后,浦东新区地方志办公室、地名管理办公室和浦东文史学会先后联合编撰了《浦东老地名》和《南汇老地名》两套书,有计划地选择一些较有影响的地名,通过生动的故事,相应的考证,介绍这些地名的来历、意义及地名中蕴藏的故事。人们通过阅读了解大浦东的历史文脉,从而更加热爱故乡故地。

对历史地名保护的最好办法就是利用,所以,《浦东老地名》和《南汇老地名》也是大浦东地名的档案室、资源库,是城市建设的备忘录,为大浦东日后新地名的命名提供资源和支持。

关于南汇这个地名

南汇地名是怎么得来的?

1300多年前,古捍海塘(今北蔡、周浦、下沙一线)以东,还是潮涨潮落的泱泱大海。随着时间的推延,人们渐渐发现东海在涨滩,长满芦苇、秧草的滩涂不断向外延伸着。至宋代淳祐年间(1241—1252),今大团、惠南、祝桥、六团、川沙、顾路以东逐渐成陆。

　　人们把长江水和钱塘江水的汇合处称作南汇嘴。《南汇县志》对此的记载是:"因大海环其东南,扬子江水出海时受海潮顶托,折旋而南,与钱塘江水在此交汇,故称南汇嘴。"

　　明代,倭寇见我东海沿海失防,就屡屡进犯,烧杀抢夺,无恶不作。于是明朝廷下令修筑城堡,抵御倭寇。明洪武十九年(1386)在南汇嘴(今惠南镇)筑起一座方城,设立"守御南汇嘴中后千户所"。

　　当时,今南汇地区属上海县长人乡,归松江府管辖。从明洪武十九年到清雍正元年的340多年里,滩涂以每29年涨1公里的速度向外延伸,使长人乡和下沙盐场的地域逐渐扩大。东西广90里,南北袤84里,当差壮丁人数44 102人。清雍正二年(1724),两江总督查纳弼疏请清政府,将上海县长人乡划出单独建县。查纳弼还建议,新建的县以"南汇"命名,县治设在守御南汇嘴中后千户所所城(俗称"南汇城")。清雍正四年(1726),清政府批准南汇正式建县。于是,清朝的版图上有了"南汇县"。

　　那时,南汇县可谓"地大物博",北可至宝山县,今北蔡、张江一带也属南汇县,而东至东南的滩涂依然不断向外延伸着……从清雍正年间钦公塘筑成至1985年,南汇的东南扩展了300平方公里。也许是南汇太大了,从清嘉庆十五年(1810)到1957年,南汇境域有6次变迁,先后将西、北两面部分地区划归奉贤、上海、川沙三县。

　　从大海里涨出来的南汇县,2001年撤县设区,2009年4月国务院决定南汇区域划入浦东新区。南汇区没有了,但南汇嘴依然存在,还在向外延伸,现在位于临港新城的东南端——南汇嘴观海公园。

　　南汇划入浦东,南汇地名是否保留?为何保留?如何保留?一度引起社会各界的关注和热议。有人提议,像川沙新镇一样,将"惠南镇"改为"南汇镇",位置固然好,但行政成本太高,况且"惠南"这个地名历史也已久远,觉得不妥;又有人提议,将"南汇"这个地名留在南汇嘴观海公园处,将来作为"南汇嘴街道"来考虑,但时间还太久,一时难以落实,况且规模还是小了一点,觉得不够理想;第三种意见认为,为了使"南汇"这个历史地名进一步发扬光大,将其留在大开发、大发展的临港新城主城区比较好,定名"南汇新城",得到普遍认可,人大会议确认通过。后来,申港街道和芦潮港镇合并后建立的新镇就叫"南汇新城镇"。至此,留名之事尘埃落定,人们也将逐步习惯这个名称。

关于南汇最古老的地名——长人乡

1726年南汇县成立时,其境域主要是由上海县所属长人乡的大部分和下沙盐场的9个团组成的。

长人乡位于今黄浦江自闸港折向北流后的东西两岸,其中划给南汇的即为黄浦江东岸部分,其境域向东延展可直抵近东海的下沙盐场团地,面积颇广,后来人们呼称的"浦东",泛指的亦是这一带地区。

关于长人乡,在上海地区最早的志书《云间志》(纂成于南宋绍熙四年,即1193年)中已有记载,但是关于长人乡名称的由来,志书中却未有详细记载,而且史志学家对此说法也不一。

有一种说法比较可信。他们用大量资料说明了这一带成陆后,的确曾有大量淮河流域的居民因战乱和自然灾害等原因迁来这一带定居的史实。当时淮河流域居民的身高较之当地居民一般都要长些,长人乡建立后,其名亦因此而得。

长人乡,是个古老的行政区域地名,历史久远。早在唐天宝十年(751)建立华亭县时,长人乡已是华亭所属22乡(后为13乡)之一,以后历经宋、元、明、清1100多年,长人乡一直存在。南宋初就在长人乡设下砂盐场;元至元二十九年(1292)分建上海县时,长人乡是划入的五乡之一;至清雍正四年(1726),上海县划出长人乡的大半土地建立南汇县;嘉庆十五年(1810),又将南汇县长人乡的一小部分划出建立川沙抚民厅。一直至民国时期,川沙县还保留沿用着这个来自远古的乡名。

长人乡不仅延续的时间久,而且境域辽阔。如今的浦东新区,大半在长人乡境内,整个南汇县(南汇区)全是长人乡地域,还不是长人乡全部。在唐代,长人乡有十六至二十一保,即6个保,12个村,还管3个里(长人、将军、高阳)。而南汇县只划得浦东部分的十七、十九、二十共三个保以及十六、二十一保的部分,共169个图,其余包括十八保全部都在浦西上海县(今闵行区)境内。北蔡以东、杨家镇和王港以南地区,全是长人乡的地域,川沙堡城就建在长人乡十七保十二、十五图的东侧土地上。(从三林、杨思到陆家嘴,向东从洋泾到东沟、高行,这些另属上海县高昌乡。高桥地区属宝山县依仁乡。)

长仁禅寺位于川沙老城区北门外王桥街,始建于明嘉靖年间(1522—1566),清乾隆三十九年(1774)重修,清同治二年重建。因当年庙址地处上海县长人乡而名"长人乡庙"。"文化大革命"中,停止宗教活动。1990年7月18日起作为佛教大僧寺,边修复边开放,并改为现名——长仁禅寺。1994年5月8日,由中国佛教协会副会长、龙华寺方丈旸明大和尚、玉佛寺方丈真禅大和尚到禅寺主持开光仪式,有佛教信众三千余人参加。

下沙盐场与场、团、灶、仓、港

说起浦东南汇地名,大家就会联想到下沙盐场,因为南汇很多地名的形成,如下沙、新场、大团、二团、三灶、六灶、盐仓等和下沙盐场的确都有着密不可分的关系。

中国的海盐生产历史悠久,早在夏商周时期我国渤海一带即已开始海盐生产。至于我国东南沿海的海盐生产,史书上有记载虽然比较晚些,但是从《汉书》中关于"汉吴王濞都广陵,煮海饶国用"的记载来看,至少也有近两千年历史了。

浦东沿海建有盐场始于唐代中期,五代后,浦东沿海盐业开始有较大发展,先后出现了一批产盐场,如今金山区境内的浦东场(后又分出横浦场),奉贤区境内的袁浦场和青村场,南汇区境内的下沙场,原浦东新区境内的南跄场等,但是这些场当时都未单独建置,而统一称为华亭盐场。这些场单独建置成为盐场据史书记载应始于南宋乾、淳年间(1165—1189)。此时,下沙盐场诞生了。

下沙盐场自建立后,前后大致可分为3个历史时期。第一个时期自南宋起至元代中期,这是下沙盐场的一个发展时期,此时盐课司署设在鹤沙,鹤沙因此成集而形成下沙镇。第二个时期自元代中叶起至明中叶,这是下沙盐场发展中的一个鼎盛时期,此时下沙盐场因沉积面积日渐向东南延伸而已有较大扩展,为适应这一新的发展,此时盐课司署已迁至原下沙南场址,新场镇因此而形成。第三个时期自明代中叶起至清中叶,这是下沙盐场逐渐走向衰落的时期。此时,随着长江夹带泥沙不断沉积,长江口逐渐向东南延伸,使浦东海岸离咸潮的距离愈来愈远,海盐产地已日渐缩小。到清代,下沙盐场产盐区已仅限于东南沿海一带,为此盐课司署又迁到了原一团址,大团镇因此而形成。

下沙盐场自成立后,较长一段时期内是两浙盐场中颇具规模的盐场之一,在明代鼎盛时期,曾有盐丁15 761丁,为了使盐丁能按时如额完成任务,因此盐场组织历来比较严密。南宋下沙盐场建立时,盐场下原设有下沙南、下沙北、大门和杜浦4个分场,分场下则各设有10个灶户(或称亭户),各灶户则各有20家煎灶(或称灶座)组成,分别由亭长和百夫长管理。到元代,下沙盐场随着境域的扩大,其组织系统也有了调整。据元人陈椿所撰《熬波图》的记载,当时下沙盐场除了仍下设分场外,还归并灶户,或三灶合一团,或两灶合一团,在分场下建立团的建制。据史书记载,当时下沙盐场辖下已建有新旧8个分场27个团。

团是一种类似军事体制的建制。各团均划有一定的界址,团内不仅有盛贮卤水的池井、盐仓和样屋,而且还建有类似衙署的官舍团厅,团四周则筑叠有如城墙那样带有"乳头"(犹如城堞)的围墙,置关立锁,还拨有"官军守把巡警",戒备森严。

团的设置加强了对盐丁的监控和压榨,元代对盐丁的残酷压榨曾引起了元末沿海各盐场盐丁的"大逃亡",在盐民领袖张士诚、方国珍等人的号召下,他们揭竿而起形成了一支埋葬元王朝的重要力量。但是即使如此,由于团的设置有利于对盐丁的监控管理和沿海的防务,因此明王朝建立后,这一制度仍然被保留了下来。

下沙盐场统领9个团的制度是从明洪武元年(1368)开始的。这9个团自南而北,依次各为一至九团。明正统五年(1440)下沙盐场进一步归并灶户,并将盐场分设为3个分场后,9个团即归由分场管辖,每分场各辖3个团,一分场辖一至三团,二分场辖四至六团,三分场辖七至九团,下沙盐场设3个分场9个团的制度由此被固定了下来,而且还一直延续到了清代。

下沙盐场有团的设置,自元代起至清道光中叶(1835年左右)盐灶停止煎盐时止,历时长达500余年,如此长的历史时期必然会给南汇地名的形成带来影响。清末,南汇实行城镇乡自治,废保团设乡镇时,一团乡、二团乡、四团乡、五团乡的设置,其名称即来源于此。另外,团设置后,团厅官舍和卤池、盐仓所在地作为各团中心地的形成,当然也为该地区日后成集创造了条件,一团的大团镇(一为大,故名)、二团的二团镇、三团的惠南镇、四团的盐仓镇(历史上又名四团仓)、五团的祝桥镇等就是在这样的情况下逐渐形成集镇的。而且也正由于灶户不断归并愈来愈集中的设置,其集中地同样也为日后成集创造了条件,三灶、六灶等地逐渐成集的情况就是这样。

下沙盐场建立后，在相当长一段时期内产盐量一直是比较高的，南宋时年产900万斤左右，元代时为1 336.6万斤(三万三千四百一十五引)左右，明代是下沙盐场的鼎盛时期，年产盐可达1 689.92万斤(四万二千二百四十八引)左右。如此巨额的盐产都是需要通过煎灶来生产的，但是长期以来下沙盐场各煎灶使用的"煎盐之器"都比较落后，因此煎灶数量一直比较多。据史书记载，南宋时，下沙盐场各灶使用的煎盐之器均为铁镬，一昼夜仅能煎两镬，每镬30斤，日产盐仅60斤，因此当时几乎每户盐丁均必须设有一座煎灶。到元代，煎盐之器已改良为"盘"，这是一种"制作甚精"、"以铁为之"、"广袤数丈"、"非官不能办"的煎盐工具，使产盐量有较大的提高，但是这种"盘"一昼夜最多只能煎五盘，每盘产盐300至500斤，日产盐仅为2 000斤左右，这也就是为什么元代要设27团，每团设3灶户，每灶户设20座煎灶的原因。到明清时代，管理体制上的改进虽然为归并煎灶创造了条件，但是由于"煎盐之器"使用的仍为元代元贞年间传统的"盘"，因此大量减少煎灶仍是不可能的，这也就是清康熙年间下沙盐场在三分场、二分场和一分场三团所有煎灶均已停止煎盐的情况下仍有222座煎灶的原因。

煎灶是盐场的基本生产单位，其取用的原料均为由咸潮制成的卤水，其产出的成品盐则又必须按时运抵各团盐仓，然后再通过盐课司输出，如此生产流程，当时都是需要通过水路运输来完成的，从而也促使下沙盐场必须具备一个比较发达的水上交通网，使大小河流纵横交叉，密布于全场各地。正因为这样，因此很多河流的名称就和盐场密切联系了起来，使下沙盐场从此有了18条以灶命名的主河道，还有不少支流也都采用了和盐场有关的名称，如盐铁塘、卖盐路港、运盐河、卖盐港、旧盐港、盐船港、焙灶港、二三灶港、二灶路港、团东港等。

下沙盐场自南宋乾、淳年间建立起至清道光中叶止，历时长达650余年，影响深远，其影响已遍及浦东南汇政治、经济、社会、民俗、民风等各个方面，对浦东南汇地名形成的影响只是其中之一，因此对下沙盐场的研究不得不引起南汇人的极大重视。

关于灶门港，翻开南汇建县时的水利图，你一定会发现一个十分有趣的现象，有15条(一说为18条，因北八灶港之北尚有小五灶港、小三灶港和小四灶港3条河流)以灶命名的河流整齐而有序地东西横贯于浦东南汇的大地上，它以三团为界,其北依次为北一灶港、北二灶港……至北八灶港共 8 条,其南则依次为南一灶港、南二灶港……至南七灶港,共 7 条。以灶命名的河流竟这么多,为什么呢?它又是怎么形成的呢?这些都与下沙盐场有关。

《熬波图》是记载下沙盐场最早的一部著作,它成书于元元统二年(1334),为下沙盐监司陈椿所撰。据该书记载,这里地濒东海,"直走东南皆斥卤之地",因此这里的人民有"煮海作盐"的生产"由来尚矣"。宋朝政权南迁后,为了增加国库收入,于建炎年间(约 1129 年左右)就在这里"建团立盘""立官舍""兵卫森军营",将这一"煮海作盐"的"大利"作为专利从老百姓手中夺了过来,在这里建立盐场(下沙盐场),设立盐监。盐场既立,灶当然也就成了盐场的基本生产单位。

据《熬波图》介绍,当时各灶为产盐,除必须筑好摊场、灰垯、卤井、便仓等外,还有很重要的一点那就是必须"开河通海",利用河道将"煮海作盐"的原料海水引来。

开挖通海河道是当时各灶的一项甚为繁重的工程,因为开挖的河道不仅需有一定的深度和宽度要求能蓄入足量的海水外,还需要在河道的港口处筑上一道坝,再在坝上挖一条"月河",并派专人"彻夜守候"在那里探测潮汛,见潮来则挖开"月河"迎海潮入港,等候通海河道中潮满后即运土再将"月河"封闭。而且更为重要的那就是由于南汇沿海海水中的泥沙含量较大,致使通海河道中经常会出现"潮落三寸泥,十日泥三尺,沟与两岸无高低"的现象,因此各灶还必须经常组织劳力用"长柄锹椭短柄锹"对河道进行及时的疏浚,使河道能始终保持有"八尺没人头"的深度。

南汇地区是长江三角洲冲积平原的一个组成部分,是由长江水夹带的泥沙入海后受海潮顶托沉积而成的,因此其海岸线至今仍在不断地向东延伸之中。而南汇地区这一地理上的特点也正说明了古代下沙盐场各灶设置的地点为了便于利用海水,必然的也会逐渐地向东迁移。事实的确也是如此,据上海地区最早一部志书《云间志》(成书于南宋绍熙四年,即 1193 年)的记载称,下沙盐场初建时原辖有杜浦场、大门场、下沙北场和下沙南场 4 个分场,这说明当时下沙盐场各灶位置大致尚都设在下沙古捍海塘以外,即今周浦——下沙——新场一线以东不远的地区。但是到元代以后,情况变化了,特别是到明代,据《南汇县志》记载,那时下沙盐场已改制下辖为 3 个分场 9 个团,而各团所辖的地域则都已东移到了里护塘以外,即今南跄口——川沙——祝桥——惠南——大团一线之东了,其西距下沙古捍海塘平均已约16公里,如此远的距离,为解决盐的外运,这些河道当然也就逐渐成了运盐的沟渠。据史书记载,下沙盐场初建时,盐监司原设在下沙,巡检司则设在杜浦(今周浦),因此当时各灶外运的盐都必须先运到这里,这也就是当时这15条灶门港西端为什么大部分都要以位于周浦、下沙一线的咸塘为起点的原因了。

南汇灶门港形成历史甚久,据推断应形成于南宋乾道八年(1172)里护塘(又名内捍海塘、老护塘、霍公塘或旧捍海塘)筑成之前。南一灶港上一座古石桥裕丰桥(又名张家桥)的桥墩上曾刻有一副对联,上联是"未有两塘,此江原通大海",下联是"惟兹六灶,其流直达申江。"这说明此河原为通海河道,是两塘,即里护塘和外捍海塘(即后来的钦公塘)未筑成之前就已形成的。南汇第一部县志《分建南汇县志》上对此也曾有过记载,称这些河道正由于原来都是通海的,都形成于"未筑海塘之先",为了避免海水成患,因此"诸灶西各有坝以为界",自筑海塘后才将坝拆除,这也就是当时各灶门港所以会有"一河而东西异名"的原因。书中称,像北一灶港,盛家桥东原来就筑有宋家坝,海塘筑成后坝拆除了,河道相通了,但是坝之东为一灶港,坝之西人们却仍名之为水仙塘。

灶门港的形成,使南汇地区在很久以前就已经有了一个比较发达的水上交通运输网络系统,为南汇地区的经济发展提供了方便。解放后,为适应新形势发展的需要,在实施新的水利规划中虽然对原有的灶门港布局已作了某些变革,南七灶港已为新闸港所替代,大治河的开挖已替代南二、三、四灶港的河段……但是我们祖先开挖的灶门港,其历史功绩人民是永远不会忘记的。

以路为名的居民集聚地名

浦东南汇以路为名的居民集聚地名不少,有黄路、邬路、谈路、袁路、灶路、凌路、马路、陆路等。

南汇以桥为名的地名较多是可以理解的,因为南汇属冲积平原,是水乡的一部分,河流众多,桥梁作为居民集聚地通往外界的必要通道比较多,其主要桥梁之名在约定俗成中逐渐成了居民集聚地之名,但是以路为地名的成因又是怎样的呢?

南汇面临东海,其境域是由长江夹带的泥沙出海后受海潮顶托沉积而形成的,而且其面积随着时间的推移还在不断地向东南延伸中。为了防止这些已沉积成陆的土地不受海潮的侵袭,因此南汇地区早在唐代就有了捍海塘的兴筑,而且其兴筑的海塘随着成陆面积的不断扩展还在不断地增加中,其中颇为著名的一条海塘那就是修筑于清雍正十一年(1733)的钦公塘。

钦公塘又名外捍海塘,初筑于明万历十二年(1584)。当时下沙盐场正面临着一个重要的转折时期,原盐场随着成陆面积日渐向东南延展,离海的距离愈来愈远。为此,下沙盐场即在各方面作了调整,除了在外移盐场中将盐课司署迁至下沙南场(即新场)外,又调整了生产体制,将其所辖的灶户划分成了滨海和水乡两类生产任务不同的灶户。居住于滨海近煎灶的那部分盐民被称为滨海灶户,他们煎盐代课以领取工本为生,水乡灶户指的则是那些远离煎灶的灶户,虽然他们仍隶属盐场,但是已不参加煎盐生产,改行从事农副业生产,以生产所得出钞给滨海灶户代为煎盐纳课。到明弘治年间,这一划分已得到政府正式认定,并明确规定离海三十里以内者为滨海灶户,以外者则为水乡灶户。

离海三十里以外为水乡灶户的规定为这一带农业经济的发展提供了基础,而农业经济的发展也为这一带必须有一个安居乐业的自然环境提出了更高的要求,修筑海塘防卫这一带免遭海潮侵袭因此就愈来愈多地受到各方面的重视。在外捍海塘修筑前,这一带受海潮侵袭的次数是比较频繁的,其中发生于明成化七年(1471)和明万历十年(1582)的两次灾害尤为严重。前者发生于该年农历七月十七,大风雨中海潮猛涨,在海潮侵袭下,大片土地成了泽国,"漂没房屋人畜无数,惨死万余人,咸潮所过,庄稼尽枯槁"。后者发生在该年农历七月十三,大风雨中,海潮侵袭使这一带再次成了泽国,致使这一带该年竟"稻棉无收","饥民遍野"。

外捍海塘的兴筑对保卫塘内社会经济的发展作用甚巨,因此南汇人民对保护这条海塘长期来一直是比较重视的,特别是在南汇建为县并在该塘的基础上筑成钦公塘后,护塘问题更被提到了一个新的高度,县署为此还专门制订了护塘章程,将钦公塘划为17段,每段各设段长一人,严令看护,以防塘身受损。

钦公塘筑成后,在相当长的一段时期内对塘身的防护一直比较严格,严禁闲杂人等践踏。但是以后,随着南汇成陆面积的日渐向东南延伸,以及盐业衰退后农业的兴起,塘外相继筑成了一道道民圩,特别是清光绪十年(1884)在钦公塘以东约3.5公里处一条与之几乎平行的彭公塘(因筑成于知县王椿荫任内,故又名王公塘)筑成后,其历史使命也就基本上完成了,开始放松了对其塘身的防护,往来于塘上的行人亦逐渐增多。以后,随着塘内外社会经济发展后联系的日渐增多钦公塘上因此被开辟出不少通道,形成道路。当时这些道路一般都是以始发地的名称来命名的,起自黄家宅的名黄家路,起自沙涂庙的则称沙涂庙路等,如此道路甚多,当时位于一团境内的即有杨家路、海潮寺路、沙涂庙路、陶家路、沈家路、茶亭路、老鹳嘴路等7条;位于二团境内的则有周家路、奚家路、高项嘴路、邬家路、严家路、瞿家路、黄家路等7条;在三团境内的则有沈家路、袁家路、小朱家路、丁家路、一灶路、倪行路、唐家路、二灶路等8条;在四团境内的则有三灶路、郁家路、六墩路、范家路、大沙路、夏家路等6条;在五团境内的则有马家路、吴家路、薛家路、朱家路、顾家路、瞿家路、沈家路、范家路、苏家路、坍码头路、凌家路、施家路、翁家路、倪家路、马路、中墩路、八墩路等17条……

　　如此众多越过钦公塘的道路形成后,以后随着人和物流通量的增加,道路沿途开始有了村集的形成,其名亦因此而得。

明沈秉直墓志铭考略

柴志光

2010年8月5日，笔者在川沙古城黄炎培故居"内史第"内见到一长方形青石碑刻，识其碑文，乃知一墓志铭，所记主人为明代萧山县主簿沈秉直。沈秉直为明嘉定县江东(今浦东新区高桥)人，生于明嘉靖七年(1528)，太学生，官浙江萧山县主簿，卒于万历三十七年(1609)，葬于高桥黄潼港之东新阡。现就沈秉直生平和该墓志铭的出土作简略考证。

墓志铭文

该墓志铭石系青石质，长90厘米，宽30厘米，厚11厘米。铭额为篆书，16字占3行。正文36行，每6行为一间隔，每行18字，阴刻边框行线。墓志铭文如下：

明故萧山县主簿沈公暨配瞿孺人墓志铭
公之先，姓卜氏，世为嘉兴人。国初有文旺者徙居嘉定吴淞江之东，生子明。子明生辰，辰娶沈氏，生良，良生镒。而沈氏无子，良命镒子而祀之，因从其姓。镒三子。曰湍，能治生，先世之业益大；曰泮，供为武义教谕，当时称儒宗。君，湍之子也，讳秉直，字从墨，自号文圃居士。君所居在江海之间，往往生长材秀民,然其俗尚意气,不能下人。而君逡逡长者,无睚眦之怒,非意所加,则降心抑首,敬谢不敏,人皆笑之。追考其生平,卒未尝困于坎坷,寿老康,竟以令终。余于是信舌存齿亡之训也。君十六补博士弟子,已而入赘游国学。四方文章之士云集南雍,皆乐与君游。名为六馆之选,屡踬于京兆,退居田舍。久之,调选天官,为浙之萧山主簿,以慈和为政,士民爱之,谓之外公。有丞侵夺簿事,人为不平,君意不为介意。其令贤者重公之为人,深相要结,然未尝于之以松。及谢政归,几绝迹城市。既有壮子以持门户,公私事一无所问。江烟之朝,海月之夕,唯与亲戚故人谈说平生以自娱。教戒子孙,以为宁后毋先,宁朴毋华。长处不争之地,以殖学为业,以种德为乐,如是而已。配瞿孺人,十四而归,事尊章以孝闻。当君之乏,昼治耕作,夜治织纴以佐之,终身不以鲜衣美食自奉。而宾客猝至,五馔丰洁,酒醴时具,乡党称其能焉。公生于嘉靖戊子,卒于万历己酉,享年八十有二。孺人生于嘉靖戊子,卒于万历甲辰,享年七十有七。子二。长廷锡,孺人出,娶朱氏,继锺氏。次廷赐,庶出,娶赵氏。女一,适唐汝霖,早卒。孙男四:维藩,取黄氏;维垣,邑庠生,娶徐氏;维屏,娶黄氏;维宁,娶□氏。孙女,一适太学生孙元化,一未字。曾孙男四:卜珪、卜璋、卜琦、卜玮。曾孙女四:一字孙大任,一字黄班,一字吴之绅,一未字。岁在庚戌正月乙酉,合葬于黄潼港东之新阡。余与廷锡厚善,以其叔父乐会令允孚状乞铭于余。为之铭,曰:炎炎者易灭,铮铮者易折。吁嗟先生,知雄而为雌,知巧而为拙。佑启后人,守之无缺。

邑人唐时升撰
新安程嘉燧书

该墓志铭文共673字,除有一字模糊外,其余均清晰,正文小楷工整。沈秉直殁于万历三十七年(1609),次年即1610年正月,葬于高桥黄潼港东岸,此墓志铭的撰写时间当在1609年底或1610年初,至今已有400多年的历史。该墓志铭撰文者唐时升、书写者程嘉燧为"嘉定四先生"中两先生,"练川三老"中两老,可谓嘉定历史上的两位名人,其学问堪称一流。唐时升撰该墓志铭时年届六十二,程嘉燧则年方四十六。从墓志铭文和书法来看,都可称佳作。特别是对研究程嘉燧的书法而言,更是一份难得的珍贵史料。沈秉直作为县令的佐官,其官阶仅八九品而已,但其逝世后的墓志铭由两位大学者来撰书,这多少是一种哀荣。也可见此墓志铭石的历史文献价值。

墓志出土

浦东高桥地区在明代时属嘉定县辖地,因其地处吴淞江东岸,故又称江东。江东沈姓为世家,但沈秉直的先祖本姓卜,本为嘉兴人。明朝初年,卜文旺徙居江东,其孙卜辰娶沈氏。卜辰孙卜镒改姓为沈,沈镒为沈秉直之祖父。沈秉直的叔父沈泮曾任江西南城训导、武义教谕,沈泮之子沈允孚曾任广东乐会知县。沈家也算是为官世家。

沈秉直子孙众多,其一孙女嫁于孙元化。而秉直的曾孙沈卜琦少年时就跟从孙元化,孙元化在山海关领兵时,卜琦则在军幕中。孙元化,中进士后,官至都御史,为一代名臣。

清《江东志》卷二《营建志》记载沈秉直的墓在"黄潼港北,猛将堂后"。在《江东志》中《江海塘堤墩汛寺宇全图》所标图示看,墓的位置大约在今高桥镇老街区的西北部。1993年4月,因兴建楼房,在挖地基时,发现沈秉直的墓穴,并出土沈秉直的墓志铭。当时即由浦东新区文物保护管理所把该墓志铭石放置在川沙古城黄炎培故居"内史第"内,而"内史第"原为清代金石收藏大家、内阁中书沈树镛的宅第。

沈秉直墓被发现时,上海市文物管理委员会考古专业人员即到场,对墓葬进行清理发掘。《上海文化年鉴》1994年卷对此有记载,但记载有误。其记载云:"此墓结构为糯米浆三合土木椁墓,一墓两棺,系夫妇合葬,上有独幅大石板覆盖。墓穴长1.9米,宽0.71~0.78米,距地表深1.2米。墓向南北向,东面系女棺,尸体已腐朽无存,没有发现任何随葬品;西面系男棺,尸体也已腐朽,仅存头骨及部分肢骨,棺内仅在墓主人胸部发现一面素面铜镜(俗称护心镜)。此外在此墓穴南侧30厘米处,发现一块长方形的石刻墓志铭——'明故萧山县主簿沈公暨配瞿孺人墓志铭。'根据墓志铭铭文考证,可知此墓主人姓名沈镒,生于明代嘉靖戊子(1528),卒于万历己酉(1609)。此墓志铭系邑人唐时升撰文,新安程嘉燧书写。"

根据墓志铭文及相关地方志书的记载,该墓的主人不是沈镒,而是沈秉直,而沈镒是秉直的祖父。其实只要认真阅读墓志铭铭文,也不难确定墓主为沈秉直。

　　该墓志铭于1993年4月出土后一直放置在川沙古城"内史第"院内一角，10多年间无人注意该铭石的存在。2010年5月，"内史第"落架重修，在清理宅基地时，该墓志铭被第二次"发掘"出来，并误以为与"内史第"的主人沈树镛有关。据查民国《川沙县志》记载，可知沈树镛与沈秉直是不相关的两个沈氏族系。沈树镛先祖居吴兴，南宋时迁居枫泾镇，元末再迁上海十八保磊塘里，明嘉靖万历年间，沈文魁由磊塘里迁居川沙城。文魁曾孙士华，士华孙汝舟，汝舟幼子昌绪，昌绪子树镛。因此，该墓志铭与川沙"内史第"毫无关联。作为石刻史料，该墓志铭应陈放在高桥历史资料陈列馆更为合适。墓志铭是研究历史人物的重要史料，浦东出土的这类史料不多见，尽管沈秉直仅官一县之主簿，但其墓志铭中却有着较为丰富的历史信息，从这些历史信息中可以解读出许多历史人物的生活轨迹和相互间的关系。

志书记述

　　该墓志铭中记载的有关人物，在相关的地方志书中也有记述。

　　墓志铭中对沈秉直叔父沈泮的记载为："供为武义教谕，当时称儒宗。"沈泮是沈秉直家族中第一个为官之人。明万历三十三年刻本《嘉定县志》第十卷《选举》记载："沈泮，字伯英，三十九年贡，江西南城训导，武义教谕。"清乾隆十一年刻本《宝山县志》第八卷《选举志·贡生》记载："沈泮，字伯英，本姓卜，八都徙南翔，嘉靖三十九年贡，江西南城县学训导，迁武义教谕。"清光绪《江东志》第四卷《选举志·贡生》记载："沈泮，字伯英，本姓卜。嘉靖二十九年岁贡，授江西南城训导，升武义教谕。"清康熙五十五年刻本《南城县志》第九卷《官秩·五十七》记载："沈泮，嘉定人，贡士，嘉靖四十二年任训导。"清乾隆四十七年(1782)张承先著、嘉庆十一年(1806)程攸熙增订、民国十三年(1924)陈枬重印本《南翔镇志》第五卷《选举·科贡·贡生》记载："沈泮，嘉靖三十九年岁贡，本姓卜，字伯英，由八都徙居里中。南城县训导，迁武义县教谕。熙考邑志增入。"上述志书对沈泮的记述略有一些差异。

　　墓志铭中对沈秉直的堂弟(即沈泮之子)沈允孚的记载为："余与廷锡厚善，以其叔父乐会令允孚状乞铭于余。"地方志书中有多部府县志记载沈允孚。明万历三十三年刻本《嘉定县志》第十卷《选举》记载："沈允孚，泮之子，选贡，上海籍,广东乐会知县。"清乾隆十一年刻本《宝山县志》第八卷《选举志·贡生》记载:"沈允孚,字冲霄,泮之子,万历二十年选贡,上海籍,仕乐会县知县。"嘉庆《松江府志》第四十六卷《选举表·明贡生》记载:"万历二十年选贡,沈允孚,徐闻县知县。"同治十一年刻本《上海县志》第十六卷《选举表中·贡生》记载:"沈允孚,本姓卜,字鸿霄,乐会县知县,有政绩。府志作徐闻县知县,列华亭学。"《江东志》第四卷《选举志·贡生》记载:"沈允孚,泮之子,上海籍,万历二十年岁贡。任广东乐会县知县,有政绩。"清宣统三年刻本《乐会县志》第五卷《职官表·知县》记载:"沈允孚,江南苏州人,万历年任。"明代时,沈允孚所居住的江东属嘉定县辖地,而嘉定县又是苏州府的辖县,故《乐会县志》记载沈允孚为苏州人。

有关沈秉直的情况在多部志书中有记述。明万历三十三年刻本《嘉定县志》第十卷《选举》记载:"沈秉直,浙江萧山县主簿。"清康熙十二年刻本《嘉定县志》第十一卷《选举·例选》记载:"嘉靖朝,沈秉直,浙江萧山县主簿。"乾隆十一年刻本《宝山县志》第八卷《选举志·例选》记载:"沈秉直,本姓卜,字从墨,世居八都,萧山县主簿。"清乾隆四十七年张承先著、嘉庆十一年程攸熙增订、民国十三年陈枬重印本《南翔镇志》第五卷《选举·例选》记载:"沈秉直,字鸿霄,浙江萧山县主簿。"光绪八年刻本《宝山县志》第八卷《例仕表记载》:"沈秉直,本姓卜,字从墨,居八都,萧山县主簿。"光绪年抄本《江东志》第四卷《选举志·例选》记载:"沈秉直,本姓卜,字从墨,太学生,萧山县主簿。"在《江东志》第十卷《铭》中收录有沈秉直墓志铭,但在文字上略有一些不同。铭石上题为"明故萧山县主簿沈公暨配瞿孺人墓志铭",《江东志》中题为"萧山县主簿沈文圃墓志铭。"铭石上在"深相要结"句后有"然未尝干之以松"句,而《江东志》中无此句。《江东志》还把"卜珪、卜璋、卜琦、卜玮"误记为孙男,实际应为曾孙男,而四位孙男和二孙女却漏记。沈秉直墓志铭石的出土,可校志书记载之误漏。

有关沈秉直曾孙沈卜琦的事迹在志书中记述内容最多。清乾隆十一年刻本《宝山县志》第六卷《人物志·隐逸》记载:"沈卜琦,本姓卜,字一韩,居江东,少从中丞孙元化游,具经济实学。元化治兵边关,卜琦常在军幕。已而归里,补诸生,后屏居村塾,口不谈时事。及殁,昆山诸士俨私谥之曰'景白。'"而《江东志》第五卷《人物志·隐逸》对沈卜琦作传云:"本姓卜,字一韩。少从中丞孙元化游,具经济实学。元化治兵边关,卜琦常在军幕。已而归里,补诸生。后屏居村塾,口不谈时事。及殁,昆山诸士俨私谥之曰'景白'。"《江东志》第八卷《传》有陆时隆所撰的《沈一韩传》一篇。沈卜琦的姑姑嫁与孙元化，所以孙元化是沈卜琦的姑父。孙元化拜徐光启为师，精研西学，于建造火器枪炮有专长。徐光启殁后，沈卜琦曾设馆徐家教书。沈卜琦著有《西河二难诗钞》。

几点正误

在历代多部地方志书对沈泮、沈允孚、沈秉直的记载中，有几点差异需指正。

1. 名字之误。沈允孚，字鸿霄，乾隆《宝山县志》作"冲霄"，同治《上海县志》与光绪《嘉定县志》作"鸿霄"。而《南翔镇志》把"鸿霄"记载为沈秉直字。在乾隆《宝山县志》、光绪《宝山县志》、光绪《江东志》均记载沈秉直字为从墨，墓志铭亦记载沈秉直字为从墨。由此而知，《南翔镇志》所记"沈秉直，字鸿霄"有误。

2. 居地之迁。《宝山县志》和《南翔镇志》对沈秉直叔父沈泮的记载均有"八都徙南翔"和"由八都徙居里中"之句，但《江东志》和墓志铭中没有提及沈泮迁居南翔镇之事。当时江东（今浦东高桥地区）属嘉定县辖地，在同一县城内迁居这也是常有之事。江东是世居的老宅，南翔是新居，两地均有宅院也不少见。江东毕竟是海边小镇，而南翔则商肆众多，文士多有隐居，且离县城又近，外邑寓居之人较多。在古代，有一些原居乡间之人一旦科举成功，往往有迁居邑城、迁居府成之举。城中建宅，乡间置田，这在历代志书中屡见不鲜。但沈秉直是否也随其叔父从江东八都迁居南翔？在志书中未有记述。如果，沈秉直未曾迁居南翔镇，那么《南翔镇志》又何以在"选举"类和"杂志"类记述了沈秉直的例选之事和墓地之事。从墓志铭所述沈秉直的性格"宁朴毋华"和"几绝迹城市"来看，沈秉直居住乡间的可能性较大。当然也有可能在南翔地区居住过一段时间，后又回住江东老宅。此事有待用史料作进一步考证。

3. 墓址之误。陈枘重印本《南翔镇志》第十一卷《杂志·祠墓·墓》记载："萧山主簿沈秉直墓，在中槎浦火字圩。"光绪《嘉定县志》第三十一卷《杂志上·古墓》记载："萧山县主簿沈秉直墓，在中槎浦重四十四图火圩。"这两段记述显然有误。1993年4月，沈秉直墓的发现和发掘在浦东高桥，随之出土的"明古萧山县主簿沈公暨配瞿孺人墓志铭"也明确记载沈秉直与原配夫人"合葬于黄潼港东之新阡。"其合葬的时间为明万历三十八年（1610）正月，沈秉直殁于万历三十七年，所以也不存在先葬南翔中槎浦再迁葬高桥黄潼港之事。

从地方志书中有关沈泮迁居南翔的记述来推测，中槎浦火字圩的所谓沈秉直墓有可能是沈泮的墓或是沈泮之子沈允孚的墓。沈泮作南城县训导、武义县教谕,沈允孚作为广东乐会县知县,他们的墓在志书中理应有所记述,但相关志书中却未有沈泮和沈允孚墓地的记述。南翔中槎浦火字圩沈家墓地是志书之误记,还是沈家中的另一位先人之墓?尚缺史料来证实,只能存疑待考。

综上所述,沈秉直墓志铭的出土,纠正了有关地方志书记述内容之误,是一份难得的浦东地方历史人物研究资料,对进一步研究中国历史文化名镇——高桥镇的人文历史有较高的参考价值。

(刊 2015 年《上海地方志》第 6 期)

傅雷书信主要内容综述

金达辉

傅雷是我国著名的文学翻译家、文艺评论家,他饱读诗书,学贯中西,有着极高的文化素养。他的译著《约翰克利斯朵夫》《巴尔扎克》等让广大文学爱好者流连忘返,手不释卷;他的文艺评论更是观点鲜明,语言犀利,有着他人无以伦比的高度,对近代中国产生的影响非常深远。近来,又拜读了2010年10月最新增订的《傅雷文集·傅雷家书》《傅雷文集·傅雷致友人书信》,深感傅雷先生的书信,又是一份留给后人的宝贵精神财富。他书信的内容非常广博,除日常的沟通交流外,涉足的领域十分宽泛,从外国文学作品翻译到文艺批评,从出版发行到音乐和美术的鉴赏等无所不包,而且视角独到,见解深邃,给人以无限的启迪。

傅雷一生写给儿子和亲朋好友的信件数百封,可以说写信已经成为傅雷工作和生活的重要组成部分,书信往来已成为傅雷与亲友和朋友沟通感情、加深友谊、交流思想的重要媒介。傅雷写信对象很多,除了儿子傅聪、傅敏外,还有大量书信是写给不同的友人。根据傅雷夫妇生前的记载,自1954年1月至1966年8月,给长子傅聪的信函有349封;现存302封,约占给傅聪全部信函的87%。目前傅雷文集收录傅雷给傅聪的信函共245封,包括英法文信函24封,约占现存信函的82%,其中父亲的信182封、母亲的信66封,时间为1954年1月至1966年8月。傅雷夫妇给次子傅敏的信函,由于"文革"期间傅敏受到残酷迫害,傅雷夫妇给傅敏的信仅存3封信,来自"文革"抄家退还的书稿中,而且是母亲的抄件。傅雷致友人的书信共计289封,包括很多举世公认的名人大家,如法国作家、诺贝尔文学奖获得者罗曼·罗兰,我国著名作家夏衍、周扬,著名教育家马叙伦,傅聪的老师、波兰著名钢琴家杰维茨基,傅聪前妻弥拉的父亲、世界著名音乐家梅纽因等,写给挚友、著名画家黄宾虹、刘抗的信件最多。

笔者根据不同版本的傅雷文集,就傅雷书信的主要内容进行归纳、分析和评述,希望能够以自身的理解,方便读者全面、快捷地了解傅雷书信,从而认识傅雷这位伟大的人物。

交流音乐感悟,倾心培育子女成才

音乐方面的内容在傅雷书信中占有较大的篇幅,傅聪是傅雷长子,他在音乐方面有极高的天赋,也是傅雷倾心、倾力教育和培养的对象,他在给傅聪的书信中大多涉及音乐。此外,在给友人的书信中也屡屡提及。从大量涉及音乐的书信内容来看,傅雷所谈音乐范围广泛,而且极有深度,非常专业。包括音乐的节奏把握、音乐的欣赏和对乐曲的理解,等等。主要有以下几方面内容:

一是音乐鉴赏和评论。傅雷的评论非常专业,不仅包括对钢琴曲的评论,还包括对戏曲,比如对昆曲的评论。傅雷的音乐鉴赏力很强,能够运用绘画、雕塑、文学、翻译等艺术,理解音乐,解读音乐,分析音乐。他在致夏衍的信中写道:"音乐学习,特别是钢琴学习,所需要的时间比任何学科为长,情形像我们研究世界文学:国别多,作家多,作品多,风格多,一个作家前、中、后期的风格又有出入;即挑选代表作家的重要代表作品学习,也非三四年所能窥其堂奥。且研究一个钢琴乐曲,先要克服技巧,少则一二十页,多则一百数十页的乐谱要背得烂熟(研究文学名著即不需要这一步工作),在手上滚得烂熟,再要深入体会内容;总的来说,比精读和钻研一部文学作品费时更多。"他在给傅聪的信中提到他对韵律的感悟。1954年7月28日,傅雷致傅聪信:"上星期我替恩德讲《长恨歌》与《琵琶行》,觉得大有妙处,白居易对音节与情绪的关系悟得很深。凡是转到伤感的地方,必定改用仄声韵。《琵琶行》中的'大弦嘈嘈''小弦切切'一段,好比断音,像琵琶的声音极切;而'此时无声胜有声'的几句,等于一个长的休止符。"

傅雷对每次听过的音乐会,多数会记下节目内容,然后逐一评价。1954年11月1日,给傅聪的信中写道:"刚听了波兰音乐会回来;上半场由上海乐队奏德伏夏克的第五新世界,下半场是《协奏曲》,弹得很好,乐队伴奏居然也很像样,出乎意外,因为上半场的德伏夏克听来,教人替他们捏把汗的。斯卡拉蒂光芒灿烂,意大利风格活力、生气都弹出来了。萧邦的《练习曲》又有火气,又是干净。这是近年来听到的最好的音乐会。"

二是学习音乐相关背景资料。傅雷认为,东西方的文化差异对音乐的影响十分重大,要学好钢琴就要努力学习、研究西方国家文化。傅雷父子俩在信中经常谈论包括音乐家生平情况、国家文化背景、中西文化差异等等问题,内容非常广博。例如,1955年3月,傅雷致傅聪信中大量篇幅在谈莫扎特,并附题目《莫扎特的作品不像他的生活,而像他的灵魂》。1956年1月,傅雷致傅聪信中说,"花了六小时给你弄了一些关于萧邦与德彪西的材料"。

三是讨论演奏情况,包括乐理、技巧、表现形式、姿态等等。这里仅举两例说明。1955年5月,傅雷致傅聪信说,"有一晚我要恩德随便弹一支勃拉姆斯《间奏曲》,一开场节奏就太慢,她一边哼唱一边坚持说不慢。后来我要她停止哼唱,只弹曲音乐,她弹了两句,马上笑了笑,把节奏加快了。因此证明,哼唱有大缺点,容易使节奏不准确。哼唱是个极随意的行为,快些,慢些,吟哦起来都很有味道;弹的人一边哼一边弹,往往只听见自己哼的调子,觉得很自然很舒服,而没有留神听弹出来的音乐。我特别报告你这件小事,因为你很喜欢哼的。我的意思,看谱的时候不妨多哼,弹的时候尽量少哼,尤其在后来,一个曲子相当熟的时候,只宜于'默唱',暗中在脑筋里哼。"虽然这件事情极小,但从中也可以看出傅雷的细致和感悟。

1961年2月,傅雷致信傅聪说:"贝多芬乐曲中两个主题的对立,决不仅仅从技术要求出发,而主要是反映他内心的双重性。否则,一切《奏鸣曲式》都以两个对立的主题为基础,为何独独在贝多芬的作品中,两个不同的主题会从头到尾斗争得那么厉害,那么凶猛呢?"这里我们可以看出傅雷对音乐的深刻理解。

1954年11月,傅雷致傅聪信说,"假如你能掀动听众的感情,使他们如醉如狂,哭笑无常,而你自己屹如泰山,像调度千军万马的大将军一样不动声色,那才是你最大的成功,才是到了艺术与人生的最高境界……"

阐述绘画技艺，领悟揭示笔墨精神

绘画方面的内容是傅雷书信中涉及的又一个既有广度又有深度的内容，主要通信对象是黄宾虹、刘抗两人，主要涉及字画的鉴赏与评论以及筹办画展等事宜，堪称是傅雷书信中浓墨重彩的部分。

黄宾虹是傅雷友人中通信数量最多的一位。黄宾虹是我国著名的山水画家，两人年龄上相差45岁，可以说是典型的忘年交，但他们相互都视为知己，书信往来不断，多达119封，时间跨度从1943年5月起至1955年黄宾虹去世，总字数5万余字，主要内容都与画有关：一是索画，二是评画，三是办画展。

傅雷十分欣赏和极为推崇黄宾的画作，傅雷曾为黄宾虹筹办画展，在举办画展的前前后后，傅雷写给黄宾虹的书信每次都要报告他收到画作的时间、数量、内容及整个画展情况。两人的来往书信里，重点阐述绘画的笔法、墨法、章法，也就是笔墨精神。最为精彩的是傅雷在给黄宾虹的书信中对中西画法画理进行了较为深刻的对比阐释，谈古论今，捭阖中外，见解精辟。从来往的书信中可以看出黄宾虹非常欣赏傅雷的读画、赏画能力，认为自己的画在傅雷那里得到了很好的诠释。比较有代表性的是傅雷的《观画答客问》，这是傅雷在为黄宾虹举办画展时形成的一篇文章，后来傅雷以书信的形式寄给了黄宾虹，黄宾虹也是大加称赞。

刘抗是傅雷挚友，我国著名画家。20世纪30年代初任教于上海美专，抗战前夕寓居于新加坡，曾任新加坡中华美术研究会会长、艺术协会会长，新加坡文化部美术咨询委员会主席。刘抗也是傅雷经常写信的重要人物之一，先后有22封，2万余字。1961年7月31日，傅雷致刘抗信中说："中国画与西洋画最大的技术分歧之一是我们的线条表现力的丰富，种类的繁多，非西洋画所能比拟。"还就如何弘扬中国传统绘画技艺，学习、借鉴西方的绘画理论提出了很多自己的想法和观点。1965年12月23日，傅雷致林散之信，赞其笔法墨韵的同时提出："近景用笔倘能稍为紧凑简化，则既与远景对比更为显著，全幅气象亦可更为浑成。"

交流翻译心得，倾心提高译著水平

翻译是傅雷一生最钟爱的事业，他一生翻译了34部译著，每一部译著都是他精益求精的杰作，也是他留给中国人民的最大的文化精神遗产。在傅雷书信中谈论有关翻译方面的内容较多，涉及对象最多最广。傅雷致友人的通信对象涉及45人，涉及翻译方面的主要对象有傅聪、宋奇（香港中文大学校长助理，外国文学研究中心主任）、郑效洵（人民文学出版社副总编辑）等12人，占27%。尤以宋奇与郑效洵交流最有深度。

傅雷一生勤奋刻苦，全身心地投入工作，对文学翻译事业可以用近似"着魔"来形容。在与别人通信交流翻译时，他都以自己的亲身体会，现身说法。傅雷翻译文学作品的计划和进程几乎能够体现在他与之通信的所有对象当中。他的翻译理论、翻译的技巧，从事翻译事业的酸甜苦辣也都能在书信中反映出来。傅雷在给宋奇的信中就短句、长句翻译及转换；外文翻译成文言文、白话文的感受；译著尊重原文、翻译风格等都进行了深入的剖析和阐释。他还强调翻译要适合中国国情，适合中国人的语言习惯和环境等等。傅雷在给傅聪等人的信件中也曾讨论此等话题。如，1963年11月，傅雷致傅聪信中说："越是对原作体会深刻，越是欣赏原文的美妙，越觉得心长力拙，越觉得译文远远的传达不出原作的神韵。返工的次数愈来愈多，时间也花得愈来愈多，结果却是不满意。……另外有一点是肯定的，就是西方人的思想方式同我们距离太大了，不做翻译工作的人恐怕不会体会到这么深切。"

在傅雷的信件中，还可以看出傅雷对翻译事业的热爱，他一生把翻译事业作为一项艺术工作来追求。一部译稿几十万字乃至上百万字，总是要字斟句酌，反复修改，甚至不惜推倒重来，力求精益求精，尽善尽美，他把这种持之以恒、追求完美的精神还自谦为"蚂蚁啃骨头"。他身患眼疾和严重的关节炎，却以顽强的毅力，克服常人难以想象苦痛，坚持长时间的超负荷工作，大量地透支体力和脑力甚至是生命，给后人译出一部部上乘佳作，他这种拼搏精神和敬业精神确实值得我们后人学习。傅雷在给宋奇的信中说："大半年功夫，时时刻刻想写封信给你谈谈翻译。无奈一本书上了手，简直寝食不安，有时连打中觉也在梦中推敲字句。"

针对现实作品，评论出版印刷问题

傅雷在很多书信中都提到印刷出版方面的问题。主要涉及对象是人民文学出版社（32封）、郑效洵（6封）、汪孝文（9封）、汪已文（6封）、刘抗、黄宾虹、傅聪等。

　　傅雷是文学翻译家,译著都要经过出版印刷这一关,才能与广大读者见面,因此傅雷经常与出版社打交道,这方面积累了相当丰富的经验。例如,在给人民文学出版社的信中主要涉及相关的装订、译序、插图目次等出版印刷专业问题。他还与很多友人通信谈论这方面的问题,在与王任叔、楼适夷、汪孝文、汪己文、陈叔通的书信中都谈论到《黄宾虹年谱》的出版和印刷问题。另外,1961 年 7 月 31 日,他在给刘抗的信中,针对刘抗的画册指出了目录、作品排列、装订、版权页、用纸、页码、排版等 7 项印刷排版方面的问题,足见其对该方面的认识与高见。在这封信里,傅雷说:"问题到了我的'行内',自不免指手画脚,吹毛求疵。好在我老脾气你全知道,决不嗔怪我故意挑眼儿。——在这方面我是国内最严格的作译者。一本书从发排到封面设计到封面颜色,无不由我亲自决定。五四年以前大部分均由巴金办'平明'出版,我可为所欲为。后来并入人民文学出版社,就鞭长莫及,只好对自己的书睁一只眼闭一只眼了。"由此可见,傅雷对自己在印刷、出版方面才能是相当自信的,傅雷在与黄宾虹的书信来往中,由于在帮助黄宾虹办画展时涉及画册、特刊、请柬的印刷、出版问题,所以也有多篇通信涉及印刷和出版问题。他还打算帮助黄宾虹出版《画家轶闻》,后来虽经多次筹划,终因经费、销售、质量不能保障等原因没能如愿。由于印刷、出版的业务接触多了,自然在这方面的感悟也特别多,所以,在他们夫妇给傅聪的信中也提到了傅雷在这方面的突出表现。1957 年 5 月 25 日,朱梅馥致傅聪的信中提到了关于傅雷对出版的言行,"关于出版问题,爸爸写了七千多字的长文章,在宣传会议上发言。……要把现在的合并的出版社分散,机构缩小,精简人员,不能机关化、衙门化……"由此,我们可以看出傅雷在印刷、出版方面是相当熟悉的,并有深入的研究,堪称出版印刷行家里手。

沟通联络感情,注重引导日常生活

　　日常生活中的书信来往主要目的就是为了联络感情,加深了解,增进友谊。傅雷书信的内容在这方面占了相当大的篇幅,费了相当多的笔墨,主要集中体现在傅雷家书中,其次还涉及到写给夏衍(5 封)、成家和(6 封)、杰维茨基(14 封)、弥拉(34 封)、梅纽因(15 封)等亲友的信件中。

　　傅雷认为生活的艺术是人类艺术中最难的一门学问,要在日常由生活中从点点滴滴做起,仔仔细细地品味,认认真真地对待,不断积累和锤炼。傅雷在给傅聪的信中对如何为人、如何处事提出了很多很好的建议,对傅聪后来的工作和生活产生了很好的影响,所谈内容可以说大到工作和学习、婚姻和家庭,小到日常生活的迎来送往、举手投足无所不包,谈得都很具体详尽,细致入微,读来亲切感人。傅雷家书可以说是一部不可多得的生活指南,对当代年轻人的工作、学习和生活也有很多借鉴意义。

傅雷在家书中提出的恋爱观、婚姻观也是傅雷通信内容中最为华彩的篇章之一。他期待这些观点和方法能对子女的生活产生影响。1956年,傅雷就感情问题在致傅聪的信中写道:"务必要自己把握住,要坚定,要从大处远处着眼……要顾到几个人的幸福,短视的软心往往会对人对己造成长时期的不必要的痛苦!"1961年,傅雷致傅弥拉信(译自英文):"真正的智慧在于听取忠言,立即实行,因为要一个人生来就聪明是不可能的,身为女人,你不会时常生活在云端里,由于比较实际,你在持家理财上,一定比聪学得更快更容易。"

在傅雷书信中有关教育的内容也是重要看点之一,这方面的观点表达得也非常深刻,涉及教育的方方面面。他说:"受教育决不是消极的接受,而是积极的吸收、融化、贯通。"1965年2月,傅雷致傅聪信中谈到对孩子教育问题,说"疼孩子固然要紧,养成纪律同样要紧;几个月大的时候不注意,到两三岁时再收紧,大人小儿都要痛苦的。"1965年9月,傅雷致成家榴信说,"教育当以人格为主,知识其次。民族观念是立身处世的根本;求学的目的应该是'化',而不是死吞知识,变成字典或书架等。"

傅雷愿意给子女写信,关心子女的成长,关心子女的工作和生活,特别是与傅聪相隔万里,书信往来就成为父子间沟通的重要管道,信中情真意切,如和风细语,点点滴滴,汇成涓涓细流,读来感人至深,体现了一位伟大父亲对子女的深深的爱。傅雷愿意给朋友写信、乐于写长信,还要求友人多回信,回长信,他在给友人和子女的信件中充分表达自己在绘画、音乐、翻译、出版发行等领域的独到的学术见解,可以说高屋建瓴。傅雷书信的内容博大精深,而且在一封信件中往往融会贯通各种知识,字里行间无不折射出傅雷思想的光芒。傅雷以其广博的才学,为我们后人奉献了一封封值得学习、研究和借鉴的书信。

傅评张爱玲的偏执

陈长华　张剑容

1943年5月至1944年4月,在不到一年的时间,张爱玲在《紫罗兰》《杂志》《万象》等发表出了《沉香屑：第一炉香》《沉香屑：第二炉香》《茉莉香片》《心经》《琉璃瓦》《倾城之恋》《金锁记》《封锁》等小说,轰动了上海。这些代表了张爱玲一生小说创作最优秀作品的横空出世,给当时的文坛吹来一股清新之风。1944年5月,傅雷以迅雨为笔名,在《万象》杂志发表了长论——《论张爱玲的小说》,从一种批评的角度来解读张爱玲。全文既有自身的逻辑构架,也使得对张爱玲的解读第一次具有了有机整体性,影响深远。1944年7月以后,张爱玲陆续发表了《自己的文章》《写什么》《〈传奇〉再版序》等,对于傅雷的批评予以辩驳,并和盘托出自己的文学观点,不啻为她独具特色的文学思想和美学观点全面展示的诗学文本。而两人艺术视野的不同,导致的自然是这场笔墨官司最终没有丝毫交融互汇之处。数十年后,张氏在中国文坛的地位和评价几度沉浮之后的尘埃落定,人们对张爱玲的理解开始步入现代理论的范畴,张氏作品所展现出的现代性在文学史上记下了浓重的一笔,影响了无数中国的著名作家。如今反观40年代的这场傅张之争,我们发现傅雷先生对张爱玲的解读不能不说存在着一定程度的误读,他对西方英雄主义悲剧极度推崇的批评文字,对于张爱玲的小说并不能起到恰如其分、一针见血的批评效应,对于文学文本而言,这种批评还显得有些跑题。

概括地说,傅雷的《论张爱玲的小说》是一篇由西方古典悲剧理念与先验主义结合而成的批评文本,而张爱玲作品则因强烈的形式上的个性主义和世俗化倾向以及本质的现代悲剧意识,而造就了两人间不可逾越的鸿沟。

古典审美理想是傅雷一生所推崇的文艺审美倾向。英雄主义的悲剧观承载他的文学理想。在写于1942年的《约翰·克利斯朵夫》的《译者序言》中,傅雷通过对主人公的热情颂扬,表现了他心目中的人生理想和文学理想。"尼采底查拉图斯脱拉现在已经具体成形,在人间降生了。他带来了鲜血淋漓的现实……比'超人'更富于人间性、世界性、永久性的新英雄约翰·克利斯朵夫,应当是人类以更大的苦难、更深的磨练去追求的典型。"《译者献辞》:"真正的光明绝不是永没有黑暗的时间,只是永不被黑暗所掩蔽罢了。真正的英雄绝不是永没有卑下的情操,只是永不被卑下的情操所屈服罢了。""所以在你要战胜外来的敌人之前,先得战胜你内在的敌人;你不必害怕沉沦堕落,只消你能不断的自拔与更新。""战士啊,当你知道世界上受苦的不止你一个时,你定会减少痛楚,而你的希望也将永远在绝望中再生了吧!"同文,他这样评价《约翰·克利斯朵夫》:"《约翰·克利斯朵夫》不是一部小说,应当说:不止是一部小说,而是人类一部伟大的史诗。它所描绘歌咏的不是人类在物质方面而是在精神方面所经历的艰险,不是征服外界而是征服内界的战迹。它是千万生灵的一面镜子,是古今中外英雄圣哲的一部历险记,是贝多芬式的一阕大交响乐。愿读者以虔敬的心情来打开这部宝典罢!"在《贝多芬传》的《译者序》中,他说:"不经过战斗的舍弃是虚伪的,不经劫难磨练的超脱是轻佻的,逃避现实的明哲是卑怯的;中庸、苟且、小智小慧,是我们的致命伤。这是我十五年来与日俱增的信念。"可以说这种审美理想始终贯穿于他的文学实践,他翻译了巴尔扎克,文学巨人无比的意志、毅力、自律与执着深深撼动了他,他概括巴尔扎克的特点:"都有善与恶、是与非、美与丑的强烈对比。"

傅雷崇尚的这种英雄主义悲剧文艺观,施之于他的文学批评,就特别地看重作者的社会使命感、崇高的道德自觉、不屈不挠的反抗精神与追求意识。他欣赏的是那种大气磅礴、具有里程碑性质的史诗性文学作品。就文学技巧而言,傅雷所喜爱的也是那种强烈的对比、鲜明的刻划、深刻的揭示一类。当傅雷以这种悲剧意识介入张爱玲的作品时,他由衷肯定了《金锁记》,他在《论张爱玲的小说》中说《金锁记》是张爱玲"截止目前为止的最完满之作,颇有《狂人日记》中某些故事的风味,至少也该列为我们文坛最美的收获之一"。"她(曹七巧,笔者注)是承担不起情欲的人,情欲却在她心中偏偏来得嚣张。已经把一种情欲压倒了,缠死心地来服侍病人,偏偏那情欲死灰复烧,要求它的那份权利。爱情在一个人的身上得不到满足,便需要三四个人的幸福与生命来抵偿,可怕的报复!"傅雷在《金锁记》中看到了人的内在"情欲"的激烈斗争,由此它具有一切杰作所具有的优秀品格。

当傅雷在张爱玲的其他作品中没有看到《金锁记》那样的风味时,就给予了严厉的批评。他认为《倾城之恋》"好似六朝的骈体,虽然珠光宝气,内里却空空洞洞,既没有真正的欢畅,也没有刻骨的悲哀。《倾城之恋》给人家的印象,仿佛是一座雕刻精工的翡翠宝塔,而非哥特式大寺的一角","没有悲剧的严肃,崇高和宿命感","情欲没有惊心动魄的表现"。他认为《琉璃瓦》"沾上了轻薄味,艺术给摧残了";《封锁》和《年青的时候》的技巧已成为"迷人的奢侈","充其量也只能制造一些小古董";《连环套》的"主要弊病是内容的贫乏"。这些作品因为全部没有傅雷心目中的那种悲剧属性,同时没有运用各种相应手法去实现一个明确的悲剧主题(如作品中没有"深刻的反应""强有力的转折""尽量利用对比""光暗的对照不强烈"等),而统统遭到傅雷的鄙弃。

在此,傅评要求作家的作品必须做到绝对的"斗争化""悲剧化",否定了西方古典悲剧传统以外的广阔创作类型,抹杀作家"个性",并粗暴地将他的话语秩序笼罩于作家、文本之上,无疑是绝对的、先验的,因此也注定无法深入张爱玲的语境。傅雷这种自我完成式的批评,缺乏评价张爱玲小说这类世俗文学的有效准则,也没有切入作家、文本所构建的价值体系,显得盲目和偏执。

张爱玲在《自己的文章》开头就说:"我以为文学理论是出在文学作品之后的,过去如此,现在如此,将来恐怕还是如此。倘要提高作者的自觉,则从作品中汲取理论,而以之为作品的再生产的衡量,自然是有益处的。但在这样的衡量之际,须得记住在文学的发展过程中作品与理论乃如马之两骖,或前或后,互相推进。理论并非高高坐在上头,手执鞭子的御者。"显然,她认为傅雷的批评是脱离她的小说的实际的,没有切中要害。她对傅雷高高在上的批评,从情感和理性上都没有接受。

张爱玲说:"我发现弄文学的人向来注重人生飞扬的一面,而忽视人生安稳的一面……斗争是动人的……倘使为了斗争而斗争,便缺少回味,写了出来也不能成为好的作品……力是快乐的美却是悲哀的……壮烈只有力,没有美,似乎缺少人性。""悲剧是一种强烈的对照,但它的刺激性还是大于启发性,我喜欢参差的对照的写法,因为它是接近事实的。""因为我用的是参差的对照的写法,不喜欢采取善与恶,灵与肉的斩钉截铁的冲突那种古典的写法,所以我的作品有时候主题欠分明……写小说应当是个故事,让故事本身去说明,比拟定了主题去编故事要好些。"张爱玲所谓"人生的安稳",应该指的是人生中那种永恒的人性。她的笔下是一个日常的世俗的世界,这个俗世里的婚姻、恋爱、生活着的男女绝非英雄人物,他们平凡、现实、矛盾、痛苦、苟且,没有反抗的高亢,只有生存的敷衍,没有远大的理想,只有现世的满足。张爱玲对此岸世界的关怀是一种理性的自觉。从八十年代初以来,张爱玲始终就被指认为是与钱钟书、沈从文、周作人、林语堂等一样具有强烈现代意识的作家,善于探索个人内心隐秘、体察个人生命感受、书写私人化生活空间。不同于傅雷,张爱玲擅长的是在芸芸众生上体察生存、命运,这一人生的大悲剧,这是张爱玲作为一个敏感自省的现代人,对个体生命历程中的生存寂寞和痛苦以及生存恐怖的深刻感悟。夏志清这样理解张爱玲的小说:"人的灵魂通常是给虚荣心和欲望支撑着的,把支撑拿走以后,人变成了什么样子——这是张爱玲的题材。张爱玲说她不愿意遵照古典的悲剧原则来写小说,因为人在兽欲和习俗双重压力之下,不可能再像古典悲剧人物那样有持续的崇高或热情的尽量发挥。"

张爱玲笔下的人生,始终衬着一种悲怆凄凉的底色,尘世的喧嚣,生命的卑微,存在的惨淡沦落,命运的不可理喻,凝聚生成层层叠叠的挫败感、失落感、荒诞感、苍凉感,无所不在的笼罩着他的每一个故事和每一个人物。张爱玲说"极端病态与极端觉悟的人究竟不多,时代是那么沉重,不容那么容易就大彻大悟。这些年来,人类到底就这么生活了下来,可见疯狂是疯狂,还是有分寸的。所以我的小说里,除了《金锁记》里的曹七巧,全是些不彻底的人物。他们不是英雄,他们可是这时代的广大的负荷者。他们虽然不彻底,但究竟是认真的。他们没有悲壮,只有苍凉……正是这些凡人比英雄更能代表这时代的总量","我写到的那些人,他们有什么不好我都能原谅,有时候还有喜爱,就因为他们存在,他们是真的。"她深知生而为人,在这个世界上,几乎都是弱者,没有一个人的生命需求与渴望能获得完全满足,"生命是一袭华美的袍,上面爬满了虱子"。只有无奈的悲伤和苍凉,而没有浪漫的飞扬与慷慨的悲壮。因此张爱玲弱化悲剧冲突中那种英雄式人物与外在否定力量产生激烈冲突的模式,而以一种低调悲剧中凡夫俗子在现实挤压下自主退缩的弱化模式,凸显沉重人生的伤痛与无奈。

《金锁记》曹七巧在情欲极度压抑中逐步走向变态的外化,女性的被消解,母性的被剥离反映出残酷现实对她美好人性的蚕食。《倾城之恋》中白流苏和范柳原仅存"一刹那的彻底了解";《沉香屑·第一炉香中》的葛薇龙一个单纯女子陷入自信毁灭、人格丧失的泥沼,染于污泥;《红玫瑰与白玫瑰》中的佟振保面对王娇蕊、孟烟鹂等女子游移不定,于是无论红白玫瑰都无可挽回的在情感的陷落中慢慢凋零;《半生缘》中沈世钧与顾曼桢半生的情感徒为缘分;《封锁》中的吕宗桢和吴翠远对突发恋情偶然抓住又旋即放开,各自重回到原来的生活轨道,无非是一场不近情理的梦……张爱玲的坚持实相当彻底,突出表现为对卑微的生活中挣扎的小人物的深刻同情。这一点张爱玲和十九世纪俄国作家如契可夫、陀斯妥耶夫斯基等有相似之处。他们对人类也许并没有提出比十八世纪启蒙主义者更高的理想要求,但他们对小人物,对人类的基本欲望,内在局限,甚至疯狂和丑恶,寄予了更深刻的悲悯。"五四"以来中国作家,包括鲁迅,对小人物虽然"哀其不幸",但主要是"怒其不争",对小人物的哀怜往往成了呼唤英雄、呼唤救世主的过渡和跳板。张爱玲的特殊之处或许就在她从灰色的小人物身上直接发现了人的局限,也发现了人的光辉。

傅雷自幼深受中国传统文化影响,青年时代又留学海外,探寻西方艺术精神,可以说他的精神世界是典雅的、崇高的,他又是一个追求完美的理想主义者,他说过:"凡是对于一件艺术品,首先要求它是美的,人们并不对它有何别的要求。美已经是崇高的,足够的了。美感引起我们的情绪,无疑的是健全的,无功利观念的,宽宏的,能够感应高贵情操与崇高思想的。"因此,他对张爱玲的笔伐,可以理解为"爱之深恨之切",对于这么一个让他"措手不及"的"好像从天而降"的"奇迹",他震动又扼腕,因此才有了《论张爱玲的小说》这篇感情色彩强烈,主观又偏执的文字,如他自己在文中所说"没有《金锁记》,本人作者绝不在下文把《连环套》批评的那么严厉,而且根本也不会写这篇文字。"

傅雷尖锐地指出张爱玲文学创作中技术尝试的失误和思想内容的模糊,公允的来说，在部分作品身上没有看走眼。《连环套》力图以文字本身的魅力营造清末民初的气氛，显示了作者有很强的文本意识，它除了有文字的刻意做作之外，内容的贫乏也是张爱玲自己承认的，这可能也是后来张爱玲腰斩《连环套》的原因之一。

然而，无疑的，对于一部文学作品的考察和结论，应该充分意识到评价范畴和体系的差异性，并关注和参照作品本身的文学观体系及其独特个性，不然难免由错误的起点导入错误的结论。

傅雷对张爱玲理解的偏失，还源于两性意识的隔膜。张爱玲的作品时常从普通女性身上，表现女性生命的悲剧性，再她的第一部短篇小说《不幸的她》里，把导致女性的悲剧性生命历程的原因归结于"腐败的积习"。她把女性的悲剧性生命历程作为新生生命成长必然要遭受曲折、痛苦来对待，除了"她"的女性身份以外，"她"的女性特征在成长中的悲剧特点显而易见。"她"的悲剧性正是在年龄的增长中不自觉的滋生出来，由有朋友相处的快乐到追求自由的孤独，又到自己独自黯然忧伤的不幸，逐渐表现女性在成长中觉醒的悲哀。《不幸的她》是张爱玲小说女性意识不自觉的流露，已显示出她注意挖掘女性心理，关注女子女性生命成长的悲剧性。而傅雷对于张爱玲小说的解读早有论者指出体现了男权倾向，有人认为傅雷对曹七巧的评价充满了性别和阶级歧视的话语暴力，称曹七巧为"出身低微的轻狂女子"。这些都造成了傅雷对张爱玲深入理解的障碍。

傅雷曾经说过："一切伟大的艺术家（不论是作曲家，是文学家，是画家……）必然兼有独特的个性与普遍的人间性。我们只要能发掘自己心中的人间性，就找到了与艺术家沟通的桥梁。再者若能细心揣摩，把独特的个性也能体味出来，那就能把一件艺术品整个儿了解了。"显然，傅评在自己心中普遍的人间性上挖掘的不够，没能找到切近张爱玲个性本质的桥梁。但是傅雷又说："当然不可能与原作的理解与感受完全一样，了解的多少、深浅、广狭，还是大有出入；而我们的个性也在中间发生不小的作用。"特别当一个批评家对一个艺术作品投入相当的感情时，或许这种个性在其中起到的作用更加的不小，这可能也是傅评张爱玲偏失的原因吧。

其昌栈拾零

区雅蓉

无论你是闲暇之余到其昌栈滨江大道闲庭信步的游人，还是从其昌栈码头上岸的匆匆路人，或去东方1号赴宴聚会的友人，都会对其昌栈码头以及对面一幢四层办公洋房和三座花园别墅，感到几分好奇和陌生！笔者因工作关系，接触到有关其昌栈的点点滴滴。于是便萌发把其昌栈和四层办公洋房以及三座花园别墅的前世今生拾掇整理出来的念头，以飨读者。

时光追溯到清道光二十三年（1843），根据《南京条约》和《五口通商》章程的规定，上海正式开埠。从此中外贸易中心逐渐从广州移到上海，外国商品和外国资本纷纷涌进长江门户——上海，开设行栈，设立码头、划定租界、开办银行。

其昌栈原为英国海军船坞基地。清光绪十六年（1890）由英商公和祥码头公司购买，改建为其昌栈。其昌栈设立轮渡始于民国二十年（1931），正对着轮渡站的是其昌栈大街。民国初年，钱仓路两侧多为民居，因商市渐兴，为方便两岸民生，设其昌栈渡口。其昌栈大街建于民国二十七年（1938），原为碎石煤屑路，1953年铺成小石块路面（俗称弹格路面），1972年改铺为沥青路面。1987年，其昌栈大街（浦东大道至栖霞路段）改为钱仓路。浦东开发开放后,城市面貌日新月异,如今钱仓路仅存200多米。

码头

其昌栈码头,又称蓝烟囱码头,坐落在东方路1号(原钱仓路),东临新华码头,西与原上海船厂相邻,海岸线长约380米。这一带原为英国海军船坞基地,清光绪十六年(1890),由英商公和祥码头公司购买,建造码头、堆栈货物,得名其昌栈码头。从码头上岸,中间有一条其昌栈大街,故码头分为其昌东栈、其昌西栈,东栈水位较深,西栈水位较浅。因岸线较长,凡远洋、沿海、长江各线杂货船都能停靠。清光绪二十八年(1902),英商投资的太古轮船公司组建了蓝烟囱轮船公司。公司成立不久,在今浦东洋泾港与民生路之间的江边购得土地,兴建码头。由于该公司船队的烟囱统一漆成蓝色,"蓝烟囱"不仅作公司的名称,也作为新建码头的名称。民国九年(1920),英商其昌西栈有2吨固定起重机1台,其昌东栈有6吨和12吨固定起重机各1台。太平洋战争爆发后,其昌栈码头被日军占用,改为"大和西码头",其昌东栈为"大和东码头"。民国三十四年(1945),抗日战争胜利后,其昌栈码头被美军占用。至民国三十五年7月(1946),英商收回自营。

1949年后,转给外轮代理公司,以后划归上海港务局管理。1951年,其昌栈码头隶属上海港第二装卸作业区,主要经营英商公和祥码头公司浦东其昌东栈、其昌西栈仓库的装卸搬运。1954年,因经营不善亏损,资不抵债,全部财产转让给中国外轮代理公司上海分公司。1958年,其昌栈码头划规上海港第八、九泊位。总岸长379.84米,2个泊位,前沿水深8—11米,为木桩砼板梁结构,靠泊能力万吨以上,主要经营钢杂类货物装卸,隶属上海港新华港务公司。1966年—1972年,改建其昌东栈码头,在码头前沿加打预应力混凝土桩,桩后沉放水下挡土板。19世纪60年代起,上海港在码头后方辟建散货堆场。70年代后,煤码头增多,出现大容量煤炭堆场。至19世纪末,全港口堆场面积18.4万平方米。公和祥码头公司所属顺泰、老宁波、公和祥、立德成、琼记、其昌东栈、其昌西栈、董家渡等码头堆场规模较大。1995年,货物吞吐量约55万吨。其昌栈码头随着浦东新区开发开放的建设需要,结束了其货运码头的历史。

轮渡

其昌线轮渡,又称其秦线轮渡,航线南起浦东新区东方路1号(钱仓路口)其昌栈轮渡站，北至浦西杨浦区、虹口区交界的秦皇岛路1号秦皇岛路轮渡站。航线长约0.61公里，以两端轮渡站首字命名。航线始于民国二十年（1931），由私营振兴、振福两家民营公司在浦西威赛公码头至浦东其昌栈大街（后更名钱仓路、东方路）设渡口，轮渡航线以小渡轮载运渡客，往来其昌栈—威赛公码头之间。由于小轮渡设施破旧，且载渡客流颇高，每日上下班高峰，经轮渡过江的乘客数以千计，秩序混乱，多次发生乘客坠江淹死的事故。同年7月29日，江海关决定吊销其执照，勒令停驶，并请市轮渡管理处派渡轮代替渡客。同年8月10日，上海市轮渡管理处派渡轮恢复航线行驶，并对其昌栈码头原设施进行翻修。其威线通航后，工部局允许渡客在渡船上购票。经与工部局协商，同年12月，在码头上建售票亭。民国二十六年（1937），抗日战争爆发，上海沦陷，航线停航，码头遭日军封锁。民国二十七年（1938）七月二十八日，日军成立上海内河汽船株式会社（又称上海内河轮船公司），统治上海及江、浙、皖沦陷区的航运。抗日战争胜利后，因威赛公码头设施被日军变动，不复适用。将浦西渡口迁往秦皇岛码头。并申请将该码头留作市轮渡专用，航线改为浦西秦皇岛码头至浦东其昌栈码头，同时更名为"其秦线轮渡"。民国三十五年（1946）四月二十日，正式复航，日客运量约5万人次，机动车运量300辆次。民国三十七年（1948）八月三十日，淞沪警备区在吴淞口、崇明口、苏州河等处设船舶管理所，对上海所有水上交通工具进行管制，限制长途航线，省市际航线大部分中断，民众甚不方便。上海战役前夕，航线停航。1949年6月22日，上海解放后，上海市轮渡公司5条客渡航线（东东线、南陆线、其秦线、塘董线、庆定线）全部复航。1952年，其昌栈轮渡站进行扩建，将木踏级码头拆除，利用上港八区码头—角岸线，建造浮桥及浮码头，新建候船室等设施，工程于同年12月建成启用。此后轮渡站设施有多次修建。1955年，黄浦江客渡废除双程计费，实行单程计费，每人每渡6分；苏州河客渡单程计费，每人每渡1分。1990年，其昌栈轮渡站有建筑面积60平方米、秦皇岛路轮渡站有建筑面积165平方米，这两个轮渡站各有钢质浮码头1座、浮桥2座、渡船1 000客位1艘、700客位渡船2艘，年客运量1 723.19万人次，机动车11.01万辆次，货运量1.53万吨，非机动车9.13万辆次。1990年1月，经上海市人民政府批准，黄浦江渡运每人每次（往返）票价调整为2角，苏州河渡运每人每次（单程）票价调整为5分。同年，其秦线对江客渡收渡时间为：浦东头班4:10、末班23:50，浦西头班4:20、末班24:00。1993年，秦皇岛路轮渡站有候船室157平方米,售票间13平方米。浮码头1座,长18.4米,浮桥2座。该航线配备1000客位渡轮3艘。年客运量1739万人次。2008年3月20日,其秦线轮渡改为临时通宵航线。同年9月22日,其秦线轮渡正式实行通宵运营,成为上海轮渡仅剩的3条通宵航线之一,方便黄浦江两岸群众的出行。2012年,黄浦江上包括三林到港口的三港线、其昌栈到秦皇岛的其秦线、民生路到丹东路的民丹线。改为空调线后,票价不变,过江行人票价为每人2元,自行车乘客每次2.8元,助动车乘客每次3元。

花园洋房

其昌栈轮渡站,年复一年,日复一日,每天迎送着不同的乘客,唯独对面四层英商办公洋房和三座欧式花园别墅,伴随它经历了一百多年的风风雨雨。

四层英商办公洋房,又称江海北关验货场办公楼,俗称"大洋房",濒临黄浦江、其昌栈轮渡站,始建于清光绪三十二年(1906),属典型的西方建筑,具有较高的历史和建筑艺术价值。大洋房为砖木结构假四层(三层房外加阁楼),占地面积约400平方米,建筑面积为1152平方米。2009年,浦东新区将办公楼定为"浦东新区不可移动文物保护单位"。由于该建筑位于拓宽后的东方路和规划滨江大道的道路交叉口,占据红线,大洋房于2010年进行整体平移工程。

建于1935年的三座欧式花园别墅,旧时与边上的其昌栈码头,归属于英商太古洋行。这三座欧式别墅属两种建筑风格,为混合结构二层楼房,并行排列又各自独立。东立面为英国乡村式建筑,屋面陡峭,檐口挑出较多,底层用砖石砌筑,木构件外露,木门窗选用保留粗糙的斧凿残痕。另一种西班牙式建筑,体形活泼,屋面平婉,南向走廊敞开,挑出轻盈的阳台,窗框形状较多。门窗边框一般采用绞丝花纹,阳台栏杆采用扭铁花栅。在今天的上海浦东,西方独立式住宅实为少见。2003年3月19日,浦东新区将其昌栈花园别墅定为"浦东新区文物保护单位"。

如今的"其昌栈码头",早已看不出旧时的痕迹。四层英商办公洋房和三座花园别墅在浦东新区政府的重视下,绿化、亮化、美化整修一新。其昌栈码头两侧建成亲水平台和滨江大道,可连通到东方明珠脚下。傍晚,漫步在黄浦江岸边,满目争奇斗艳的花草与名贵树木,眺望浦西外滩景色,聆听黄浦江上传来悠扬的汽笛声,让人留连忘返,好不惬意。